2018

南京市

鼓楼年鉴

GULOU NIANJIAN

南京市鼓楼区地方志编纂委员会办公室

(下)

方志出版社
Publishing House of Local Records

目 录

专 记

印象鼓楼

服务经济

科学技术

都市建设

经济管理

公共服务

社会治理

地方组织机构

街　道

附　　录

索　引

鼓楼年鉴 2018

地方组织机构

DI FANG ZU ZHI JI GOU

中国共产党
南京市鼓楼区委员会

·重要会议与活动·

【学习传达党的十九大精神会议】 10月27日，鼓楼区召开学习传达党的十九大精神会议，全体区领导，区机关各部门、各街道、各直属单位及垂直部门处级以上干部参加。区长刘军主持。市人大常委会副主任、区委书记张一新从党的十九大主要情况、报告形成过程和主要内容、党章修改及中央纪委工作报告主要内容等方面传达党的十九大会议精神，并结合鼓楼实际提出要求。

【国家公祭仪式鼓楼分会场悼念活动】 12月13日，鼓楼区在中山码头、挹江门等10个侵华日军南京大屠杀死难者丛葬地举行公祭仪式。区四套班子领导及来自社会各界群众、学生、官兵、干部代表参加公祭，表达哀思。近万名群众自发前往鼓楼区各丛葬地悼念侵华日军南京大屠杀死难者，仅中山码头丛葬地就接待悼念群众3000余人。

【区委二届三次全体（扩大）会议】 8月11日，区委二届三次全体（扩大）会议召开。区委委员、候补委员出席会议；区纪委委员，区人大、政府、政协领导，区法院院长、检察院检察长，其他市管领导，区机关各部门、各街道、各直属单位正处职干部，区属中学、部分小学党政主要负责人以及部分基层党代表参加。区委常委会主持。市人大常委会副主任、区委书记张一新代表区委常委会作《聚焦经纬两线、狠抓执行落实，奋力开创"首善之区　幸福鼓楼"建设新局面》报告，回顾总结上半年全区工作情况，明确下半年工作总体思路和主要任务；区委副书记、区长刘军传达市委十四届四次全会精神，并就"聚焦富民有效促进居民增收""加快商务商贸业发展""加快文化创意旅游产业发展""铁北片区发展"4个意见作说明。与会人员分组讨论区委常委会工作报告、"4个意见"。会议还通过《中国共产党南京市鼓楼区第二届委员会第三次全体会议决议》。张一新作总结讲话。

【区委二届四次全体（扩大）会议】 12月30日，区委二届四次全体会议举行，区委委员、区委候补委员出席会议。区纪委委员，区人大、政府、政协领导班子成员，区法院院长、检察院检察长，其他市管领导干部以及有关方面负责人和部分基层党代表列席会议。区委常委会主持会议。会议听取和讨论市人大常委会副主任、区委书记张一新代表区委常委会所作的工作报告，听取区委副书记、区长刘军传达省市委全会精神以及全区重大产业项目推进情况报告及全区党建工作情况书面报告。张一新作总结讲话。

会议回顾并肯定区委常委会一年来工作，提出2018年要推进高新区（国家大学科技园）建设，努力在创新发展上取得突破性进展；聚焦主导产业，努力在产业发展上取得突破性进展；建管四大片区，努力在美丽鼓楼打造上取得突破性进展；

持续提升五项社会事业，努力在幸福鼓楼建设上取得突破性进展；攻坚克难，努力在改革推进、法治建设上取得突破性进展；加强党的建设，推动全面从严治党向纵深发展六个方面工作，开启“首善之区、幸福鼓楼”建设新征程。

【“大走访”活动动员暨机关作风建设大会】 2月15日，鼓楼区召开党员干部“大走访”活动动员暨机关作风建设大会。全体区领导，全区正处职干部，部分“两代表一委员”（党代表、人大代表、政协委员）、社区书记、驻区企业代表以及机关作风建设监督员、观察员代表参加会议。区长刘军主持。区委副书记董伟总结部署工作。会议表彰机关作风建设优秀单位和先进单位。区城管局等5家单位发言交流。市人大常委会副主任、区委书记张一新要求：要解放思想、振奋精神；要转变理念、提高标准；要改进作风、干事创业；要加强领导、狠抓落实，营造积极向上、风清气正的氛围。区长刘军作会议总结，要求落实会议精神及任务，对标找差，迅速整改，转作风、促落实，做到解放思想、更新理念、提高标杆、干事创业、风清气正，为目标任务完成和鼓楼长远发展提供保障。

（陈　森）

【“大走访”教育活动】 2月，鼓楼区启动“走千企入万户、助发展促富民”大走访活动。全区党员干部以严的要求、高的标准、实的举措，走进基层、了解基层、服务基层，倾听百姓呼声，切实解决群众难题。全年，有4077名党员干部走访全区1.4万家企业和36万户居民，收集并办理各类问题7710个。

加强组织领导。区领导率先垂范，认真落实区领导联系点制度，每月上报走访和解决问题的情况。成立大走访活动领导小组，区委副书记任组长，下设综合、组织、宣传、督查4个专项工作组。领导小组建立“一周一例会、一月一推进、一季一通报”工作机制。领导小组组长通过召开专题研究会、工作推进会等形式，多次动员和部署大走访活动，推动全区大走访活动高效有序开展。出台街道党政主要领导落实“三个一”工作机制，即每月至少开展一次走访且每次都要解决问题，每月牵头主持召开一次问题协调会，每月至少开展一次下基层调研活动。

完善推进机制。明确各街道负责统筹安排好各级各层对社区、企业和居民的走访，确保不重、不漏。进一步细化全区党员干部走访机制，明确走访内容，56家区级机关部门（单位）根据实际情况结对1～8个社区，点对点走访120个社区及社区范围内的困难群众和企业。各街道各部门均成立相应的大走访工作领导小组，逐级压实责任，形成一级抓一级、层层抓落实的责任体系。

创新走访形式。社区层面发挥退休党员余热，设立“传帮带”走访组合；区城管局、区教育局等部门结合工作职能，将城管队员、学校教师等人员充实到走访队伍中；社会公益组织等其他党员人群积极参与到走访中，形成具有鼓楼特色的“编外走访员”队伍。在大走访活动推进过程中，推出《致鼓楼全体居民的一封信》以及包含便民服务卡、社区文化创意产品在内的“走访三件品”。

畅通问题受理渠道。利用“12345”热线、“96180”民意直通车、“鼓楼微讯”微信微博等平台，形成线上问题反馈机制，设立集中接待日、院落见面会、社区民情接待站等群体式专题走访活动，聚拢民情民意，直面群众诉求，切实提升发现问题的精准性和可靠度。通过党员干部进小区，现场收集居民问题等形式，解决二次供水改造、加装电梯、停车场建设、改建燃气管道等上百件老旧小区存在的普遍性问题。

形成问题“四级办理”流程。从挂号问诊开始，分为4个阶段，对收集到的问题实行逐一分析解剖，逐级交办反馈。“一级承办”即走访发现的本级解决的问题，留在本级及时协调解决；“二级转办”即需其他街道、部门、单位协调解决的问题，主动对接相关单位具体承办；“三级会办”即需要区级层面协调研究解决的问题，由区走访办会审后，统筹移交相关牵头单位及职能单位会办；“四级呈报”即需要市级层面研究解决的问题，经区大走访活动领导小组审议确定后，上报市大走访活动办。

集中解决问题。以大走访数据录入系统为基础，在对全区收集到的问题进行大数据分析的基础上，统计出居民关注度强、重合度高的系列问题，开展全区集中排查。全区开展非市政管养道路修补、地下室群租房清理等多次专项问题整治活动。近百条老旧小区道路得到重新施工修复，凤凰街道华阳佳园小区地下室群租房问题得到妥善处理。

党员干部进门入户。把大走访与机关党建工作有机结合起来，形成机关党员与社区群众的常态化联系。在走访过程中，形成“线上线下双走访”工作经验，既机关党员与困难群众线上加为好友，朋友间日常问候，有问题随时解答，线下遇居民需求，定时到家中走访，实地解决家庭困难。

开展大走访工作督查。由大走访领导小组牵头，3次成立专项督查组，对全区13个街道和区级机关工委开展大走访工作督查，在对走访情况、民情日记、台账资料进行查看的基础上，实地走访社区居民、企业，就走访满意度、问题解决情况进行测评。同时，出台全区大走访工作考核办法，从组织、宣传、问题办理等多个方面对走访部门进行统一考察打分。

加强大走访活动宣传。及时总结大走访过程中形成的成熟经验和典型做法，发布专题微信57条、活动简报40期，在报纸刊登专题新闻报道近10次。将走访中的问题解决案例与实际工作相结合，以“大整治大排查”、社区管理工作等为切入点，形成调研文章两篇。其中，《把准“三要素”大排查 依托“大走访”促整治》被省《情况与分析》采用，市大走访活动简报用稿量居全市前列。是年，鼓楼区党员干部工作作风明显好转，为民服务宗旨意识加强，群众满意度显著提升，在年末市委社建工委组织的第三方调查中，鼓楼区群众幸福感满意度跃居全市第二。（区委办公室）

【区委巡察机构改革】 7月，区委根据省市委要求，将“鼓楼区巡察工作领导小组办公室”调整为“鼓楼区委巡察工作办公室”，列入区委职能部门，设在区纪委，下设4个巡察小组，核编20人，实现机构常设、组长专职、巡察常态。完善巡察工作机制，先后出台《巡察办工作职责》《巡察组工作职责》《巡察工作流程》《巡察问题线索移交办法》等十多项制度，印发《鼓楼区委巡察工作业务培训班资料汇编》工具书3册，组织巡察干部参加市区培训4场，自办专业培训4场。有序开展巡察，采取听取汇报、列席会议、召开座谈会、受理信访举报、调阅相关资料凭证、下沉一级抽查核实等方式，先后完成4轮32家单位巡察任务，督查督办33家单位268个问题，落实431条整改措施。（周伏励）

【基层党建和从严治党主体责任述职会】 1月22日，鼓楼区召开区委常委会听取2016年度书记抓基层党建和落实全面从严治党主体责任述职会。市委党建工作领导小组及市委宣传部有关领导，区委常委、区纪委常委、区委党的建设工作领导小组成员、区党风廉政建设责任制领导小组成员、区委组织部领导班子成员，各街道、各系统党（工）委、纪工委负责人，部分党代表、人大代表、政协委员以及基层党员群众代表约110人参加会议。全区33个党（工）委书记书面述职，其中13个街道工委书记口头述职。市人大常委会副主任、区委书记张一新逐一点评街道工委书记履职情况，并部署下一步工作。参会人员现场评议13个街道工委书记抓基层党建和落实全面从严治党主体责任工作。

【军地协调领导小组会议】 8月17日，鼓楼区召开驻区部队全面停止有偿服务工作军地协调领导小组会议，区人民武装部政委传达全国、省市推进军队和武警部队停偿工作电视电话会议精神，介绍驻区部队停偿情况。市人大常委会副主任、区委书记张一新就鼓楼区推进驻区部队停偿工作提出：要高度重视，从讲政治的高度深刻认识推进停偿工作的重要性；要加强领导，成立区军地协调领导小组，切实加大工作推进力度；要明确要求，详细制定军地协调项目推进时间表、路线图，实行挂图作战；要落实责任，综合施策，完善会办协调机制，确保稳妥有序推进各项工作。

【"大排查大整治行动"整改工作会议】 8月22日，鼓楼区召开社会矛盾和安全隐患"大排查大整治行动"整改工作会议，听取区信访局、区安监局和各街道关于安全、稳定方面情况汇报，区有关领导分别提出工作要求。市人大常委会副主任、区委书记张一新和区长刘军分别讲话，强调高度重视化解社会矛盾和安全隐患整改工作，研究解决方案，采取有效手段推进问题解决。严格督查和责任追究，成立"专案组""三人领导小组"等进行会谈、约谈，切实减少信访量，做好生产安全工作。

【第四轮巡察工作研究】 10月30日，区委专题听取区委二届区委第三轮巡察工作情况报告，研究部署第四轮巡察工作，区领导张一新、刘军等出席会议。区委肯定第三轮巡察工作，并就下一阶段巡察工作提出：要高度重视巡察工作，整改巡察发现的主要问题，加强处置问题线索，举一反三引以为鉴，组织开展第四轮巡察工作。（陈 森）

·纪检监察·

【概况】 2017年，鼓楼区纪律检查委员会（简称区纪委）组织召开第二届纪律检查委员会第二次全体会议，总结2016年全区党风廉政建设和反腐败工作，部署2017年工作任务。落实市纪委“四个专项”行动，结合街道纪工委考核工作，制定“4+1”专项行动实施方案，出台《南京市鼓楼区街道纪工委书记、副书记提名考察办法（试行）》《鼓楼区纪工委向区纪委报告工作办法（试行）》和《鼓楼区纪工委书记述职办法（试行）》。贯彻落实中央、省市纪委精神，实施纪委派驻机构改革，推进派驻纪检机构建设；实施区委巡察机构改革，完善巡察工作机制，先后出台《巡察办工作职责》等十多项制度。落实“两个责任”（党委主体责任、纪委监督责任），强化作风监督，加强廉政教育，开展“将军说廉”微视频宣传活动。推进信息化建设，建立健全信访举报工作机制，发挥自身组织协调和监督职能作用。是年，区纪委获5年一评全省纪检监察系统先进集体和3年一评信访举报工作先进单位等荣誉。

链接：“4+1”专项行动实施方案

1月，市纪委下发“作风建设‘防隐身防变异防反弹’专项行动、整治群众身边不正之风和腐败问题专项行动、腐败易发多发重点领域整治专项行动和打铁还需自身硬专项行动”文件。2月27日，鼓楼区落实市纪委“四个专项”行动，结合街道纪工委考核工作，制定一个考评办法，形成“4+1”专项行动实施方案，明确各专项行动牵头处室和协作单位。

【国家监察体制改革试点工作落实】 10月，鼓楼区贯彻落实中央关于深化国家监察体制改革试点工作部署，成立区监察体制改革工作领导小组，市人大常委会副主任、区委书记张一新任组长，统一领导监察体制改革试点工作。先后4次召开区委常委会专题研究部署监察体制改革事宜，听取有关单位汇报、作出批示、统筹推进协调，区纪委负责具体落实。至年末，先后召开纪委常委会、小组分析会、专题分析会等10余次，学习上级文件精神，研究部署改革落实工作。通过谈心谈话、转隶组建、岗位调整、“纪法衔接”专题培训等措施，推进人员融合和工作流程磨合，改革试点工作取得阶段性成果。截至年底，区检察院转隶干部23人全部安排到岗，大部分干部充实到监督执纪一线，监督执纪部门占内设机构总数75%，监督执纪一线干部占全体人员总数78.9%，为按时成立区监察委员会奠定基础。

【区纪委二届二次全会】 1月20日，鼓楼区召开第二届纪律检查委员会第二次全体会议，区四套班子主要领导及其他市管领导干部、区纪委委员、区直属单位主要负责人、党风联络员、特邀监察员、系统下属单位主要负责人，区委巡察机构、区纪委机关干部400余人参加。全会总结2016年全区党风廉政建设和反腐败工作成效，部署2017年工作任务。区纪委书记代表区纪委常委会向全会作《落实党内监督专责，全力强化监督执纪，不断推动鼓楼全面从严治党向纵深发展》工作报告。市人大常委会副主任、区委书记张一新代表区委与各工委（园区、板块）主要负责人签订2017年度党风廉政建设责任书并讲话。会议通过工作报告和全会决议。

【纪委派驻机构改革】 6月，鼓楼区推进派驻纪检机构建设。采取调剂、划转、适当增配等方式，撤销19家纪检机构和区纪委派驻纪检监察工作室，其编制和领导职数全部划转；对未设置内设纪检监察机构或未核定内设纪检监察机构编制的，由区编办会同区纪委按机关总编制的一定比例划转为派驻编制；派驻编制实行单列管理，由区纪委在派驻机构间统筹调剂使用。在区委组织部、区人社局等部门配合下充实派驻力量，采取笔试面试、档案审核、政治审查等方式，在全区遴选20名干部补充到派驻机构队伍中。8月底，成立8个派驻纪检组，完成对区一级党和国家机关51家单位监督全覆盖。派驻纪检组成立以来，处置问题线索114件，立案17件，“派”的权威和“驻”的优势初步显现。

【“两个责任”落实】 2017年，鼓楼区推动“两个责任”落实，把党的领导体现在日常监督管理之中，把管党治党政治责任纳入党政领导班子、领导干部目标管理体系，组织推动责任分解、考核和追究，督促各级党组织和党员领导干部履职尽责，推进管党治党责任全面覆盖、层层传导。坚持以责任书为基础，通过项目化推动，确保年初区委常委带队检查20个单位发现的61个问题整改落实。推进党风廉政建设考核，监督全区各单位按年度要求提交主体责任报告，督促34家单位提交监督责任报告，领导干部述责述廉506人次。加大问责考核，严格责任追究，全年“一案双查”（查办违纪案件的同时，查究党风廉政建设主体责任和监督责任）15起，问责党员领导干部8人、党组织7个，“失责必问、问责必严”成为常态。

【作风监督】 2017年，鼓楼区纪委出台《鼓楼区关于加强对党员干部作风建设情况监督检查的办法》，落实中央“八项规定”精神，推进作风建设“防隐身防变异防反弹”专项行动、群众身边的不正之风和腐败问题专项治理行动，发现问题线索539条，立案审查65人；查处违反“八项规定”精神问题66起，追究处理66人。

【执纪审查】 2017年，鼓楼区纪检工作树立抓早抓小、动辄则咎、挺纪在前理念，对倾向性、苗头性问题及时约谈提醒、批评教育，严肃查处、公开曝光违纪违规问题。全年受理信访举报281件次，处置问题线索575条，立案190件，给予党纪政纪处分117人，移送司法机关2人，通报曝光典型案件21人次。综合运用谈话提醒、函询诫勉、立案审查、纪律处分等“四种形态”处置297人。其中，运用第一种形态处置176人，占比59.26%；第二种形态处置75人，占比25.26%；第三种形态处置30人，占比10.09%；第四种形态处置16人，占比5.39%，体现惩前毖后、治病救人方针。

链接：“四种形态”

1.党内关系要正常化，批评和自我批评要经常开展，让咬耳扯袖、红脸出汗成为常态；

2. 党纪轻处分和组织处理要成为大多数；

3.对严重违纪的重处分、作出重大职

务调整应当是少数；

4.严重违纪涉嫌违法立案审查的只能是极少数。

【廉政教育】 2017年，鼓楼区加强党风廉政建设，创新开展融“形势宣传、纪律教育、案例警示”于一体的教育活动，全区各级纪检组织负责人宣讲30余场次，覆盖机关部门、街道、基层社区党员2800余人。将廉政提醒融入“廉政考试”“廉政谈话”“廉政警示”之中，对110名新任区管领导干部廉政谈话，向近2000名机关部门党员干部发送廉政短信2.3万条。推动宝船社区廉洁文化体验馆被评为省级廉政文化示范点；宣传区纪检监察特色做法，《中国纪检监察报》《南京日报》等媒体累计采用新闻稿件24篇。

【纪检信息化建设】 2017年，鼓楼区完成纪委内网分级保护，在委局机关各职能室设置内网端口56个，实现委局机关市区内网终端全覆盖，有效推动委局机关干部网上办公、网上信息交换和工作交流，实现业务工作全程留痕。完成纪委专网迁移，将区纪检监察内网并入新加密省电子政务内网，建成并运用区纪委视频会议室。督导全区纪检监察干部完成安装和注册省纪委清风APP。利用鼓楼纪检监察、图片新闻、工作动态、政府信息公开等模块，上传纪检监察工作动态、理论成果、特色工作等信息资料，主动接受监督。

【信访举报工作机制】 2017年，鼓楼区从源头上推动信访问题化解，建立健全“三项”工作机制。区纪委会同区委政法委、区信访工作联席会议，制定下发《关于信访人稳控及信访事项处理工作责任认定的意见》，规范处置要求，建立责任落实机制。区纪委同步实施动态跟踪督查，对化解进展不快、措施不实、方法不当的重点信访案件，排查原因，调整处置对策，逐案化解落实。贯彻落实南京市相关文件，与区信访局、公检法等职能部门联动以及各纪工委配合，发挥自身组织协调和监督职能，建立协调联动机制。对一些重大的、涉及多个部门信访问题，通过联合调查、协同处理的方式加以解决。针对化解征收拆迁方面的突出信访问题，建立长效化解机制。区委区政府专门成立区突出信访问题处置工作领导小组，通过个案会商、联合接谈、司法导入等方式，加强调处征地拆迁中出现的疑难复杂问题。

链接：“七联动”工作机制

着眼信访、纪检工作力量有效整合，建立职责明确、协调统一、上下联动、运转有序的工作推进机制，包括信息通报联动机制、排查协作联动机制、督查督办联动机制、协调推进联动机制、通报问责联动机制、驻京劝返联动机制、同步考核联动机制等。

【“4+1”专项行动】 2017年，鼓楼区“4+1”专项行动由区纪委党风政风监督室、案件监督管理室、干部监督管理室牵头，开展作风建设“防隐身防变异防反弹”专项行动，紧盯公款吃喝、会所整治、公车管理、公款购卡券等重点，发现问题线索

267条，立案审查30人，纪律处分18人；开展群众身边不正之风和腐败问题专项治理行动，聚焦助餐服务补贴、失独伤残家庭补贴等惠民资金使用，发现问题线索273条，立案审查35人。开展教育、卫生及住建等腐败易发多发领域专项整治行动，发现问题线索105件，立案审查59人，组织处理26人，党政纪处分15人，谈话函询25人，发现漏洞6个，建章立制10项。开展"打铁还需自身硬"专项行动，开设"自主讲坛"10期，培训1300余人次，抽调至上级纪委和巡察办跟班锻炼15人次。推行PDCA工作模式，健全纪检干部信息库，出台《纪检干部管理监督办法》，实现纪检干部分层分类谈心谈话和个人有关事项报告全覆盖；排查出廉政风险点99个，制定防控措施154条，处置纪检监察干部问题线索12条。在全市率先出台《南京市鼓楼区街道纪工委书记、副书记提名考察办法（试行）》《鼓楼区纪工委向区纪委报告工作办法(试行)》和《鼓楼区纪工委书记述职办法(试行)》；制定《2017年度鼓楼区各街道纪工委重点工作考评办法》，规范街道纪工委职责权限、选拔考核和责任追究等行为，激发基层纪工委整体活力。

链接：PDCA管理模式

PDCA循环是美国质量管理专家博士戴明首先提出的，所以又称戴明环。全面质量管理的思想基础和方法依据就是PDCA循环。PDCA循环的含义是将质量管理分为4个阶段，即计划(plan)、执行(do)、检查(check)、处理(action)。在质量管理活动中，要求把各项工作按照作出计划、计划实施、检查实施效果，然后将成功的纳入标准，不成功的留待下一循环去解决的工作方法。PDCA管理模式的应用对提高日常工作的效率有很大益处，不仅在质量管理工作中可以运用，同样也适合于其他各项管理工作。

【"将军说廉"微视频宣传活动启动】 7月31日，区纪委在建军90周年之际，组织拍摄5集"将军说廉"系列微视频，与宁海路街道联合在颐和路社区将军馆举行"将军说廉"微视频系列宣传教育活动启动仪式。区纪委有关领导，凤凰网江苏记者站、南京军区善后办、江苏省军区政治工作局等有关部门负责人，区委组织部、宣传部、机关工委、各街道纪工委书记，《新华日报》《南京日报》、江苏电视台、江苏省电台、南京电视台、新华网、凤凰网等媒体记者60余人参加仪式。年内，"将军说廉"系列微视频被中央、省市级媒体宣传推广累计100余次。该项目被评为区"十佳群众满意项目"。 （周伏励）

·组织工作·

【概况】 2017年，鼓楼区有党组32个、党(工)委33个，其中党委(国资)1个、街道工委13个、系统工委19个。有党员6.37万人，其中正式党员6.32万人，预备党员491人；男性党员3.77万人，女性党员2.60万人；汉族党员6.28万人，少数民族党员900人。新发展党员300人，其中女性党员155人、35岁以下党员210人、大专及以上学历260人，发展国有企业党员6人、非公企业党员180人、社会组织党员

19 人。区委组织部会同区委党校组织 2 期入党发展对象集中培训,380 人参训。区机关在职干部 2755 人（其中政府部门及街道 2000 人,党群、人大、政协、人民法院、人民检察院 755 人）。有区属事业单位管理人才 985 人、专业技术人才 7828 人,其中管理岗位 163 人，企业经营管理人才 160 人,专业技术人才 48 人,其中管理岗位 11 人。

全年,区委组织部以学习宣传贯彻党的十九大精神为引领，围绕从严治党要求,适应全区深度融合、跨越发展需要,从严选配、教育、监督、管理干部,探索符合区划调整实际的干部队伍建设路径,提高干部队伍整体素质,增强活力。坚持科学谋划、务实创新,形成一批特色亮点工作,区域化党建在全市持续领先;形成基层党建红领计划、党建示范社区创建等一批特色亮点，全区 17 项党建特色工作入选全市基层党建案例汇编,党建工作得到中组部肯定。组织开展党员干部“走千企入万户、助发展促富民”大走访活动,强化政治责任,突出问题导向,力求善做善成,细化走访任务,加强问题解决。至年末,全区有 4077 名党员干部参加大走访,走访 1.41万家企业和 35.87 万户居民,办结 7710 个问题。推进人才工作,形成党委统一领导、组织部门牵头抓总,以园区(街道)和相关部门为主体,高校和科研院所为支撑,企事业单位和社会服务机构参与的人才工作机制。利用辖区科教资源,成立“创聚汇”“创促会”人才服务组织,开发“人才 e 通”网上服务平台,优化完善线上线下有机互动、创新创业服务环境。是年,区委组织部在全省“微党课”视频征集评选中获最佳制作奖；获 2017 年度全市组织系统优秀调研成果二等奖、优秀奖,被市妇联表彰为市妇女儿童工作先进集体。（盛　蕾）

【“两学一做”学习教育常态化制度化】 2017 年,鼓楼区制定《推进“两学一做”学习教育常态化制度化的实施方案》《关于做好推进“两学一做”学习教育常态化制度化几项重点工作的通知》和《鼓楼区“两学一做”学习教育常态化制度化2017 年工作时间表》,指导各级党组织落实“学”的规定动作。创新方法,利用颐和路社区将军馆等 23 个开放式党组织活动阵地,开展线下体验式教学,升级“鼓楼党建智慧平台”,组织党员线上学。组织党员围绕十九大报告谈认识、谈体会,深学实做。组织开展“不忘初心跟党走,幸福鼓楼做先锋”身边先进典型选树活动,评选出“红领先锋”“红色先锋”“两新党建创客”120 人,在“鼓楼微讯”“鼓楼党建”微信公众号宣传,激发全体党员对标找差持续整改、立足岗位比学赶超热情。5 月 27 日,鼓楼区召开“两学一做”(学党章党规、学系列讲话,做合格党员)学习教育常态化制度化工作座谈会,市人大常委会副主任、区委书记张一新等区领导出席。区委党的建设工作领导小组成员单位主要负责人,区级机关各部门党的负责人,各街道工委书记、分管副书记参加。会议传达总书记习近平重要指示和中央、省市委推进“两学一做”学习教育常态化制度化工作座谈会精神。张一新强调:推进“两学一做”学习教育常态化制度化,要提高思想认识,切实增强思想自觉和行动自觉;要明确目标要求,在真“学”实“做”上力求实效;要务实开展工

作，确保学习教育融入日常、严在经常；要强化责任意识，锲而不舍推动各项工作落到实处。（盛 蕾 陈 森）

【干部考核】 2017年年初，鼓楼区组织部门派出考核组，对区管领导干部进行2016年度考核，132名区管干部年度考核结果为优秀，其中11人连续三年被确定为优秀，各记三等功一次；同时全面考核各区管领导班子、处级干部，对区管领导干部开展“德”的反向测评，对区管正、副职人选开展会议推荐和谈话推荐。

【干部管理】 2017年，鼓楼区贯彻落实党组工作条例，在区总工会等22家单位建立党组，并成立鼓楼地方税务局党组。做好街道公务员职务与职级并行工作，4名区管干部晋升职级。配合做好省内外6名挂职领导和43名新疆干部考察、交流和接待工作。完成2016年度17名“四个一线”（发展一线、民生一线、稳定一线和党建一线）干部考核，安排25名中青年干部（含5名市派干部）赴“四个一线”相关岗位锤炼。

【干部调配】 2017年，鼓楼区科学精准选人用人，调整干部238人次，其中提拔123人，交流轮岗81人次，转任非领导职务34人。明确党组成员、机构改革等兼免职调整78人次。增强中学领导队伍建设，全面实行党政交叉任职，选拔40岁以下校长、副校长5人，优秀年轻助理干部7人，交流26人次，有效融合原两区校级干部。开展13个党群部门科级干部选拔任用和各街道纪工委副书记配备工作，任免科级干部189人次。

【干部教育】 2017年，鼓楼区出台《鼓楼区干部教育培训考核管理办法（试行）》，组织区管领导干部赴北京大学、复旦大学等高校以及井冈山等革命圣地开展培训150人次；组织科级干部100余人赴临沂开展党性教育；举办中青年干部培训班，遴选70名优秀年轻科级干部参训；举办区管干部学习宣传贯彻党的十九大精神专题轮训班，全年参训人数达1080人次。

【干部监督】 2017年，鼓楼区强化选人用人和日常监督机制，开展领导干部2016年度个人有关事项报告汇总、上报，随机抽查93人次，核查拟提拔区管干部人选94人次，依规严处漏瞒报情况2人。从严控制区管领导干部及中学校级领导因私出国（境），限制允许出国（境）范围。

【人大政府政协换届服务】 2017年，鼓楼区人大、政府、政协如期换届。区委组织部牵头相关部门，制定选举办法草案，开展人选预排、资格核查和考察、个人情况核查等工作，填写各项信息，准备各项会议材料，做好换届前期筹备工作。利用各类载体开展宣传，会同区纪委以现场督导、电话暗访、随机访谈等方式督促检查，畅通“12380”平台受理渠道。遵守选举流程操作，安排专人现场监票、计票，做好会后统计上报，确保区人大、区政府、区政协选举工作依法依规进行。

【区域化党建完善】 2017年，鼓楼区发挥地区省级机关、高校院所优势，完善鼓楼“社区党建联席会和社区建设发展委员会”制度，规范街道“大工委”社区“大党委”运行机制,540 家驻区单位与全区 120 个社区结对共建,开展“双服务双促进”活动,相互开放、统筹使用党建和教育等场所阵地及活动设施,共同打造“区域党建共赢、幸福家园共建”党建品牌,区域化党建工作得到中组部肯定。

【社区党建红领计划】 2017 年,鼓楼区组织部门面向全区社区党组织书记、党务工作者实施“社区党建红领计划”,通过片区联盟、青蓝结对、双挂双促、后备蓄力、精准培训“五大行动”,引导社区书记不断适应经济社会发展新常态,培育一支素质过硬、能力突出、作风扎实的社区党组织书记队伍。“红领计划”实施以来,13个街道结成 6 个片区联盟,新老书记结成近 30 个传帮带对子,27 名专职副书记进行为期 3 个月跨街道挂职锻炼,举办鼓楼红领论坛 7 期,与南京大学联合举办社区党组织书记示范培训班,组织赴上海长宁区实地学习城市基层党建工作经验,社区党组织带头人队伍建设得到加强。该创新举措被《江苏组工信息》《党的生活》《南京组工参阅》《南京日报》等多家省市媒体刊登。充实基层党建工作力量,面向社会公开招聘 30 名基层专职党务工作者,打造专业党务工作者队伍,提高党务工作水平,为做好城市基层党建工作提供组织保障。

【“党建示范社区”创建】 2017 年,鼓楼区出台《鼓楼区“党建示范社区”创建工作实施方案》,在全区开展“党建示范社区”创建活动,围绕“组织建设规范化、党员管理精细化、服务群众常态化、工作机制长效化、基础设施完备化、党建工作特色化”,制定城市社区党建基本规范,构建“定性定量定目标,可看可比可考核”的党建工作考评机制,建立城市基层党建基本规范,以标准化引领规范化,在 120 个社区开展“党建示范社区”创建活动,实现社区党组织工作全面进步全面过硬。

【“两新”工委实体化运作】 2017 年,鼓楼区压实主体责任,将区委统战部及园区管委会、民政、司法等部门纳入“两新”(新经济组织和新社会组织)工委成员单位,明确工委委员构成及职责任务。强化实际运行,将实质化运作设为基层党建“书记项目”,由区委书记领办推进。稳步推进重点任务,规范工委会制度,开展“百日攻坚”行动、“两新”组织调研月活动,对全区 1.13 万家非公企业、1898 家社会组织实现走访全覆盖,新建党组织 66 家。

【基层党建工作创新项目化管理】 2017 年,鼓楼区出台《鼓楼区基层党建工作创新项目化管理办法》,围绕基层党建 7 项重点工作,探索新形势下建立与区域发展和党员需求相适应的基层党建工作运行机制和有效途径,推动党建工作创新项目落到实处,增强基层党组织向心力凝聚力创造力。区委组织部按照实际可行、好中选优、适度规模、有创新性的原则,审核全区 29 家工委 41 个项目,35 个项目立项,并拨付专项工作经费 22.5 万元保障项目实施,培育基层党建工作创新成果。

【党员教育管理】 2017 年,鼓楼区加强党员教育管理,巩固党员组织关系排查工作成果,规范党员组织关系管理,持续查找失联党员。完成全国党员信息管理系统党组织和党员基本信息采集工作，采集党员家庭住址、手机电话等联系信息，增强党组织与党员的联系。加强党建信息化建设，升级鼓楼党建网站、微信公众号、信息管理系统三位一体的“党建管理智慧平台”，突出远程教育站点管理指导、阵地建设、活动组织和成果转化，规范党员干部现代远程教育“固定学习日”活动，明确每月15日为全区各站点统一学习时间，每次学习不少于2小时。对全区存在问题的站点摸排，更新部分站点的硬件设备。拍摄党员教育宣传片《共产党员的“特权”》，入选全省“最佳网络人气”微党课。

【招才引智对接活动】 2017年，鼓楼区出台《2017年鼓楼区高层次创业人才引进计划工作方案》，举办“留交会”、2017人工智能产学研交流大会鼓楼专场、“创聚鼓楼，美南专家鼓楼行”“2017大众创业万众创新活动周鼓楼专场”“第六届全球（南京）研发峰会鼓楼专场”等招才引智对接活动。全年组织381人申报2017年“创业南京”人才计划，同比增长56%，12人入选市级高层次创业人才，57人入选区级，4人入选市创新型企业家；9人申报省双创人才，4人入选；8人入选省“双创”（创新、创业）博士；1家团队入选省双创团队，实现团队成绩新突破。

【人才服务】 2017年，鼓楼区筹建“创聚汇”创新创业服务联盟，集聚创业服务机构，为企业提供管理、金融、法务等产品化业务。打造线上服务平台，完成“人才e通”网站建设、“创聚鼓楼”微信改版工作。开展培训交流活动，开设黑马连营创业培训班、投融资对接会、创业训练营沙龙等活动40余场，1000余人次参加。举办南京大学培训班，提升40名区人才工作者业务能力，并赴杭州调研学习。

【红领论坛暨党建智慧平台上线】 6月29日，鼓楼区举办庆祝中国共产党成立96周年红领论坛暨党建智慧平台上线活动，市人大常委会副主任、区委书记张一新等领导出席，各系统、街道、社区等相关负责人参加。活动上，介绍鼓楼区社区党建红领计划，区领导共同启动党建智慧平台。5名社区书记代表围绕主题“问题导向创新引领，打造党建示范社区”分享工作经验，现场观众通过党建微信平台互动交流。张一新提出全区党建工作要求。

（盛　蕾）

·宣传工作·

【概况】 2017年，鼓楼区宣传工作以迎接学习宣传贯彻党的十九大精神为主线，落实省市、区委部署要求，为“聚力创新争创首善之区、聚焦富民建设幸福鼓楼”提供思想保证、精神动力、舆论支持和文化条件。区委宣传部强化意识形态工作责任制，定期召开全区意识形态领域情况分析研判联席会议，在全区13个街道配齐实职宣传委员。举办区委中心组理论学习（扩大）会22场，开展“领导干部上讲台”“幸福鼓楼”大讲坛、“创新理论进社区”等宣讲活动600余场。全年在媒体发稿累计7300余篇次，监测互联网信息6860条，编印《鼓楼区互联网信息快报》501期，向中宣部和省市委宣传部报送舆情信息 9000 余条，采用 1250 余条。强化内容建设、创新发布形式，年末“鼓楼微讯”官方微博粉丝数达 519 万人，微信公众平台粉丝数超 11 万人。举办 2017“幸福鼓楼”社区文化艺术节及精品文化进社区系列活动，开展文化惠民活动 2260 场，惠民人数 112 万人次。开展文明创建活动、社会主义核心价值观宣传活动和区第 16 届公民道德建设宣传月活动，举办“鼓楼好人节”，拍摄发布 10 部好人微电影。开展“我们的节日”系列活动，举办“市民文明素质提升暨幸福鼓楼文明先行”志愿服务主题活动，实施“聚力暖橙”关爱环卫工人志愿服务项目。是年，鼓楼区“立德树人大讲堂”获市社会主义核心价值观教育实践创新十佳案例。

【“四项举措”宣讲十九大精神】 2017 年，党的十九大精神学习宣讲，是基层理论宣讲工作的重中之重。鼓楼区委区政府在总结分析以往宣讲经验的基础上，重点强化宣讲的组织领导，改进理论宣讲的供给侧，切实在学懂弄通做实党的十九大精神上下功夫。

根据以往的理论宣讲经验，只要组织得力，宣讲成效就事半功倍。因此，鼓楼区委把组织、动员作为党的十九大精神学习宣讲的“压舱石”。提高领导干部的政治站位。市人大常委会副主任、区委书记张一新向全区500 余名领导干部传达十九大精神并率先宣讲十九大；区委常委会专题交流十九大学习心得并部署宣讲工作，做到先学一步，以上率下，提高站位。成立区委宣讲团。出台全区学习贯彻十九大精神的通知，成立学习贯彻党的十九大精神区委宣讲团，召开宣讲动员会和培训，确保宣讲内容全面准确。开好宣讲调研会。区委宣传部为掌握全区学习宣传情况，深接地气，打牢学习宣讲的群众基础，召开 6 场学习宣传调研会，充分掌握全区思想文化动态，有针对性地做好宣传理论工作。举办领导干部轮训班。领导干部要强化学、集中学、专题学。为此，该区举办三期学习贯彻党的十九大精神轮训班，特邀南京大学、省委党校等 10 余名专家教授为全区 500 余名区管领导干部专题培训党的十九大精神。

鼓楼区把营造良好学习氛围作为宣讲工作的“助推器”。良好的学习氛围对整个十九大理论宣讲起到烘托、加热、鼓劲的作用。组织迎接、学习十九大征文。鼓楼区各级党组织通过组织参与“喜迎十九大　畅谈新发展”和“入党微故事”等征文活动，共征集 300余篇文章。积极组织参加南京市“百姓名嘴”、优秀文艺作品评比、南京市第五届社科决策咨询成果评奖活动，全区 3 人 3 篇文章获奖，激发党员干部群众学习贯彻十九大精神的自觉性。展示正能量。区委宣传部和机关各基层党组织积极在各类媒体上组织新闻报道，全面展示鼓楼区贯彻落实十九大精神新举措新成效；充分发挥各级政务微信微博新媒体作用，积极引导网上舆论，调动网民参与积极性，形成网上舆论引导强势；充分利用户外大屏、电子显示屏、宣传橱窗等载体，大力宣传十九大精神，做到全覆盖、大力度，迅速形成规模、形成声势。

鼓楼区把改进宣讲供给侧作为提升

宣讲效果的“导向标”。新形势下，信息来源渠道非常宽泛，如果没有理论宣讲的“供给侧”改革意识，就会失去思想理论市场。因此，要提高理论宣讲的供给质量、增加有效供给，必须开发新的理论宣讲平台。利用@鼓楼微讯，开辟“新视点”理论学习栏目，第一时间传递大会最新精神和权威解读；开设“十九大专题”等专栏，邀请全区一线基层党员和群众代表畅谈学习体会，全面反映全区上下贯彻十九大精神的实际行动。在大家的阅读点赞中，拓展十九大精神宣传渠道。充分利用区域政治资源，军地携手宣讲。组织国防大学政治学院研究生、百姓“宣讲团”到全区120个社区宣讲。让退休教师、军队干部宣讲十九大精神，让群众讲自己的学习体会、理论感悟。同时，做好学习资料保障。鼓楼区首先为区两级中心组成员配备学习书籍2000余册，并向基层发放理论书籍3800册，向全区每位党员发放《习近平总书记系列重要讲话学习要点》6.4万余本，确保十九大学习有书可看、有文可读、有感可发、有情可抒。

鼓楼区把严格制度规范作为编好宣讲的“保障网”，加强督察检查。区委宣传部会同区纪委、区委组织部到各街道社区巡学旁听，通过观摩学习活动、检查学习档案等形式，检查了解基层理论学习宣讲情况，加强宣讲队伍督导，确保学习宣讲实效。其次，坚持学习宣讲的常态化。鼓楼区做好全区宣讲部署，在宣讲主题内容、时间节点上合理设置，使学习宣讲“新常态”长流水、不断线。

2017年鼓楼区学习贯彻党的十九大精神宣讲工作情况表

表43

<table>
<tr><td colspan="3">集中宣讲工作情况</td><td colspan="12">基层宣讲工作情况（“六进”活动）</td></tr>
<tr><td rowspan="2">宣讲总场次数</td><td rowspan="2">直接受众(包括现场、直播分会场)总人数(人)</td><td rowspan="2">间接受众(包括媒体二次传播、参会人员精神传达等情况)总人数(人)</td><td colspan="2">进企业</td><td colspan="2">进农村</td><td colspan="2">进机关</td><td colspan="2">进校园</td><td colspan="2">进社区</td><td colspan="2">进网络</td></tr>
<tr><td>场次总数(次)</td><td>参加总人数(人)</td><td>场次总数(次)</td><td>参加总人数(人)</td><td>场次总数(次)</td><td>参加总人数(人)</td><td>场次总数(次)</td><td>参加总人数(人)</td><td>场次总数(次)</td><td>参加总人数(人)</td><td>场次总数(次)</td><td>参加总人数(人)</td></tr>
<tr><td>238</td><td>19064</td><td></td><td>4</td><td>265</td><td></td><td></td><td>75</td><td>6211</td><td>26</td><td>2550</td><td>133</td><td>10038</td><td></td><td></td></tr>
<tr><td colspan="3">开展宣讲工作的特点和亮点</td><td colspan="12">1.开好宣讲调研会。召开6场学习宣传调研会，对系统党(工)委、文化部门、社区书记、各街道宣传委员、驻区单位等开展大调研，充分掌握全区思想文化动态，掌握基层群众的实际需要，有针对性地准备授课内容。2.军地合作共建。与国防大学政治学院合作，开展党的十九大精神进社区活动，政治学院共有3名教授、60名研究生到区3个系统和60余个社区宣讲十九大精神。3.宣讲阵容庞大。组建鼓楼区委宣讲团，包括区领导、省市党校教授、区党校教师、政治学院教授及研究生共130人，充分调动各方力量搞好十九大宣讲。4.改进宣讲供给侧。开发新的理论宣讲平台，利用@鼓楼微讯，开辟“新视点”理论学习栏目，发布党的十九大精神专家解读文章；培育新的宣讲方式，组织军休系统老干部“宣讲团”等群众性宣讲</td></tr>
</table>

【意识形态建设】 2017年,鼓楼区制定下发《党(工)委意识形态工作责任制分解细则》《鼓楼区意识形态领域情况分析研判联席会议成员单位职责分工》,建立意识形态考核与党风廉政建设考核联动机制,将意识形态工作纳入区委第四轮巡察内容,做到年初有部署、推进有举措、年终有考核。年内,区委宣传部主要领导带队专题调研和督查意识形态工作,各党(工)委和联席会成员单位按要求做好工作自查,形成一级抓一级、层层抓落实工作格局。每半年召开一次全区意识形态领域情况分析研判联席会议,做好分析研判和工作交流。制定下发《关于对全区哲学社会科学类和公开类报告会、研讨会、讲座、论坛进行备案和审批的通知》,强化理论教育阵地源头管理。

【领导干部理论学习】 2017年,鼓楼区出台《鼓楼区党委(党组)、党(工)委理论学习中心组学习实施细则》,下发《2017年鼓楼区两级党(工)委中心组专题学习计划》,采取专家授课、实地参观、交流研讨等形式开展专题学习,组织22场区委中心组理论学习(扩大)会。推进"领导干部上讲台"常态化,市人大常委会副主任、区委书记张一新带头为全区干部上"旗帜鲜明讲政治"专题党课,带动全区各级党(工)委书记面向基层干部群众宣讲。区委宣传部会同区纪委、组织部开展中心组理论学习巡学旁听,定期督导各党(工)委中心组理论学习开展情况。是年,区委宣传部评为南京市思想政治工作课题研究优秀组织单位和南京市优秀理论作品征集先进单位,3篇文章在南京市第五届社科决策咨询成果评比中获三等奖,4篇文章在南京市思想政治课题研究成果评比中获奖。

【基层干部培训】 2017年,鼓楼区组织基层党员冬训,以理论课堂、实地课堂、在线课堂、榜样课堂、文艺课堂等培训形式,推动新时代中国特色社会主义思想进社区,全区参训党员3万余人次。为区委及街道工委中心组成员配备学习书籍1500余本,向各党(工)委发放《习总书记系列重要讲话2016读本》800本,向全区每位党员发放《习近平总书记系列重要讲话学习要点》计6.4万本。开展"领导干部上讲台""幸福鼓楼"大讲坛、"创新理论进社区"等各类宣讲活动600余场。是年,鼓楼区被评为2016~2017年度省基层党员冬训工作先进区。

【社会主义核心价值观宣传】 2017年,鼓楼区按季度制定下发社会宣传工作重点提示,围绕党的十九大、全国"两会"、区"两会""大走访"等重大节点主题,设计制作10期宣传橱窗。围绕建党96周年、香港回归20周年和抗战胜利日、烈士纪念日等重要纪念日,开展爱国主义、民族精神和国防教育。举办"穿越时空的对话·鼓楼行"活动,在颐和路将军馆举行南京"抗战家书"征集暨诵读"抗战家书"启动仪式。国庆期间,组织全区6000名干部群众参观砥砺奋进的江苏大型主题图片展。12月13日,在全区10个南京大屠杀死难者丛葬地举办国家公祭日悼念活动。全年对照《鼓楼区社会主义核心价值观公益广告推进方案》,运用各类载体宣传社会主义核心价值观，在103块户外电子显示屏、66所学校电子大屏滚动播放宣传标语3万多次；在32条主次干道、公园景区广场制作公益广告道旗1500多幅；在全区建筑工地围挡、120个社区共发布公益广告3000多幅，利用居民小区围墙，制作核心价值观墙绘5000多平方米。

【新闻宣传】 2017年，鼓楼区落实《关于进一步加强全区新闻宣传管理的实施意见》和《鼓楼区突发公共事件媒体应对方案》，制定落实《2017年全区新闻宣传工作计划》，规范全区新闻宣传管理工作。围绕全区中心工作，联动各级媒体，开展深度合作，进行新闻策划，宣传鼓楼区社会经济发展、环境综合整治、综合体制改革、民生改善等重点工作创新做法、成功经验和先进典型。围绕"喜迎十九大""江苏发展大会"、区"两会""幸福鼓楼文明先行""幸福鼓楼惠民生"等专题，在中央电视台、《光明日报》《新华日报》《南京日报》、南京电视台等主流媒体，《扬子晚报》《现代快报》《南京晨报》等都市媒体，人民网、中新网、交汇点、紫金山等新媒体平台发稿，累计7300余篇次，展示鼓楼发展成果。加强突发公共事件媒体采访工作规范化、制度化建设，全年处置突发公共新闻事件30余起。

【网络舆情监测】 2017年，鼓楼区推进互联网信息监测处置制度建设，实行全年24小时全天候专人值班，监看境内外新闻、热门论坛、博客、微博、微信、新闻客户端等，监测到涉及鼓楼的监测互联网信息6860条，编印《鼓楼区互联网信息快报》501期，为区领导和各级部门掌握和快速处置重大网络事件提供信息保障。强化与新浪、腾讯、龙虎网、南报网、中国江苏网等主流网站沟通合作，妥善应对处置网络舆情，重点处置多起有影响的互联网事件。全年向中宣部和省市委宣传部报送舆情信息9000余条，采用1250余条。区委宣传部获全国舆情信息工作先进单位和全省舆情信息工作先进单位称号。

【"双微"公众平台建设】 2017年，"鼓楼微讯"官方微博及微信公众平台开展鼓楼政务新媒体矩阵"联动传播"，开设《新视点》和《聚焦十九大　开启新征程》等专栏，在全区政务新媒体平台专题发布、同步推送党的理论创新成果、幸福鼓楼建设崭新面貌、十九大会议盛况及全区十九大精神学习贯彻落实情况。探索与网络媒体合作推进"圈群传播"方式，与交汇点、紫金山、今日头条等主流新闻客户端及南京头条等南京知名社会自媒体开展宣传合作，利用自媒体宣传风格和主流新闻客户端区域影响力，实现双微影响力持续提升。年末，官方微博@鼓楼微讯粉丝519万人，发布微博1.34万条；"鼓楼微讯"微信公众平台粉丝11万余人，全年推送365期1952条。是年，"鼓楼微讯"获全国十大基层政务机构微博、江苏最具影响力区县发布微博、市文明办网先进单位、市年度十佳政务头条号、市年度十佳政务微博、市年度优秀政务微信等荣誉。

【文明城市创建】 2017年，鼓楼区编制《鼓楼区2017年全国文明城市创建工作材料汇编》《鼓楼区三级督查计划表》《鼓楼区2017年文明城市创建三级责任人体系》，建立区主要领导负总责、区四套班子领导分片包干、各部门“一把手”负全责的创建工作格局，将文明城市创建工作与部门职能结合，同规划、同部署、同考核。在区内打造文明城市创建示范点4家，召开专题现场会议12场次，区委宣传部领导带队开展文明城市创建专项视察6次。在迎接国查省查期间，印制发放宣传品4大类2万余件，并通过大走访、致居民一封信、社区议事会、党员生活会等形式宣传讲解，扩大居民知晓率。定期开展环卫保洁、城市管理、农贸市场、餐饮店、老旧小区管理、交通秩序等文明创建专项整治，推进区市民督导团督察常态化，发布《督察通报》47期，发现整改问题7000余个。

【文明素质提升】 2017年，鼓楼区组织开展区级文明单位、文明社区评选，经过申报审核，99家单位获评区级文明单位，32家社区获评区级文明社区。区委宣传部制定《鼓楼区交通秩序整治志愿服务和宣传工作方案》，组织志愿者参与道路交通执勤、文明劝导近5000人次。推动社会诚信建设，联合区旅游局共同打造“文明旅游实验区”，合作开展文明旅游活动，通过新闻及网络宣传等形式，展现鼓楼文明旅游形象，发放各类宣传资料3万多份。

【公民道德建设】 2017年，鼓楼区加强公民道德建设，依托“每月一星”好人品牌，选树、推介、学习、礼敬各类好人。年内评选“每月一星”1473人次，有11人被评为“南京好人”，拍摄制作10部“感动鼓楼——身边的模范人物”好人微电影。组织开展鼓楼区第16届公民道德建设宣传月活动，举办第三届“鼓楼好人节”，表彰年度“每月一星”，开展好人微电影巡展、好人公益剧场和圆梦好人微心愿活动，为211位好人实现微心愿。在春节、元宵、清明、端午等传统节日期间，开展主题宣传教育，组织开展“中国好人”“南京好市民”等道德楷模慰问活动。开展“十大孝亲人物”评选活动，1人获南京市首届“十大孝亲人物”称号。开展南京市民文明规范“八个不”(红灯不能闯，车辆不乱停，说话不带脏，交谈不喧哗，垃圾不乱丢，宠物不扰民，违建不可搭，排队不加塞)宣传评选活动，9个社区进入全市前百名，河路道社区入选“市十佳示范社区”；在南京市民文明规范“八个不”文艺节目评选中，该区节目“城市明星”“白局”分获二等奖、三等奖，区文明办获优秀组织奖。

【志愿服务】 2017年，鼓楼区推进13个街道志愿服务总站和城市志愿服务示范点建设。3月2日，联合南京报业传媒集团在静海寺举办“幸福鼓楼·文明先行”2017“市民文明素质提升行动”启动暨“志愿365·美好你我他”主题活动，现场为市级街道志愿服务总站示范点授牌。年内，开展鼓楼区志愿服务明星项目微视频展播，实施“聚力暖橙”关爱环卫工人志愿服务项目，全区挂牌“爱心驿站”200余家。组织“鼓楼志愿者在身边”系列活动，结合春节、学雷锋纪念日、国际志愿者日、文明交通整治等重大节点，开展主题志愿服务活动。全年围绕“邻里守望”“和谐家园”“服务公众”“文明礼仪”“文明引导”“关爱自然”六大主题，开展

常规性志愿服务150余场次，受益群众逾万人。（黄晓璐）

·统战工作·

【概况】 2017年，鼓楼区统战工作发挥统一战线优势，召开全区和街道统战工作会议，传达学习全国和省市统战部长会议、全国新的社会阶层人士统战工作会议以及全市民族宗教工作会议精神，引导全区统一战线成员领会中央、省市委关于统一战线重大决策部署，总结2016年全区和街道统战工作，布置2017年区街统战工作任务，发放统战理论书籍2600余本，统筹推进区域统战工作，提升多党合作事业水平。推进统一战线服务民生，与区民主党派基层组织、区工商联对口联系，引导各民主党派基层组织与结对共建街道、社区对接活动26场次。支持统一战线成员开展送科技、送文化、送医疗、送法律、送福字等社会服务活动，参与“同心工程”，捐款12.54万元。指导区工商联召开工商联（总商会）第二次会员代表大会，完成换届工作。成立南京鼓楼金陵天使创投商会、鼓楼区投融资商会等6家商会，发展会员近1000人。启动实施“万企帮万村”精准扶贫行动，开展扶贫活动5次。开展“两学一做”学习教育和“大走访”活动，先后280人次走访辖区企业、社区和宗教场所。加大党外人士队伍建设培养力度，选调3名党外干部参加南京市第18期党外中青年骨干培训班，组织区第四期社会主义学校培训班，参加人数近百人。加强党外知识分子和新的社会阶层人士统战工作，召开全区新的社会阶层人士统战工作会议，建立10个首批新的社会阶层人士统战工作实践创新示范点。以《南京条约》签订175周年、香港回归20周年为契机，在静海寺举办《南京条约》签订175周年报告会暨“静海论坛”启动仪式活动。举办3期“鼓楼青年创业大讲堂”、5期顾问团沙龙活动，组织统一战线成员22批次500余人，参观静海寺史料陈列馆，营造民族和睦宗教和谐大局。创新非公有制经济领域统战举措，协助民革中央调研组开展“新时代民生经济”专题调研，组织全区党派成员开展调研活动，形成建言献策调研文章26篇；调研走访200余家企业，形成民营企业转型发展典型材料3篇和1篇调研文章。拓展港澳台海外统战工作，完成全年各项工作任务。是年，区委统战部获2017年度《中国统一战线》宣传先进单位、南京市宣传工作先进单位、南京市机关党建工作先进集体称号，信息调研工作获市统战信息工作一等奖、市统战工作实践创新成果奖，《新媒体从业人员思想引导路径初探研究》获统战理论政策研究创新成果全市一等奖和全省二等奖。

【中央统战部调研组到区调研】 3月6日，中央统战部党派工作局局长桑福华一行到区，就“关于中国特色社会主义政治制度研究”课题调研，省委统战部相关处室负责人和区委统战部主要领导陪同。调研组实地考察小桃园社区基层协商民主建设工作，了解社区“有一说一”工作法，听取区人大、区政协、区民政局相关负责人及部分人大代表、政协委员阐述制度建设中的问题和思考。

【民革中央调研组开展新时代民生经济专题调研】 11月23日，民革中央副主席李惠东率民革中央调研组一行到区开展“新时代民生经济”专题调研，民革省委会、省委统战部、市委统战部、区委统战部、区侨台办主要领导等陪同调研。李惠东听取区科技园区发展情况汇报，实地考察园区企业华讯方舟军民融合双创基地及青创空间，了解园区企业发展情况，并就园区发展提出建议。

【统战工作部署会】 3月13日，鼓楼区召开统战工作总结部署会，学习传达全国和省市统战部长会议、全国新的社会阶层人士统战工作会议以及全市民族宗教工作会议精神，区委统战部主要领导主持，统战部、区民宗局全体干部参加。会议肯定2016年度区统战工作成绩，并就贯彻落实各级会议精神，进一步做好统战工作提出要求。

【对口联系工作座谈会】 3月27日，区委统战部召开区政府有关部门与民主党派基层组织、工商联对口联系工作座谈会，区政府8个部门分管对口联系工作的领导和联络员参加。各部门分别汇报2016年对口联系工作开展情况及2017年工作打算。副部长点评各部门开展对口联系工作的情况，并布置全年工作任务。

【民主党派基层组织负责人工作会议】 4月6日，鼓楼区召开区民主党派基层组织负责人工作会议。各党派主委简要汇报2016年特色亮点工作和2017年重点工作任务。区委统战部有关领导总结和点评2016年全区党派工作，部署2017年主要工作，宣读对各民主党派2016年度调研文章表彰决定，区委统战部主要领导肯定各党派2016年所做的工作，对2017年工作提出要求。

【党外知识分子联谊会一届四次理事大会】 4月26日，鼓楼区党外知识分子联谊会召开一届四次理事大会，与会人员参观南京民间抗日战争博物馆和中国船舶重工集团公司724研究所鹏力科技产业集团等民品产业园区。会议组织学习总书记习近平在政协联组会上关于做好新形势下知识分子工作的重要讲话精神，总结2016年工作，部署2017年任务。区委统战部主要领导应邀到会并讲话。

【党外人士情况通报会】 8月16日，区委统战部召开党外人士情况通报会，区各民主党派基层组织负责人、区工商联和无党派人士代表参加。区委统战部主要领导通报区委二届三次会议情况，与会人员评价和肯定全区上半年各项工作取得的成绩，并对发挥区域优势、凝聚力量，发展鼓楼经济提出意见和建议。

【《南京条约》签订175周年报告会暨“静海论坛”启动仪式】 8月29日，鼓楼区在静海寺举办《南京条约》签订175周年报告会暨“静海论坛”启动仪式，区委统战部主要领导出席报告会并为“静海论坛”揭牌。区各民主党派成员、无党派人士、党外知识分子、少数民族人士、宗教界人士、非公有制经济人士、新的社会阶层人士、出国和归国留学人员、台湾同胞、华侨、归侨和侨眷代表以及统战部全体干部、各街道统战委员等190余人参加。报告会上，南京大学教授曹大臣作《〈南京条约〉与近代中国》专题报告，警示勿忘历史，牢记使命。

【新的社会阶层人士统战工作会议】 10月31日，鼓楼区召开全区新的社会阶层人士统战工作会议，学习贯彻全国及省市新的社会阶层人士统战工作会议精神，安排部署全区新的社会阶层人士统战工作。市人大常委会副主任、区委书记张一新对做好全区新的社会阶层人士统战工作作出批示，区委统战部主要领导出席会议并讲话。区委统一战线领导小组成员单位及相关部门分管负责人、各街道统战委员、统战干事、部分新的社会阶层人士代表等70余人参加。 （章桥龙）

·党史工作·

【概况】 2017年，鼓楼区推进《中共鼓楼区地方史(1979～2013.3)》《中共下关区地方史（1979～2013.3)》2本地方党史三卷本二轮修改工作，明确时序进度和修改质量要求。编辑出版《中共南京市鼓楼区委工作纪事(2016)》，该书记载中共鼓楼区委2016年领导全区各级党组织及干部群众开展经济、政治、文化、社会、生态文明建设和党的建设的执政实践及主要成果。挖掘区域红色文化资源内涵，编辑出版《鼓楼记忆》，弘扬党的光荣传统和革命精神。结合重大党史纪念活动，贴近基层、贴近群众开展党史宣教工作，完成年度各项工作任务。

【地方党史三卷本二轮修改工作完成】 2017年，鼓楼区加强《中共鼓楼区地方史（1979～2013.3)》和《中共下关区地方史（1979～2013.3)》编撰工作，推进2书三卷本初稿二轮修改工作。领会上级党史部门对三卷本编写工作指导意见，坚持“党史姓党”根本原则，准确把握党的历史发展的主题主线，反映原鼓楼区和原下关区改革开放实践和成就，充实完善修改书稿内容。坚持历史原貌和时代高度统一，体现经济建设、政治建设、文化建设、社会建设、生态文明建设“五位一体”和党的建设总体布局，进一步查阅相关档案资料，加强资料甄别和核实工作，吃透区情，力求还原历史原貌。区委党史工作办公室（简称区委党史办）组织撰稿人员学习1979年以来中共中央历届党代会报告、《中国共产党的九十年》《中国改革开放30年大事记》等党史著作，把握好主题主线。参加省市党史部门举办的党史三卷本编撰培训、研讨活动，邀请党史专家到区指导业务。全年召开编撰工作推进会4次，会商难点问题，确保稿件质量和时序进度。至年末，完成两本党史著作二轮修改任务。

【《中共南京市鼓楼区委工作纪事(2016)》出版】 2017年，区委党史办根据区委逐年编辑出版《中共南京市鼓楼区委工作纪事》要求，推进该书2016年版编辑工作。在总结几年来该书编辑经验的基础上，优化全书框架设计和工作流程；梳理全区党的活动大事、要事、新事，明确全书资料、图片收集重点，动员有关部门和单位提供相关文字及图片资料；指定专人修改补充完善工作纪实，反复打磨稿件；组织编辑人员研读2016年区委区政府重要文件、重要会议精神，明确专记选题及写作。年底，《中共南京市鼓楼区委工作纪事（2016）》编辑出版。全书近32万字，收录照片70余幅，包括专述、专记、工作纪实、文件选编、统计数据5个部分，重点记载中共鼓楼区委2016年领导全区各级党组织及干部群众开展经济、政治、文化、社会、生态文明建设的执政实践和主要成果，为研究鼓楼党的历史积累史料。

【党史宣教】 2017年，鼓楼区开展党史成果进社区、进机关、进军营、进校园、进企业、进农村“六进”活动，通过赠送党史学习书籍、开展党史主题教育、组建队伍宣讲党史故事党史人物等形式，强化党史宣传教育工作。2月14日，区委党史办组织工作人员到湖南路街道参加社工论坛，为街道全体社工讲授“瞧，咱鼓楼这片红色热土”主题党史课。3月9日，到大方巷社区以“八路军驻京办事处往事”为主题，开展党史宣讲，向社区党员着重介绍位于傅厚岗的抗战时期成立的八路军驻京办事处旧址，以及发生在那里的革命故事。4月，为纪念南京解放68周年，在鼓楼微讯上介绍挹江门、渡江胜利纪念碑、渡江胜利纪念馆等史料，弘扬渡江战役精神，弘扬红色文化、传承红色基因。5月11日，与清江花苑社区党委联合开展“文明共分享　书香满清江”朗读活动，向该社区6个党支部赠送《中国共产党党史知识读本》《中共南京市鼓楼区委工作纪事》等党史书籍。全年向机关、社区等赠送书籍2000余册，挖掘和整理辖区内革命遗址遗迹上发生的党史故事，编辑出版《鼓楼记忆》，发挥“鼓楼党史”网站、微博等新媒体作用，更新专栏内容，增强党史宣教实效。

【党史研究】 2017年，鼓楼区结合纪念中共江苏地方组织成立90周年、中共南京地方组织成立95周年等重大党史纪念活动，强化党史研究工作，撰写有关理论研讨文章并取得较好成绩。区委党史办张兴中的《浅谈中共南京地方早期组织在和记洋行活动的经纬、历史贡献及其现实意义》、张勇的《孙津川在南京早期党组织建设中的作用及精神启示》论文，入选南京市《纪念中共南京地方组织成立95周年学术研讨会论文汇编》。在南京中共党史学会六届二次理事会议暨中共南京地方组织成立95周年学术研讨会上，张兴中作为作者代表受邀发言交流经验。

【《鼓楼记忆》出版】 2月，鼓楼区利用红色文化资源、发扬红色传统、传承红色基因，着手编辑爱国主义教育乡土教材《鼓楼记忆》。该书收集鼓楼区域内和记洋行旧址、张闻天陈列馆、渡江胜利纪念馆等革命遗址遗迹、10处侵华日军南京大屠杀遇难同胞纪念设施，以及近年来新建的下关历史陈列馆、鼓楼规划展览馆、丁山社区红色记忆电影文化馆、宝船社区廉洁文化体验馆、宁海路街道海洋国防教育馆等地情场馆资料，挖掘丰富内涵，以图文并

茂形式呈现给读者。全书3万余字,收录图片100余幅。至年末,《鼓楼记忆》出版发行。（张兴中）

·老干部工作·

【概况】 2017年，鼓楼区有离退休老干部382人,其中离休干部294人,退休干部54人,易地安置老干部34人。区委老干部局学习贯彻十九大精神、总书记习近平系列重要讲话精神和区“两学一做”学习教育常态化制度化通知精神,推进教育活动常态化制度化。按照“走千企入万户、助发展促富民”要求,深入五塘村社区、裴家桥社区走访,了解特殊家庭生活状况,分层分类梳理问题建议,做到群众反映问题有记录、有落实。落实关于进一步加强和改进离退休干部工作系列文件精神,围绕“让区委放心、让老干部满意”目标，组织全区老干部工作人员业务培训,邀请市委老干部局领导开展业务知识讲座，提高为老干部服务的政策业务水平。坚持以人为本、服务为先,全面落实老干部政治、生活待遇,不断提升服务管理水平,推进创新发展。下半年,开展老干部工作和离退休干部党支部调研,完成党建工作、老干部服务保障、新形势下老干部工作转型3篇课题调研成果,上报市局。是年,区委老干部局被评为全省老干部工作先进单位。

【老干部“两项建设”】 2017年,鼓楼区组织召开全区离退休干部情况通报会2次,向老干部通报鼓楼区经济社会发展情况,引导老干部思想观念更新。召开老干部座谈会,通报服务老干部活动情况及工作打算,征求意见和建议。组织老干部参加“南海岛礁忠诚卫士”主题报告会,参观渡江战役纪念馆,重温入党誓词,强化老干部思想政治建设。举办全区离退休干部学习十九大精神报告会,邀请南京市委党校教授杨德生作《新时代的政治宣言和行动纲领》专题辅导报告,区四套班子老领导,区机关各部门、各街道离退休干部和老干部工作者200余人参加;开展“喜迎十九大、深化学与做”主题党日活动,深入践行“两学一做”学习教育,引导党员干部统一思想、凝聚共识。率先在全市成立离退休干部党工委,配备1名专职副书记,增设活动指导科,强化组织机构。推进13个街道社区离退休干部党建试点工作,天津新村和蓝天园社区被省委老干部局树为全省首批社区离退休干部党建工作试点社区。

【老干部“服务管理”】 2017年,鼓楼区组织近百名老干部参观银城红日养老公寓、南京市第二十九中学幕府山初级中学、文景花园保障房建设、清江河整治工程、滨江商务区等全区改善民生重点项目。组织110名离退休干部“看南京”活动,参观六合巴布洛生态谷，感受新农村新面貌;组织380名离退休干部体检，邀请中大医院、南医二附院专家为离退休干部开展健康知识讲座、解读体检报告和就诊咨询。高温期,走访慰问全区120多位机关离退休老干部,送去慰问金和慰问品。根据老干部身体状况和年龄层次,分两批组织89名老干部赴无锡、庐山驻点考察疗养。做好8名老干部丧事办理及遗属安抚工作,落实抚恤金按时发放。落实改制企业离休干部生活待遇保障措施，区属改制企业和部分改制事业单位离休干部除社保发放工资以外，生活补贴、提租补贴纳入老干部局统一发放。针对老干部普遍进入“双高期”（高年龄、高发病），全年为19位90岁以上老干部上门祝寿。

【老干部活动“载体平台”】 2017年，鼓楼区举办以“庆五一，喜迎十九大”和“喜庆十九大永远跟党走”为主题书画展活动，展出340余幅作品，表达老干部为党和人民事业再作贡献激情。开展“畅谈十八大以来变化，展望十九大胜利召开”“畅谈建言”主题活动，组织10名老干部参加访谈，畅谈以习近平为核心的党中央推进中国特色社会主义事业辉煌成就，并制作宣传片发放全区。开展“党啊，我想对您说”征文活动和最美老干部评选活动、“喜迎十九大、深化学与做”主题党日活动，为老干部开展增添正能量活动创造条件，让老干部展示阳光心态，体验美好生活。联合区老干部艺术团、老年大学举办“鼓楼区老干部学习宣传党的十九大精神暨迎新年文艺演出”，老干部代表100余人观看演出。 （金家可）

·党　　校·

【概况】 2017年，鼓楼区围绕区情、经济社会发展形势和培训对象需要设置区委党校培训内容，在巩固时政形势、领导科学、依法治国、鼓楼发展等板块基础上，重点突出党性教育、理论教育、党史党规党章教育等内容，科学实施主体班次和联合办班培训，逐渐形成“组织部＋党校+X”办学模式。全年组织区管干部学习贯彻党的十九大精神轮训班、中青年干部培训班、社区书记、主任培训班等主体班13期，区环保局集中学习培训班，区妇联三级干部培训班，区综治、法制培训班，区纪委党风廉政“1+1+1”（形势宣传、纪律教育、案例警示）组合式系列宣讲培训班等联合办班9期，参训人员约4500人次。立项市级课题2项，结项市级课题2项、省级课题1项，其中1项课题获南京市第五届社科决策咨询优秀成果三等奖。扩大“流动党课”覆盖面，组建“优秀党课进基层”宣讲团，深入机关、学校、街道和社区等单位义务宣讲203场次。是年，区委党校获2016年度市思想政治工作课题研究优秀成果三等奖。

【首家民企党员教育培训基地建成】 9月28日，区委党校党员教育苏宁培训基地在徐庄软件园苏宁集团总部正式挂牌。省市委组织部相关领导、区委党校校长、区委组织部领导出席揭牌仪式。该基地发挥党组织“两个作用”、加强“两支队伍”建设作用，依托苏宁“O2O”（即 Online To Offline，是指将线下的商务机会与互联网结合，让互联网成为线下交易的前台，这个概念最早来源于美国。O2O的概念非常广泛，只要产业链中既可涉及到线上，又可涉及到线下，通称为O2O）技术优势，发挥“互联网＋党建”特色，创新党课“线上＋线下”培训模式，分别开设党员领导干部培训、入党积极分子培训、后备干部培训、外埠干部培训、续航计划、普通党员基础培训等班次。服务将覆盖苏宁党委分布在中国大陆、香港地区400多个城市的 6 个分党委、5 个党总支、136 个党支部，党员 1.1 万人次。

【省 AAAA 级数字档案室评估通过】 2017 年，区委党校按照江苏省 AAAA 级数字档案室评估标准，制定创建工作计划，明确工作任务，严格按照档案工作考核实施细则规定的考核内容、考核方法及扣分标准，对档案工作进行再整理、细规范、精查补，建立荣誉档案、任免档案、干部教育档案和科研档案等专题数据库，并完善档案室的软、硬件设施。12 月 21 日，市档案局评估组观看党校数字档案综合管理平台系统操作演示，查看档案台账资料，实地检查档案室，通过逐项打分，区委党校以 92.75 分通过测评验收。

【党课宣讲】 2017 年，鼓楼区成立“优秀党课进基层”宣讲团、“冬训工作理论宣讲”讲师团、“党的十九大宣讲进社区” 宣讲团等宣讲队伍，以中央重点决策部署和重要精神以及党的十九大精神为内容，深入街道社区、驻区单位、机关、企事业单位进行系列党课宣讲活动。在宣讲中着力推广“微宣讲”，把宣讲的“大主题”分解成“微话题”，以微课堂为阵地，突出宣讲活动小范围、近距离、短时间，增强实际宣讲效果。全年开展各类宣讲 203 场，其中社区义务宣讲 102 场(含党的十九大报告宣讲 61 场)，受众 6000 余人。

【科研资政】 2017 年，鼓楼区承担省委党校系统 1 项课题、市委党校系统 2 项课题。其中，《政府购买服务与社会组织协同治理》获得南京市第五届社科决策咨询优秀成果三等奖，区委党校与区政协共同承担《滨江风光带鼓楼段文化旅游产业发展调研报告》获好评。成功立项 2018 年市委党校系统课题 2 项，出版 2 期《科社参考》学术杂志，公开发表文章 2 篇。

【校史陈列室建成】 2017 年年末，区委党校校史陈列室建成。区委党校创办于 1959 年，58 年来，培养出 4.54 万名干部，为地方经济、政治、文化、社会建设输送人才。陈列室于 6 月启动建设，12 月竣工。该室面积 50 平方米，分序厅和主厅两大部分，展陈各类文献、图片、实物等史料 235 件，全面反映建校 58 年发展历程和成就。其中，序厅反映党校发展沿革、概况以及校训、校风和核心理念；主厅反映党校改革开放 40 年发展历程和成就。整个展厅给亲历者以美好追忆，给参观者以知识和启迪，达到“存史、资政、育人”目的。

(邹　婷)

12 月 30 日，鼓楼区委党校校史陈列室建成并对外开放

·机构编制·

【概况】 2017年，鼓楼区把机构编制工作融入全区工作大局，推进各类各项改革，强化机构编制规范管理，为全区经济社会发展提供体制机制保障。全年由区长不定期主持召开机构编制委员会会议，研究机构编制事项24项。推进“放管服”改革，拟订《关于全区深化行政审批制度改革加快简政放权激发市场活力重点任务分解的通知》。区机构编制委员会办公室（简称区编办）根据上级有关行政权力清单动态管理工作要求，会同区法制办等部门，制定印发《鼓楼区行政权力事项清单动态管理办法》，确保区行政权力事项定期得到更新，及时调整相关权力事项。推进综合行政执法体制改革、“不见面”审批（服务）改革，努力实现省委省政府“3550”目标。推进巡察、派驻纪检机构和监察体制试点改革，推动全区26个部门职责清单上网公布，优化调整部分行政部门机构编制事项。开展全区事业单位信用等级评价工作，推进162家事业单位法人年报公示，优化部分事业单位编制资源配置。

【事业单位编制资源配置优化】 2017年，鼓楼区以促进公益服务事业发展为目标，优化部分事业单位编制资源配置，增加基层一线部门编制力量。3月，市编办主任许宏带队到鼓楼区银城小学和金陵汇文学校开展教育系统核编调研，为全市教育系统核编夯实基础工作。将“12315”消费者申诉举报受理中心整建制并入区市场监管综合行政执法大队，提高机构编制资源使用效益。按照有关教育布局调整要求，撤销南京特殊教育师范学校第二附属小学，将原有编制并入鼓楼区特殊教育学校。配合“海上丝绸之路”申遗工作，盘活区内空余事业编制，为龙江宝船厂遗址管理机构设置做好申遗服务工作。

【“不见面”审批（服务）改革推进】 2017年，鼓楼区根据全省开展“不见面”审批（服务）改革的部署要求，以清单为基础，以“网上办、集中批、联合审、区域评、代办制、不见面”为主要内容，推进全区政务事项“网上办”、办事“不见面”。6月，出台《南京市鼓楼区不见面审批（服务）改革实施方案》，将与企业和群众生产生活联系紧密的132项事项作为鼓楼区第一批“不见面审批（服务）”清单予以公布实施，其中区级事项55项、街道事项77项。10月，出台第二批不见面审批清单，其中区级事项310项、街道事项37项。

【“3550”改革目标推进】 2017年，鼓楼区按照省委省政府提出的“3天完成企业开办、5天完成不动产交易登记、50天完成施工许可证核发”的“3550改革”目标推进，开展“问政于企”调研，了解创业创新环境。精简企业开办业务流程，推动出台《鼓楼区企业注册开业一窗办理实施意见》，区内企业开办环节减少到营业执照办理、公章刻制、银行开户、税务登记4个。实施流程再造，推动出台《南京市鼓楼区建设工程质量监督、安全备案手续并联办理实施意见》，施工许可证办理21

个环节实行多部门联动，在鼓楼区权限内的 4 个环节做到 3 天内完成审批，部分事项做到即来即办，当天办结。7 月，国务院第四次大督查第七督查组到宁督查，督查组抽取南京市 3 个开办企业案例中有 2 个案例为鼓楼区报送，并通过检查。

【行政审批制度改革任务分解落实】 2017 年，鼓楼区根据市委市政府宁委发〔2017〕3 号文件要求，分解辖区职权范围内行政审批制度改革任务，拟订《关于全区深化行政审批制度改革加快简政放权激发市场活力重点任务分解的通知》，将审改重点任务以“项目化”方式推进。完成投资建设项目“网上登记备案”及“预审代办”、简化环境影响评价手续、“双随机一公开”抽查机制、依据权责清单追责机制、综合行政执法体制改革、“互联网 + 政务服务”，公布公共服务事项目录清单及推广“民意 110”等多项改革任务。

【巡察派驻机构和监察体制试点改革】 2017 年，鼓楼区根据中央和省市有关区一级党委巡察工作、派驻纪检机构全覆盖以及监察体制改革文件精神，推进鼓楼区巡察、纪检派驻机构和监察体制改革。根据市编办指导口径，结合鼓楼区实际，设置区纪委派驻纪检组 8 个，撤销区纪委监察局派驻纪检监察工作室。设立区委巡察工作办公室和 4 个区委巡察组，列入区委职能部门。核增区纪委机关纪检监察三室、纪检监察四室、纪检监察五室 3 个内设机构。撤销区检察院反贪污贿赂局、反渎职侵权局、职务犯罪预防局。

【部门职责清单公布】 2017 年，鼓楼区组织区级各部门依据法律法规、“三定”（定职能、定机构、定编制）规定和上级规范性文件等，按照职责法定、问题导向、突出重点和公开透明的原则，编制部门职责清单。根据职责变动情况，区编办协同相关部门对清单中公共决策与行政指导类事项、公共服务类事项和内部管理事项等进行多次核对完善，除涉密及其他依法不予公开情形外，全区 26 个部门职责清单实现网上公布。

【机构编制优化调整】 2017 年，鼓楼区科学推进部分领域机构编制优化调整，为全区经济社会发展提供体制机制保障和机构编制支持。开展水务管理体制改革，整合区建设局、区城管局和区水务局等部门涉水行政职能，调整内设机构设置，推进水务一体化建设。根据上级关于安监工作新要求，将街道“安全生产监督管理办公室”由挂牌运作调整为单独设置，强化街道安全监管能力。根据省市委关于深化国家监察体制改革试点工作相关部署和要求，按照省纪委相关文件精神，完成区纪委、区检察院有关机构编制事项的调整。加强调研重点部门，优化调整部分内设机构。

【事业单位法人管理】 1 月，鼓楼区部署开展 2016 年度全区事业单位法人年报公示工作。3 月底，全区 162 家事业单位完成年报公示。完善事业单位日常登记管理，督促有关单位及时办理变更登记，全年完成事业单位变更事项登记 59 家 62 项，重新申领 1家，证书补领 2 家，注销 1 家。

【事业单位信用等级评价】 4月，鼓楼区根据上级有关事业单位信用体系建设要求，推动开展全区事业单位信用等级评价工作。组织召开全区评价工作培训会，涉评部门负责人和工作人员400余人参加。6月，全区应评162家事业单位全部完成自评，参与评分的39家单位全部完成对下属事业单位评分，区编办、法院、公安、财政、人社、审计、国地税、物价等10家部门同步完成监管部门评分。按照事业单位信用等级划分标准，最终确定全区162家事业单位信用等级为A级。

【省“放管服”改革督查通过】 5月9日，省编办主任俞军带领专项督查组督查市“放管服”（简政放权、放管结合、优化服务）改革情况，实地检查鼓楼区工作情况。区编办做好迎查准备，细化相关工作方案，对照国务院、省政府五个方面专项督查内容，梳理区各相关部门分解任务完成情况，汇总鼓楼区出台文件、公布清单、系统建设等各类佐证材料，做好现场督查各项服务保障。经检查，各项工作符合要求，通过省“放管服”改革专项督查。

【综合行政执法体制改革】 6月，鼓楼区按照宁政发〔2017〕126号和宁政复〔2017〕35号等文件要求，组织实施综合行政执法体制改革工作。区编办根据《南京市鼓楼区综合行政执法体制改革实施方案》，将区城管局等6个部门1378项行政检查执法职能相对集中交给街道办事处承担，制定出台执法规范、人员管理等配套制度，上线运行区综合行政执法平台。至年末，鼓楼区13个街道综合行政检查执法大队挂牌成立，1228名街道综合行政检查执法人员在接受执法业务培训后正式上岗，在取缔占道经营、处理违停车辆、开展老旧小区出新整治、拆除违建等环保、安监、市场监管检查执法等方面发挥作用。

（吕小龙）

·研究室工作·

【概况】 2017年，区委研究室承担《鼓楼调研》编撰工作，全年发布4期，对区商务商贸产业提档升级、众创空间系统发展、多层次资本市场利用、科技创新生态系统进行调研，分析考证发展现状、取得成绩、面临问题，提出可操作建议，为区委区政府提供决策依据。完成《加快铁北地区改造　打造鼓楼发展新的增长极》调研报告；配合市委研究室完成《全市社区专职工作者队伍建设的调查与思考》课题。《破城市堵点　解群众痛点——南京市鼓楼区探索城区停车管理新机制》在省委研究室刊物《动态研究与决策建议》2017年第23期刊登。落实区委深化改革要求，对照《中共鼓楼区委全面深化改革领导小组2017年工作要点》（鼓委发〔2017〕69号），发挥职能作用，指导协调、推动督查、评估考核并落实全区37家责任单位31大类90项改革任务。全年协助组织书记办公会议、区委常委会议、区长办公会议20次，改革办主任会议3次，研究部署改革工作；以区委区政府以及“两办”名义发出的主要改革类文件25份，以部门名义出台的主要改革类文件53份，形成初稿、征求意见稿、讨论稿改革类文件15份。其中，《关于深化街道体制改革，加强街道工作的实施意见》，经过征求意见、修改完善，初步形成方案。有序推进全区承接的4个国家级改革试点、6个省级改革试点、3个市级改革试点工作。牵头开展六办六组（区委办、政府办、人大办、政协办、督察办、改革办、经济体制和生态文明体制改革专项组、民主法制领域改革专项组、文化体制改革专项组、社会体制改革专项组、党的建设制度改革专项组、纪律检查体制改革专项组）督查评估工作2次，全年各项深化改革任务基本完成。发挥区社会建设领导小组办公室职能，组织成员单位前往江宁区、雨花台区开展学习交流活动；召开专题动员培训工作会议，部署民生幸福建设满意度测评迎查工作；收集汇总民生幸福建设工作亮点，汇总编组"小数据""微幸福"向群众汇报。组织申报南京市"社会建设创新项目"，完成南京市"微更新、微幸福"试点项目2个。

链接：2017年区委区政府会议研究的改革事项

全年，区委召开14次常委会议听取全区行政审批制度改革、贯彻落实《中共中央、国务院关于推进安全生产领域改革发展的意见》措施、部分产业功能板块经济工作责任范围调整优化方案、综合执法体制改革、半年深化改革工作推进、区纪委派驻机构和区委巡察机构建设等情况汇报，研究布置全区全面深化改革、贯彻落实市委主要领导调研鼓楼讲话精神工作方案、三大重点产业转型发展、促进重点产业发展政策意见及专项政策编制、监察体制改革试点工作方案、城管体制机制改革工作方案、铁北片区城中村改造更新及产业发展项目实施方案、国家监察体制改革试点等工作。

召开3次书记专题会，研究下关区文化影剧院改制、区纪委派驻机构改革、区委巡察办设置调整、街道安监科设置等工作。

召开3次区长办公会议，研究全区行政审批制度改革审计机关人财物管理改革试点实施方案、综合执法体制改革实施方案、区科技创新体制改革等有关工作。

2017 年鼓楼区承接国家和省市改革试点进展情况汇总表

表 44

试点层级	试点名称	试点批复主体	印发文件名称	试点时间	取得成果、获得奖项及荣誉
国家级	全国社区治理和服务创新实验区	民政部	民政部关于同意将北京市西城区等 40 个单位确认为全国社区治理和服务创新实验区的批复(民函〔2015〕233 号)	2015 年 7 月至 2018 年 6 月	形成社区协商“六化”模式，在民政部召开的社区协商长春会议、哈尔滨会议及 2017 年 9 月南京会议上交流发言，被《全国社区建设部际联席会议简报》刊载。社区“六化协商”模式获“中国社区治理创新成果” 提名奖、“江苏省基层社会化治理十大创新成果一等奖”“南京市社会治理创新十佳案例”等荣誉。街街有特色，社区有品牌。形成宁海路街道“邀约制协商”、幕府山街道“云协商”、热河南路街道“一说一工作室”、中央门街道新门口社区“2+2 模式”、凤凰和宝塔桥 2 街道制定议事双十协定 “社区议员制”、江东和小市 2 街道“协商智库”。7 月 28 日，通过全国社区治理和服务创新实验区中期评估工作
	人民陪审员制度	最高人民法院司法部	法〔2015〕132 号	2015 年 5 月至 2018 年 4 月	形成“事实、法律分界指引规则”“刑事案件犯罪构成清单”“民事案件请求权基础清单”“法律问题缩限解释原则”“重叠共识原则” 等审判规则，受到中央政法委专家组、最高人民法院中期评估组一致好评。与市中级人民法院共同承担的最高人民法院人民陪审制度改革研究重点课题结项
	财产刑执行检察	最高人民检察院			在全国检察机关财产刑执行检察试点工作会议上作专题介绍
	国家可持续发展实验区	科技部			通过试点验收，申报示范区
省　级	江苏省社区治理创新实验区	省民政厅			该试点结项，实现社区 96 项政务事项全部移交街道，社区网格化服务实现全覆盖，网格社工信息上墙、进楼；强化社区论坛、社区自治协会、老旧小区自管会等基层协商民主形式，自发制定环保公约、文明公约、邻里公约。在省民政厅召开的推进会上，鼓楼作为优秀代表发言

续表 44

试点层级	试点名称	试点批复主体	印发文件名称	试点时间	取得成果、获得奖项及荣誉
省级	医患纠纷调解	省政府			该试点按进度推进，获 2017 年社会建设创新典型案例
	新办企业综合申请套餐业务试点	省国税局			搭建合作组织、联席会议、管理服务、分析评价机制，开创“四统一、四联合”办税模式，建设国地税联合自助办税服务区，实现国地税联合代开发票。该试点通过验收，成为日常工作流程，在全市推开
	省实施知识产权战略示范工作单位	省知识产权局			该试点结项，通过验收
	江苏省依法治教改革试点区	省教育厅	省教育厅关于公布依法治教改革试点区的通知(苏教法函〔2017〕9 号)	2017 年至 2020 年	成立教育局依法治教改革试点区工作领导小组，编制《鼓楼区依法治教改革试点区建设工作方案》《关于在全区教育系统建立健全法律顾问制度的实施意见》，实现教育系统法律顾问制度全覆盖
	江苏省普通高中学生综合素质评价试点学校	省教育厅	省教育厅办公室关于推荐普通高中学生综合素质评价试点学校的通知(苏教办基函〔2017〕32 号)	2017 年 12 月至 2018 年 7 月	该项试点经过前期考察，向省教育厅推荐南京市第二十九中为试点学校
市级	社区平安建设试点	市委政法委	社区综治警务工作一体化指导意见(宁综治办〔2017〕13 号)	2016 年 2 月 1 日	该试点结项。确定 6 个试点社区，85%的社区达到综治警务一体化标准，体现出“专群结合，以专带群”科学构架。其经验做法编入《南京市政法工作创新成果汇编》，并制成专题片在全市社区(村)综治警务工作一体化改革推进会上播放
	市妇联组织区域化建设改革创新试点——湖南路街道	市妇联			该试点工作由湖南路街道开始，并在 13 个街道完成
	证照联办	市工商局	宁工商企指〔2017〕1 号	2017 年 10 月 1 日	该试点项目启动，进入宣传发动阶段(新增)

(政府办)

【民生幸福建设提升】 2017年，区委研究室把民生幸福满意度测评作为衡量全区民生建设和社会治理的一个重要指标，继续将群众满意度测评结果导入相关部门和街道的年终考核，推动部门和街道采取有效措施，努力提升幸福指数。年初，结合“大走访”活动，该室陆续走访13个街道，就完善测评指标体系、调查问卷设计、提高民生幸福满意度等问题与街道工委座谈交流，听取基层意见和建议，改进工作思路和方法，增强测评工作科学合理性。年中，该室开展民生幸福建设群众满意度薄弱指标整改工作，通过对2016年民生幸福建设满意度测评工作“回头看”，整理市反馈到区的上门入户建议25条、电话测评建议143条，归纳形成70条意见建议，并督促相关单位针对薄弱指标，逐条制订整改措施，明确责任科室和整改时限。完成渊声巷社区居民广场、宁惠新寓小区广场两个南京市“微更新、微幸福”试点项目。经电话测评取得全市第七名成绩。年末，该室组织召开民生幸福建设满意度测评宣传工作专题布置会、迎查工作动员会，收集民生幸福建设工作亮点，汇总编辑14篇向群众宣传汇报。利用“小数据”“微幸福”，微信、微博等形式，宣传鼓楼区民生幸福建设实效。在全市幸福都市建设群众满意度测评中，鼓楼区得分89.53分，位列全市第二名。

【社会建设创新成果】 2017年，区委研究室组织申报南京市“社会建设创新项目”，区司法局“医患纠纷人民调解体制机制创新试点工作”获南京市十佳典型案例奖。组织开展鼓楼区社会建设创新成果评审，评选出“2+2”（线下网格生活会+线上网格微信群，线下轮值居民+线上微信轮值居民）工作法等35个创新成果，《南京日报》刊登创新典型案例9期。编印《鼓楼区2016年度社会建设创新案例选编》。中央门街道汇林绿洲社区、华侨路街道五台山社区被认定为市“基层社会治理创新联系点”。

【街道综合体制改革方案形成】 5月，区委分管领导牵头，正式启动街道综合体制专项改革任务。区委研究室牵头起草街道体制改革方案，明确“进一步推进人财物等资源向街道倾斜，构建责权利相统一、党政经全覆盖、属地内全兜底”改革思路，从“能做的事情先做、能动起来先动”，形成“1+N”系列方案，即：1个实施意见、N个具体细则办法。包括：“关于深化街道体制改革，加强街道工作的实施意见”（征求意见稿）、“鼓楼区街道财务管理制度”“关于街道对区部门（单位）派出机构负责人行使考核和任免建议权的工作细则”等。

【铁北片区专题调研】 8月，区委研究室根据市委研究室《关于印发2017年全市重点调研课题的通知》（宁委研发〔2017〕1号）要求，承担“老城改造，以鼓楼铁北片区为例”专项调研课题。经过3个月调研，完成《加快铁北地区改造　打造鼓楼发展新的增长极》调研报告。该报告论证鼓楼铁北片区的发展优势，分析片区的发展瓶颈，提出加快建设该地区的7条举措，分别涉及工作机制、规划布局、PPP运作方式、产业发展、公共设施、道路交通等内容，受到区委区政府重视。 （侯亦黄）

·机关工委·

【概况】 2017年,区委区级机关工委结合机构调整,新成立党委1个,新增党支部19个,撤销2个(总支、支部)机关党组织。53个党组织按期换届选举,配强领导班子,支部书记由各部门行政主要负责人担任,主要负责人不是党员的,由处级党员干部担任。结合党员组织关系排查和党员信息采集工作,指导党支部规范党组织名称,对区级机关2938名在册党员梳理登记。研究制定《关于加强和改进区级机关基层党支部建设的意见》(试行)。七一前夕,评选表彰121名优秀共产党员和党务干部,推荐全市机关党建工作先进集体2个、机关党建先进工作者2人,"不忘初心跟党走·幸福鼓楼做先锋"机关红色、红领先锋6人。制定并下发《2017年区级机关党的工作要点》,与区级机关党组织签订目标责任书,压实主体责任。结合"学党章党规、学系列讲话,做合格党员"教育常态化制度化,制定《区级机关工委关于"两学一做"学习教育常态化制度化实施方案》,落实学习教育计划、"三会一课"(支部党员大会、党支部委员会和党小组会,上党课)制度,查摆问题、专题研讨,机关党组织负责人上旗帜鲜明讲政治专题党课52场,建立联系点69个。下发《关于调整区级机关党建协作组的通知》,将区级机关党组织划分6个协作组,实行工委委员分片联系。组织全区各级机关和党员干部投身"走千企入万户、助发展促富民"大走访活动,通过动员大会、党的工作会、表彰会、培训会等,形成"人人大走访,纷纷下基层"氛围。制定下发《2017年机关作风建设工作要点》,集中整治会风会纪、推诿扯皮、窗口单位建设等8个方面问题。对2016年市作风建设综合评议中反馈35条建议和意见,做到"对账销号""立行立改"。制定《2017年鼓楼区机关作风建设常态化监督检查工作方案》,把全区24名区作风监督员、240名作风观察员分成6个作风建设监督组,实施对口监督,开展"作风不满意"工单情况专项检查,聘请第三方机构现场测评政务服务窗口群众满意度。暗访、检查及测评请况均通报至相关部门,督促做好整改工作。以"聚力创新争创首善之区,聚焦富民建设幸福鼓楼"主题活动为抓手,打造机关文化品牌。推动机关工青妇组织,开展"先锋号""文明号""示范岗"创建工作,立足本职,按首善标准创先争优,按幸福期盼服务基层。组织义务献血、慈善捐款、爱心助老等志愿服务,全年机关参与献血120人次。开展长跑、趣味运动会等体育活动。春节前夕,开展"传清正家风　送新春祝福"赠春联活动,组织参与"展示新鼓楼,喜迎十九大"书画摄影展活动,20余幅作品参展。是年,区级机关工委被评为全省机关党建工作先进集体、2017年全省机关工委系统市、县(市、区)党建信息工作二等奖。

【第四届区级机关趣味运动会】 3月18日,区级机关工委、区总工会、区体育局联合举办第四届区级机关趣味运动会。区机关和各街道30个单位430多名运动员参加。区人大常委会主任陆敏、区政协主席周文中等区领导及部分老领导参加开幕式,并为2016年机关系列体育比赛获奖

3 月 18 日，鼓楼区举办第四届区级机关趣味运动会

单位颁奖。运动会设赶“猪”跑接力、跳短绳跑接力、背夹球接力等 6 项比赛。经过比拼，江东、建宁路、凤凰 3 个街道获赶“猪”跑接力比赛前三名，宝塔桥、江东、湖南路 3 个街道分获跳短绳跑接力比赛冠军、亚军、季军，区纪委、区民政局、华侨路街道分获背夹球接力比前三名，宁海路、江东、宝塔桥 3 个街道获抢收抢种比赛前三名，宝塔桥、江东、凤凰 3 个街道分获集体跳长绳比赛冠军、亚军、季军，区教育局、区建设房产和交通局、热河南路街道分获拔河比赛前三名。运动会前进行机关干部太极扇、太极拳表演。

【区级机关党的工作会议】 3 月 29日，区级机关工委在下关大厦机关礼堂二楼多功能厅召开 2017 年区级机关党的工作会议。区委分管领导，区级机关工委委员、机关各党组织书记、各街道工委副书记以及区级机关工委全体人员参加。区级机关工委书记作工作报告，区委老干部局党总支等 4 家单位交流发言。

【党风廉政教育专题报告会】 5 月25 日，区级机关工委、区文化局党委、区委党校联合举办《追问初心》区级机关党员干部廉政教育专题报告会。邀请作家、反腐纪实文学《追问》作者、省广电网络集团公司党委委员、纪委书记丁捷作报告。丁捷结合个人纪检工作阅历，围绕写作《追问》等作品开展的案例研究、面对面访谈和创作实践等，剖析当代中国部分 “社会精英”贪腐堕落案例，阐述反腐和从严治党必要性紧迫性，教育党员干部不忘初心，坚守清正廉洁。全区机关党组织书记、纪检委员 120 多人聆听报告。

【区级机关“七一”表彰大会】 6 月30 日，区级机关工委召开 “穿越时空的对话·鼓楼行”暨区级机关“七一”表彰大会。大会以“传承红色文化、坚定理想信念、弘扬鼓楼精神”为主题，表彰优秀共产党员和党务工作者。区四套班子部分领导、区有关部门负责人出席，《南京日报》社负责人，区级机关工委委员、党员代表等参加。区领导为 100 名机关优秀共产党员、21 名机关优秀党务工作者颁奖。大会以歌舞表演、舞台剧小品、诗朗诵、人物访谈等形式，传播爱国敬业理念，传颂信仰力量。

【公众开放日活动】 8 月下旬～10 月 18 日，鼓楼区组织 45 个区级机关部门，开展以“见证发展成就，感知幸福鼓楼”为主题的公众开放日活动，千名基层群众走进机关、了解机关、评价机关、监督机关。公众开放日活动深化党员干部“走千企入万户、助发展促富民”大走访活动载体，增强机关工作透明度与开放度。活动期间，运用典型事例和各行各业经验，宣传新区成立以来鼓楼在经济社会发展各方面成果，宣传区第二次党代会为鼓楼五年发展蓝图，宣传机关各部门（单位）大胆探索、勇于争先，推动区域发展的实践经验，为迎接党的十九大胜利召开营造良好政治氛围、发展氛围和社会氛围。

【“双十佳”项目评选】 9月25日，鼓楼区发布《关于组织开展全区机关为群众为企业办实事“双十佳”项目评选活动的通知》，在全区组织开展“双十佳”（十佳群众满意项目和十佳企业满意项目）评选活动。活动分为项目申报、实地检查、网络投票、专家评审4个阶段。9月25日至10月12日为项目申报阶段，60个机关部门（单位）、13个街道共申报171个项目。10月13日至11月31日为实地检查阶段，区机关作风建设办公室组织作风建设监督员（观察员）采取现场查看、走访受益企业、群众等方式，对各部门（单位）所申报项目成实地调研，并进行初评，推荐产生“双十佳”项目的候选项目。12月1日至8日为网络投票阶段，借助“鼓楼微讯”，通过网络投票，有40个项目进入专家评审阶段。12月27日，经评审委员会评审，最终评出为群众为企业办实事“双十佳”项目和优秀项目。

2017年鼓楼区十佳群众满意项目一览表

表45

序号	项目名称	部门	序号	项目名称	部门
1	聚力暖橙系列行动	区委宣传部	6	让爱温暖一座城	宝塔桥街道
2	流动党课暖民心工程	区委党校	7	构建“邻里文化”打造幸福家园	凤凰街道
3	“将军说廉”微视频系列宣传教育活动	区纪委、宁海路街道	8	青少年身临其镜AR体验	区科协
4	家门口的政务服务	区政务办	9	推进社区综治警务一体化建设	区委政法委、公安鼓楼分局
5	马家街40号5幢电梯安装工程	中央门街道	10	医养结合	区卫计局

2017年鼓楼区十佳企业满意项目一览表

表46

序号	项目名称	部门	序号	项目名称	部门
1	成立盲人税收宣传服务站	区地税局	6	残疾人就业“双赢”计划	区残联

续表 46

序号	项目名称	部门	序号	项目名称	部门
2	鼓楼青年创业大讲堂——服务企业新平台	区委统战部	7	协助外贸企业投保出口信用保险	区商务局
3	发票网上领邮递免费送	区国税局	8	鼓楼长江生态环境资源保护联盟	区检察院
4	党建助企工程	建宁路街道	9	打击商标侵权执法专项行动	区市场监管局
5	诉讼保全+互联网查控+互联网保函	区法院	10	服务外资企业落户鼓楼发展	下关滨江商务区管委会

【作风建设综合评议】 12月21日，鼓楼区召开2017年全区作风建设综合评议会，区有关领导，区级机关各部门、各有关单位主要负责人，各街道工委书记、副书记参加。区作风办通报2017年区作风建设综合评议方案，部署综合评议工作；区政务办部署“12345”工单考核及政务服务考核工作。年末，鼓楼区组织开展机关作风建设综合评议活动，邀请7个层面评议人，首次采取网络方式，综合评议全区69个机关部门（单位）和13个街道。经评议，全区作风建设总体满意率91.77%，82家被评议单位平均满意率81.87%，比2016年上升5.06%。评议得分中，社区群众满意度最高，达99.58%。依据综合评议得分，区委区政府研究推荐，宁海路街道被市委市政府表彰为2017年度机关作风建设标兵街道；公安鼓楼分局、阅江楼街道等12家单位获2017年度机关作风建设标兵单位；区人防办、湖南路街道等14家单位获2017年度机关作风建设先进单位。对群众满意率提升幅度较大的区市场监管局等15家单位通报表扬。

（李富慧）

南京市鼓楼区人民代表大会

【概况】 2017年，鼓楼区人民代表大会及其常务委员会（简称区人大常委会）召开常委会会议7次、主任会议12次，听取和审议区政府、区人民法院、区人民检察院工作报告27项。对《南京市住宅物业管理条例》《中华人民共和国慈善法》实施情况开展监督和执法检查，听取区政府4个部门主要负责人、区人民法院1位副院长，区人民检察院1位副检察长履职情况报告并开展满意度测评；开展9次专题视察和19项专题调研，作出决议、决定9项，发出审议意见书16件（其中10件专项工作报告审议意见书，6件干部履职情况审议意见）。备案审查规范性文件4件，修订制定常委会议事规则、人事任免办法、代表履职管理办法、为民办实事重点项目实施情况督办办法等11项工作制度。143件议案和建议全部办结，代表满意和基本满意率100%。是年，区人大常委会办公室被省人大常委会研究室评为《人民与权力》杂志通联先进集体，被市人大常委会办公厅评为全市人大新闻宣传工作先进单位二等奖。

·重要会议与活动·

【区第二届人民代表大会第一次会议】 1月4～7日，鼓楼区第二届人民代表大会第一次会议召开。区第二届人民代表大会代表376人。大会听取和审查《鼓楼区人民政府工作报告》；审查和批准《鼓楼区2016年国民经济和社会发展计划执行情况与2017年国民经济和社会发展计划草案的报告》，批准《鼓楼区2017年国民经济和社会发展计划》；审查和批准《鼓楼区2016年预算执行情况和2017年预算草案的报告》，批准《鼓楼区2017年区本级预算》；审议和确定“鼓楼区2017年为民办实事重点项目”；听取和审查《鼓楼区人民代表大会常务委员会工作报告》《鼓楼区人民法院工作报告》《鼓楼区人民检察院工作报告》。会议选举陆敏为区人大常委会主任，王红、张晓燕、林建、李艳为区人大常委会副主任，丁建春等36人为区人大常委会委员。选举刘军为区人民政府区长，沈吉鸿、陈平、高军玲、冯泉、倪一如、蔡双根为区人民政府副区长。选举衡阳为区人民法院院长；朱赫为区人民检察院检察长，报市人民检察院检察长提请市人大常委会批准。会议通过潘永吉为区人大法制委员会主任委员，谈国富为副主任委员，韦冠等7人为区人大法制委员会委员；通过黄迎为区人大财政经济委员会主任委员，张珂为副主任委员，卢亚娟等9人为区人大财政经济委员会委员。选举结束后举行宪法宣誓仪式。会议表决通过“关于各项工作报告的决议”，通过“关于2017年为民办实事重点项目的决议”。区委书记张一新代表区委祝贺会议。

【区第二届人大常委会会议】 2017年，鼓楼区召开第二届人大常委会会议7次，即第一次至第七次。

第一次会议于3月9日举行。会议决定任命童晓佳为区人民政府副区长，决定任命新一届区政府工作部门主要负责人。根据区人大常委会主任会议、区人民检察院的提请，讨论通过其他人事任免事项。举行新任命人员宪法宣誓仪式。审议通过区第二届人大常委会代表资格审查委员会成员名单和区人大常委会各工作机构委员名单。审议通过《鼓楼区人大常委会2017年度主要议题和工作安排》。审议通过“关于区二届人大一次会议《加快颐和路片区民国建筑群保护利用》《进一步发挥驻区高校优势加强科技创新促进鼓楼发展》的代表议案处理意见的报告”，决定将2件议案交区政府实施。审议通过《区人大常委会关于修订部分工作制度的决定》，原则通过《区人大常委会议事规则》《区人大常委会组成人员守则》《区人大常委会讨论和决定重大事项的规定》《区人大常委会人事任免办法》《区人大常委会关于代表议案的规定》《区人大常委会关于办理代表建议、批评和意见的办法》6项工作制度修订案。

第二次会议于4月27日举行。会议听取和审议区政府《关于“全面二孩”政策实施情况的报告》，并开展询问。听取和审议区人民法院《关于加强“智慧法院”建设情况的报告》,并开展询问。书面听取区政府《关于2016年环境状况和环境保护目标完成情况的报告》。

第三次会议于6月29日举行。会议根据区人民法院、区人民检察院的提请,审议通过相关人事任免事项,并举行新任命人员宪法宣誓仪式。听取9名市人大鼓楼区组代表履职情况报告,并民主测评。审议通过《关于接受倪一如等辞去区人大代表职务的请求的决定》《关于个别代表的代表资格的报告》,确认区第二届人民代表大会实有代表364人,同时确认盛捷、罗浪区第二届人民代表大会常务委员会委员的职务终止,罗浪区第二届人民代表大会财政经济委员会委员的职务终止。听取和审议区政府《关于全区黑臭河道整治工作情况的报告》《关于鼓楼区外事工作服务全区经济社会发展情况的报告》,并开展询问。听取和审议区物价局局长张长青、区市场监督管理局局长丁卫泽履职情况报告,并开展满意度测评,测评结果均为满意。听取和审查区政府关于《南京市鼓楼区2017年地方政府债务限额和省转贷新增地方政府债券安排及区本级预算调整方案(草案)》的议案及相关说明,表决通过《关于批准鼓楼区2017年地方政府债务限额和省转贷新增地方政府债券安排及区本级预算调整方案的决议》。

第四次会议于8月31日举行。会议听取和讨论区政府《关于2017年上半年工作情况和下半年工作安排的报告》,讨论《鼓楼区人民法院上半年工作情况的报告》《鼓楼区人民检察院上半年工作情况的报告》。听取和审议区政府《关于2016年鼓楼区本级财政决算草案的报告》《关于2016年鼓楼区本级财政预算执行和其他财政收支情况的审计工作报告》《关于2017年鼓楼区国民经济和社会发展计划上半年执行情况的报告》《关于2017年鼓楼区预算上半年执行情况的报告》,决定批准《鼓楼区2016年本级财政决算》。听取和审议《〈南京市住宅物业管理条例〉执法检查情况的报告》。

第五次会议于10月30日举行。会议根据区人大常委会主任会议和区人民法院的提请,决定有关人事任免事项,并举行新任命人员宪法宣誓仪式。听取部分市人大鼓楼区组代表履职情况报告,并对9名市代表履职情况民主测评。听取和审议区建设局局长徐淮舟、区旅游局局长李民、区人民法院副院长邓向东、区人民检察院副检察长梅琨履职情况报告,并进行满意度测评,测评结果均为满意。听取和审议区政府《关于提请审议〈南京市鼓楼区2017年国民经济和社会发展计划调整方案草案议案〉〈南京市鼓楼区2017年区本级预算调整方案草案议案〉的说明》,决定批准南京市鼓楼区2017年经济和社会发展计划调整方案、南京市鼓楼区2017年区本级预算调整方案。听取和审议区政府《关于“进一步发挥高校优势、加强科技创新、促进鼓楼发展”“加快颐和路片区民国建筑群保护利用”议案处理意见实施情况的报告》。听取和审议区政府《鼓楼区2017年代表建议办理情况的报告》,并进行满意度测评,测评结果为满意。听取和审议区政府《关于鼓楼区2017年为民办实事重点项目实施情况及2018年为民办实事重点项目征集情况的报告》,并进行满意度测评,测评结果为满意。审议通过《关于召开南京市鼓楼区第二届人民代表大会第二次会议的决定》。

第六次会议于11月27日举行。会议根据区政府、区人大常委会主任会议和区人民检察院的提请,决定有关人事任免事项,并举行新任命人员宪法宣誓仪式。审议通过《关于接受谈国富等辞去区第二届人大代表职务的决定》《关于个别代表的代表资格的报告》,确认区第二届人民代表大会实有代表351人。

第七次会议于12月25日举行。会议听取和审议《区政府关于2017年区国民经济和社会发展计划执行情况与2018年国民经济和社会发展计划草案的报告》《2017年区预算执行情况与2018年预算草案初步方案的报告》,初步审查2018年区国民经济和社会发展计划草案和2018年预算草案初步方案,原则同意区政府将相关报告和草案提交二届人大二次会议审查批准。听取和审议《区政府关于2018年为民办实事备选项目的情况报告》《区政府关于2016年度区本级预算执行和其他财政收支查出问题整改情况的报告》《区人大常委会代表资格审查委员会关于个别代表的代表资格的报告》。听取《二届人大二次会议筹备工作情况报告》,讨论通过会议议程草案、日程草案、主席团成员和秘书长建议名单,决定列席人员名单,原则通过《区人大常委会工作报告草案》。会议审议通过相关人事任免案。

【区第二届人大常委会主任会议】 2017年,鼓楼区第二届人大常委会主任会议召开12次,即第一次至第十二次。

第一次会议于2月9日召开。会议通过《关于鼓楼区第二届人民代表大会常务委员会主任、副主任工作分工》《鼓楼区人大各专门委员会及人大常委会有关工作机构重点联系部门(单位)安排》。听取《关于鼓楼区二届人大一次会议主席团决定交区人大常委会审议的代表议案处理意见的汇报》,决定将史照良等12位代表提出的"加快颐和路片区民国建筑群保护利用"和汪悦等16位代表提出的"进一步发挥驻区高校优势,加强科技创新,促进鼓楼发展"2件议案,分别交区人大常委会环境资源城市建设委员会和区人大财政经济委员会、区人大常委会预算工作委员会审议研究,并提出处理意见报告,经主任会议研究确定后提请区人大常委会会议审议。会议原则同意"2017年度市人大代表向区人大常委会报告履职情况的安排计划"。

第二次会议于3月1日召开。会议听取讨论"鼓楼区人大常委会2017年度主要议题和工作安排""区第二届人大常委会第一次会议建议方案的汇报""区第二届人大常委会代表资格审查委员会成员和各工作机构委员建议名单"。听取"关于加强预算审查监督工作的汇报",同意在各街道代表组设立财政经济组。听取"关于成立预算审查专家组的汇报",决定授权组建预算审查专家组。听取"关于拟提请区第二届人大常委会第一次会议审议的人事任免情况汇报"。讨论"关于区二届人大一次会议《进一步发挥驻区高校优势,加强科技创新,促进鼓楼发展》《加快颐和路片区民国建筑群保护利用》的代表议案处理意见的报告",同意提请区人大常委会第一次会议审议。听取“关于区人大常委会工作制度修订情况的说明”，通过《区人大常委会关于提请任命人员任前法律知识考试的办法》《区人大常委会关于提请任命人员作拟任职发言的实施办法》2项工作制度修订案；同意将《区人大常委会议事规则》等6项工作制度修订案和相关修订决定草案提请区人大常委会第一次会议审议。

第三次会议于3月20日召开。会议讨论通过《2017年鼓楼区为民办实事重点项目区人大常委会督办分工》《区第二届人大常委会组成人员联系代表分工安排》《区第二届人大常委会主任会议成员联系常委会委员分工安排》《2017年度区人大常委会主任会议成员、常委会委员接待代表日的“双接待”计划安排》。

第四次会议于4月21日召开。会议听取“关于区第二届人大常委会第二次会议建议方案的汇报”。讨论通过《2017年区人大代表建议重点督办件分工安排》《2017年度区政府工作部门主要负责人和区人民法院副院长、区人民检察院副检察长向人大常委会报告履职情况工作安排》《个别区人大代表分团(组)调整及关系转接安排》《区人大常委会人事任免流程及分工安排》《常委会2017年度工作安排分解表》。通过《区人大常委会关于为民办实事重点项目实施情况的督办办法》。

第五次会议于5月26日召开。会议听取区政府“关于城市管理行政执法工作情况的汇报”“关于行政复议工作情况的汇报”。听取《区二届人大一次会议以来代表变动情况的报告》，决定提交区人大常委会第三次会议审议。

第六次会议于6月19日召开。会议听取“关于区人大常委会第三次会议建议方案和各项议题准备情况的汇报”。讨论通过《关于开展〈南京市住宅物业管理条例〉执法检查活动的方案》。通过《鼓楼区人大代表建议、批评和意见办理工作评估办法(试行)》。

第七次会议于7月27日召开。会议听取区政府“关于全面推进‘营改增’财税体制改革、培育区域经济发展新动能工作情况的汇报”“关于全区老旧小区整治工作情况的汇报”。

第八次会议于8月22日召开。会议听取“关于区人大常委会第四次会议建议方案和各项议题准备情况的汇报”。

第九次会议于9月28日召开。会议听取区政府“关于残疾人特殊教育工作情况的汇报”。通过《关于代表建议重点督办工作情况的报告》。通过《代表履职管理办法(试行)》。

第十次会议于10月26日召开。会议听取“关于区人大常委会第五次会议建议方案和各项议题准备情况的汇报”。听取《关于对街道、部门2017年1~8月预算执行和2017年预算公开情况审查监督工作情况的报告》，同意2018年街道和部门预算审查监督重点工作安排。

第十一次会议于11月24日召开。会议听取区政府“关于宗教事务法制化管理工作情况的汇报”。听取区相关部门关于人事任免事项的情况通报。讨论通过“2017年度区人大代表优秀议案和建议的情况汇报”“关于区人大常委会第六次会议建议方案和各项议题准备情况的汇报”。

第十二次会议于12月21日召开。会议听取“关于区人大常委会第七次会议建议方案和各项议题准备情况的汇报”。

【代表履职服务保障机制】 2017年,区人大常委会强化代表履职服务、规范履职管理,推行“一卡三公开”制度(人大代表在街道代表之家设立联系卡,公开姓名、职务、联系电话),畅通代表联系选民全天候通道,形成以街道“代表之家”为中心、社区“代表活动室”为辐射、QQ群和微信群为补充的线上线下代表联系选民全覆盖工作体系。各代表组定期深入选区接待选民、为民代言,联系群众1.4万人次,征集群众诉求1000余条,代表再回选区集中宣讲人代会精神近400场。各街道代表组设立专业组,围绕全区中心工作、常委会年度重要议题、群众关心的热点问题,按照突出专业、注重实效原则,安排代表参加计划预算、教育卫生、城建城管等专业性调研视察、专项检查和执法检查。全年代表列席常委会会议420多人次,参加常委会组织的视察、检查、调研等活动近800人次,组织5次计28名代表参加区法院庭审与评议工作。

【预算监督审查工作机制】 2017年,区人大常委会成立专门委员会、专家组和街道财政经济组3支预算审查队伍,审查监督全口径预算、预决算信息公开和部门预算编制及执行情况。区二届人大一次会议选举产生11名代表组成的区人大财政经济委员会作为第一支队伍。财经委员大部分具有高中级经济职称,有相关财经工作经历,业务素质过硬;在各街道代表组中选取3~5名从事财政经济方面工作的区人大代表,成立街道代表组的财政经济组作为第二支队伍,把代表专业特长和履职主观能动性相结合起来;聘请财经院校专家学者、财政财务管理人员11人作为预算审查专家组成员,成为第三支队伍。制定《鼓楼区人大财政经济委员会(区人大常委会预算工作委员会)预算审查专家组工作办法(暂行)》,明确专家组成员工作内容和工作职责,借助“专家智囊团”协助做好人大预算审查监督工作。另外,区人大15个代表组中各配备1名财经联络员,组成计划和预算审查监督代表联络组。全年组织开展监督审查58次。

【人大代表议案建议办理】 2017年,区二届人大一次会议期间,代表提出议案2件,全部办结。提出建议140件,会后通过建议办理系统上传1件,共收到141件代表建议。至年底,全部办理完毕并答复代表。解决或基本解决117件,占83%;处于解决或纳入计划逐步解决21件,占14.9%;受政策或客观条件限制暂时难以解决而向代表作出解释3件,占2.1%。满意139件,基本满意2件,满意率100%。

【人大工作理论研究会】 9月25日,区人大工作理论研究会召开。区人大常委会主任、副主任、在职老领导,区人大各专委会,常委会各工作机构、办事机构,各街道人大工委负责人出席,还特邀8名专家出席。会议通过《鼓楼区人大工作理论研究会章程》,调整通过鼓楼区人大工作理论研究会理事会组成人员名单共38人,王根宝当选为区人大工作理论研究会会长。

会前根据省市人大工作部署和区人大工作安排，区人大常委会研究室于5月开展年度人大工作理论论文征集工作，共收到论文21篇。经推荐评选，《建立预算审查监督平台促进审查监督规范有效运行》等7篇论文被评为优秀论文。会议表彰2017年度优秀论文并开展交流。

【区四级人大代表联席座谈会】 10月24日，区人大常委会组织召开“鼓楼区四级人大代表联席座谈会”。省人大常委会副主任赵鹏、秘书长吕振霖，全国人大代表、九三学社中央常委、江苏省委主任委员、省住房和城乡建设厅厅长周岚，省人大代表、省发改委副主任、省太湖水污染防治办公室主任朱铁军，市人大常委会副主任、区委书记张一新，区领导刘军、陆敏、周文中等出席。会议由区人大常委会主任陆敏主持。鼓楼地区100余名四级人大代表参加。会议听取区长刘军关于环境综合整治工作情况汇报。与会代表围绕“关注环境品质建设，共筑宜居幸福鼓楼”主题，进行调研成果交流研讨，经整理形成28篇调研文章汇编，对区内环境综合整治和黑臭河道治理等工作提出意见和建议。

·调研视察·

【民国建筑群保护利用情况调研】 1月，在区二届人大一次会议上史照良等12名代表联名提出“加快颐和路片区民国建筑群保护利用”议案，重点督办议案列入区人大常委会年度重要工作计划。2月9日，区二届人大常委会召开第一次主任会议，听取“关于鼓楼区二届人大一次会议主席团决定交区人大常委会审议的代表议案处理意见的汇报”，决定将“加快颐和路片区民国建筑群保护利用”议案，交区人大常委会环境资源城市建设委员会审议研究，并提出处理意见报告。2月14日，区人大常委会组织调研视察，区人大常委会主任陆敏等领导、提案人、部分特邀专家及区人大常委会环资城建委、教科文卫委组成人员等参加调研。区政府常务副区长陪同调研。调研组实地查看颐和路片区民国建筑群保护利用情况，听取区政府及其相关职能部门工作汇报，了解保护利用中存在的问题，探寻解决途径。10月30日，区人大常委会第五次会议听取和审议《关于加快颐和路片区民国建筑群保护利用议案处理意见实施情况的报告》。10月23日，区人大常委会环资城建委深入调研议案办理情况，听取区建设局、区旅游局、区文化局有关办理情况汇报，掌握办理进度，找准问题，提出对策，推动领导批示落实和人大代表议案办理。

【“全面二孩”政策实施情况调研】 3月3日，区人大常委会教科文卫委组织召开“全面二孩”政策实施情况座谈会。了解“全面二孩”政策实施情况，对13个街道和8个相关部门调研检查，听取专项工作报告，促进政府尽快改善妇幼保健、学前教育在规划制定、设施建设、人力资源配置等方面不平衡不充分的短板，推动政策全面落地，促进人口均衡发展。区教育局、区人社局、区卫计局等职能部门和各街道相关负责人参加座谈。3月31日，区人大常委会组织部分组成人员、人大代表开展调研，区人大、区政府相关领导参加调研。

实地走访天使育儿园、圣玛丽幼儿园、区妇保所，并召开座谈会听取区卫计局、区教育局、区妇联、区人社局等单位相关工作情况介绍。针对实施“全面二孩”政策中存在的教育资源总量不足、妇幼保健设施和服务难以满足群众需求等问题，提出意见建议，要求进一步发挥规划引领作用，加快硬件设施配置，完善机制建设，提高服务保障能力。

【“智慧法院”建设工作调研】 4月13日，区人大常委会主任陆敏等领导和法制委、内司委部分组成人员围绕常委会审议议题，专题调研区法院“智慧法院”建设工作，查看新落成的区法院审判大楼，视察诉讼服务中心、智慧法庭以及执行指挥中心，并组织座谈会听取区法院院长工作情况汇报。

【“营改增”实施情况调研】 7月上旬，区人大财经委（人大常委会预算工委）了解“营改增”税收政策改革、财税体制调整对企业及区域经济发展的影响，进行一系列调研，走访国税、地税、统计、财政等部门，分行业召开商务商贸、软件互联网、文化旅游、房地产、建筑业、金融服务、智力服务、健康服务、航运服务相关企业和生活服务类小规模纳税人企业座谈交流会5场。邀请苏宁云商集团、紫金信托公司、先声药业集团、凤凰传媒集团等50多家驻区一般纳税人企业及小规模纳税人企业开展座谈交流，对“营改增”税制改革后企业税负情况变化和座谈会上收集到的问题进行梳理分析形成研究报告，并向区财政部门反馈。

·人事任免·

【概况】 2017年，区人大常委会按照法律赋予的职权，依法行使人事任免权，依法任免国家工作人员70人（任命49人，免职21人）。其中，区级领导任命1人，区管中层领导任命46人，区管中层领导免职12人。依法任免人民陪审员2人（为免职2人）。

【第二届人大常委会人事任免】 3月9日，第一次会议决定：任命童晓佳为区人民政府副区长。任命梁卫国为区人民政府办公室主任、周瀚生为区发展和改革局局长、徐淮舟为区建设房产和交通局局长、向卫为区科学技术局局长、柴耘（女）为区教育局局长、巢伟平为区监察局局长、闫航为区民政局局长、武刚为区司法局局长、尚东明（女）为区财政局局长、王辉（女）为区人力资源和社会保障局局长、巢璐（女）为区环境保护局局长、田伟民为区审计局局长、谢秋平为区统计局局长、张长青为区物价局局长、丁卫泽为区市场监督管理局局长、王伟为区安全生产监督管理局局长、周小明为区金融发展办公室主任、徐桓峰为区城市管理局局长、倪娅红（女）为区商务局局长、李民为区旅游局局长、李国蓉（女）为区文化局局长、王宗源为区卫生和计划生育局局长、方立中为区民族宗教事务局局长、李本武为区人民防空办公室主任、王丽（女）为区人民政府法制办公室主任、陶相中为区人民政府国有资产监督管理办公室主任。任命白扬为区人大常委会研究室主任、陈军为区人大常委会研究室副主任、李文玲(女)为区人大常委会内务司法工作委员会副主任、李慎凯为区人大常委会环境资源城市建设委员会副主任、孔薇(女)为区人大常委会人事代表联络委员会副主任。免去唐坚区人大常委会办公室副主任职务,免去盛捷区人大常委会研究室主任职务。免去王洪生区人民检察院副检察长、检察委员会委员职务,免去刘红(女)区人民检察院检察委员会委员职务,免去苏宏伟区人民检察院检察员职务。

6月29日,第三次会议决定:任命夏雯(女)为区人民法院副院长。免去邱筱颖区人民法院审判委员会委员、刑事审判第一庭庭长、审判员职务,免去李宁区人民法院审判委员会委员、审判员职务,免去赵朝霞(女)区人民法院人民陪审员职务,免去陈艳(女)区人民法院人民陪审员职务。免去章海兴区人民检察院检察委员会委员、检察员职务,免去戚晓宁区人民检察院检察委员会委员、检察员职务。

10月30日,第五次会议决定:任命路荣根为区人大常委会教育科学文化卫生委员会副主任、石红珍(女)为区人大常委会民族宗教侨务台湾事务委员会副主任。任命余敏(女)为区人民法院审判员。免去朱晓斌区人民法院审判员、审判委员会委员职务,免去陈欣(女)区人民法院审判员职务。

11月27日,第六次会议决定:任命李晓明为区安全生产监督管理局局长,免去王伟区安全生产监督管理局局长职务。任命肖朝晖(女)为区人大常委会研究室主任,免去区人大常委会办公室副主任职务;任命吴玉萍(女)为区人大常委会内务司法工作委员会主任,免去区人大常委会民族宗教侨务台湾事务委员会主任职务;任命杨宸为区人大常委会教育科学文化卫生委员会主任,免去区人大常委会江东街道工作委员会主任职务;任命白扬为区人大常委会民族宗教侨务台湾事务委员会主任,免去区人大常委会研究室主任职务。任命史国为区人大常委会湖南路街道工作委员会主任、王平为区人大常委会江东街道工作委员会主任、丰小兵为区人大常委会小市街道工作委员会主任、洪东其为区人大常委会教育科学文化卫生委员会副主任、尤习明为区人大常委会环境资源与城市建设委员会副主任。免去谈国富区人大常委会内务司法工作委员会主任职务、徐军区人大常委会教育科学文化卫生委员会主任职务,免去白建栋区人大常委会湖南路街道工作委员会主任职务,免去陈方方区人大常委会小市街道工作委员会主任职务。任命马文骏为区人民检察院检察员。

12月25日,第七次会议决定:任命吴玉萍为区人民代表大会法制委员会副主任委员,任命唐涛为区人民代表大会财政经济委员会委员。免去顾明君区人民检察院检察员职务。 (黄燕平)

南京市鼓楼区人民政府

·重要会议与活动·

【区政府常务会议】 2017年,鼓楼区召开政府常务会议7次,研究各类议题25个,主要内容涉及全区黑臭河道整治、排水达标区建设、老旧小区整治、居民住宅二次供水设施改造、棚户区改造及保障房建设、"两减六治三提升"专项行动、轮滑世锦赛安全保障、"十三五"食品药品安全、环保工作、铁北片区城中村改造更新及产业发展项目实施等方面，专门研究讨论2018年国民经济和社会发展计划及为民办实事项目、城市规划、建设及管理、财政预算编制、重大项目计划安排等有关工作。（李金春）

2017年鼓楼区区政府常务会议纪要大纲一览表

表47

序号	会议届次	日期	会议纪要纲目
1	第1次	2月6日	1.关于2017年全区黑臭河道整治、排水达标区建设实施方案有关事宜； 2.关于2017年全区老旧小区整治、居民住宅二次供水设施改造、棚户区改造及保障房建设工作实施方案有关事宜； 3.关于"两减六治三提升"专项行动实施方案有关事宜； 4.关于全区2月份工作安排有关事宜
2	第2次	3月14日	1.关于全区2017年度审计项目计划安排有关事宜； 2.关于拨付相关企业2016年度外贸增长奖励资金有关事宜； 3.关于全区2017年建议提案交办工作有关事宜； 4.关于全区3月份工作安排有关事宜
3	第3次	8月14日	1.关于轮滑世锦赛鼓楼区保障方案有关事宜； 2.关于鼓楼区"十三五"食品药品安全规划有关事宜； 3.关于全区建议提案办理有关事宜； 4.关于山西路广场配电设施报废处置有关事宜； 5.关于原下关区文化影剧院资产核销处置有关事宜
4	第4次	11月1日	1.关于2017年全区各项目标任务推进有关事宜； 2.关于金燕路西侧地块及金陵村象山地块保障房建设有关事宜； 3.关于成立鼓楼区科技创新投资平台有关事宜；
5	第5次	11月6日	鼓楼区地方债务化解方案
6	第6次	11月17日	1.关于2017年老旧小区整治及二次供水改造、2017年黑臭河道整治和排水达标区建设工作完成情况及2018年排水达标区建设计划安排有关事宜； 2.关于2017年环保工作有关事宜； 3.关于铁北片区城中村改造更新及产业发展项目实施方案有关事宜
7	第7次	12月6日	1.关于2018年国民经济和社会发展计划及为民办实事项目有关事宜； 2.关于2018年重大项目计划安排有关事宜； 3.关于2018年城市规划、建设及管理任务计划有关事宜； 4.关于2018年财政预算编制有关事宜； 5.关于苏宁睿城历史遗留问题处置方案有关事宜

2017年鼓楼区区长办公会议纪要大纲一览表

表 48

序号	会议届次	日期	会议纪要纲目
1	第2次	1月18日	1.关于全区2016年安全生产隐患排查治理及2017年工作安排有关事宜; 2.关于全区安全生产工作职责规定有关事宜; 3.关于全区行政审批制度改革有关事宜; 4.关于2017年重大项目及区领导挂钩联系重大项目安排有关事宜; 5.关于全区经济社会发展总结部署大会及2017年重大项目集中开工仪式方案有关事宜; 6.关于全区进一步推进小学"弹性离校"工作实施办法有关事宜; 7.关于2016年度"平安E门"项目补助经费有关事宜; 8.关于山西路广场激光水幕喷泉系统报废处置有关事宜; 9.关于区人民法院部分固定资产核销报废有关事宜
2	第3次	3月1日	1.关于鼓楼区法治政府建设实施方案(2016~2020)有关事宜; 2.关于全区2017年教育基建项目计划安排有关事宜; 3.关于全区档案工作有关事宜; 4.关于政府工作报告分解落实有关事宜; 5.关于给予袁倩行政开除处分情况有关事宜; 6.关于公安部"2·28"会议精神传达及具体贯彻落实举措有关事宜
3	第4次	3月31日	1.关于全区食品安全示范城市创建工作推进有关事宜; 2.关于鼓楼区驰、著名商标奖励办法及区长质量奖设立有关事宜; 3.关于下关滨江2号地块项目运作有关事宜; 4.关于全区街道、板块、部门财税奖励兑现有关事宜; 5.关于给予部分企业产业扶持政策有关事宜; 6.关于2016年企业扶持政策兑现有关事宜
4	第5次	4月17日	1.关于功能板块经济工作责任范围界定方案有关事宜; 2.关于财税目标考核办法有关事宜; 3.关于2017年综合目标考核办法有关事宜; 4.关于全区债务现状及举措有关事宜; 5.关于审计机关人财物管理改革试点实施方案有关事宜; 6.关于推进鼓楼区科技创新体制综合改革有关事宜; 7.关于企业上市挂牌政策补贴兑现有关事宜
5	第6次	5月8日	1.关于全市"互联网+政务服务"暨简政放权优化创业创新环境和食品安全工作会议精神传达有关事宜; 2.关于"健康鼓楼"建设规划和综合医改工作有关事宜; 3.关于综治中心规范化建设有关事宜; 4.关于鼓楼区国有土地上房屋征收补偿补助奖励规定有关事宜; 5.关于2017年第一批区城建项目资金有关事宜; 6.关于2016年全区重大项目风险抵押考核兑现测算有关事宜
6	第7次	5月26日	1.关于社区专职工作者待遇优化调整建议方案有关事宜; 2.关于鼓楼区知识产权战略专项资金管理办法有关事宜; 3.关于原下关区文化影剧院改制转企有关事宜
7	第8次	6月26日	1.关于全市负责干部会议精神传达有关事宜; 2.关于鼓楼区综合执法体制改革工作实施方案有关事宜; 3.关于区教育系统资产处置方案有关事宜; 4.关于小市办事处固定资产报废处置方案有关事宜; 5.关于鼓楼区2017年地方政府债务限额和省转贷新增地方政府债券安排及区本级预算调整方案有关事宜

续表 48

序号	会议届次	日期	会议纪要纲目
8	第9次	7月15日	1.关于鼓楼区国有土地上房屋征收与补偿指导性意见有关事宜； 2.关于全区餐饮场所燃气监测工作有关事宜； 3.关于全区餐饮场所安全生产专项整治行动推进有关事宜； 4.关于商贸业发展意见有关事宜； 5.关于文化创意旅游产业发展意见有关事宜
9	第10次	8月1日	1.关于鼓楼铁北片区更新改造实施意见有关事宜； 2.关于区属国有企业整合发展实施意见有关事宜； 3.关于2016年度鼓楼区本级预算执行和其他财政收支的审计工作报告有关事宜
10	第11次	8月29日	1.关于夹江饮水源地环境问题(宝船厂)整改推进有关事宜； 2.关于卫计系统固定资产报废处置有关事宜； 3.关于调整金陵村55-25号房产管理使用部门有关事宜； 4.关于调整鼓楼区养老服务补贴有关事宜； 5.关于全区2016年本级财政决算草案和2017年预算上半年执行情况有关事宜； 6.关于2017年国民经济和社会发展计划上半年执行情况有关事宜
11	第12次	9月16日	1.关于宁海路街道城市管理和核心片区改造提升方案及全区城市管理水平提升行动方案有关事宜； 2.关于鼓楼区推进部分道路清扫保洁市场化运作工作方案有关事宜； 3.关于全区安全生产百日行动暨安全生产大检查工作推进有关事宜； 4.关于春风大厦消防安全隐患整治有关事宜； 5.关于给予江苏跨境电子商务服务有限公司外贸扶持奖励有关事宜； 6.关于给予部分企业产业扶持政策和政策兑现有关事宜
12	第13次	9月30日	1.关于下达第二批城建项目资金有关事宜； 2.关于"1+3"产业政策有关事宜； 3.关于众创空间建设补助专项资金兑现有关事宜； 4.关于2017年为民办实事相关工作进展有关事宜； 5.关于滨江商务区有关地块遗留问题处置方案有关事宜
13	第14次	10月15日	1.关于2017年区本级预算调整方案有关事宜； 2.关于梅家塘及增补和新河村项目清算有关事宜； 3.关于总部企业复核认定工作暨奖励测算有关事宜； 4.关于2017年全区经济和社会发展计划调整建议有关事宜； 5.关于2017年为民办实事重点项目实施情况和2018年为民办实事项目征集有关事宜
14	第15次	11月29日	1.关于增补社区辅警经费有关事宜； 2.关于阅江楼街道更名为下关街道有关事宜； 3.关于鼓楼区创新创业服务券实施管理办法(试行)有关事宜； 4.关于南京华讯方舟通信设备有限公司购买鼓楼创新广场A3栋"入驻定制协议"有关事宜
15	第16次	12月13日	1.关于《政府工作报告》起草有关事宜； 2.关于《鼓楼区行政事业单位国有资产处置管理办法》有关事宜； 3.关于引进浪潮集团江苏区域总部项目有关事宜； 4.关于投资共建"低轨卫星宽带通信系统研究院"项目有关事宜； 5.关于鼓楼区2016年度本级预算执行和其他财政收支审计查出问题整改有关事宜； 6.关于全区无证幼儿园清理整顿工作有关事宜

续表 48

序号	会议届次	日　期	会议纪要纲目
16	第17次	12月23日	1.关于全区店招门牌设置总体规划有关事宜； 2.关于农贸市场提档升级精细化长效管理工作情况有关事宜； 3.关于2018年审计项目计划安排有关事宜； 4.关于全区2017年国民经济和社会发展计划执行情况与2018年计划草案有关事宜； 5.关于全区2017年预算执行情况及2018年预算草案有关事宜； 6.关于全区2018年市级重大项目编排有关事宜； 7.关于社区体育中心委托运营管理有关事宜

（李　亮）

【区长办公会议】 2017年，鼓楼区召开区长办公会议16次，研究国民经济建设和社会发展计划、为民办实事重点项目及实施、城市建设管理和核心片区改造、教育、食品安全、民生保障、公共服务到各类议题89个。（李金春）

【经济社会发展总结表彰暨动员部署大会】 3月15日，鼓楼区召开经济社会发展总结表彰暨动员部署大会。全体区领导，受表彰的先进集体、先进个人和突出贡献单位，区机关各部门、各街道、各直属单位负责人参加会议。区长刘军总结2016年工作，部署2017年任务。会议表彰鼓楼区2016年经济社会发展先进集体、先进个人和突出贡献单位；承担经济社会发展目标的部门、板块和各街道向区长递交责任书；鼓楼国家大学科技园管委会、苏宁云商集团股份有限公司等6家单位发言交流。市人大常委会副主任、区委书记张一新对做好全年工作提出4点要求。

（陈　森）

【区政府全体（扩大）会议暨廉政工作会议】 4月24日，区政府召开全体（扩大）会议暨廉政工作会议，贯彻落实国务院和省市廉政工作会议精神，围绕区委二届二次全会、区二届人大一次会议确定的目标任务，总结回顾一季度工作情况，就二季度重点工作作安排部署，确保完成“双过半”和全年目标任务。区政府全体领导，区纪委主要领导，区人大常委会、区政协相关领导，以及政府工作部门和有关单位主要负责人参加会议。（李　亮）

【城市建设管理动员部署大会】 2月21日，鼓楼区召开城市精细化建设管理十项行动重点任务动员部署大会。区领导张一新、刘军等，区相关部门主要负责人和各街道书记、主任、城管科长、城管中队长，各社区书记、主任参加。区长刘军主持。区委常委、常务副区长沈吉鸿作2017年鼓楼区城市精细化建设管理十项行动重点任务动员部署。市人大常委会副主任、区委书记张一新讲话：要明确目标和任务，通过十项行动促使鼓楼城市品质环境有根本性的提升转变；要明确工作方法和路径，整治地面墙面，对整体提升的街面路面抓紧设计方案，并注意发挥保洁兜底作用；要加强组织实施和检查指导，成立专门工作机构，明确责任主体，严格督查验收，确保行动效果。刘军作会议总结。

【重大项目集中开工】 2月12日，鼓楼区在湖南路现代服务业总部城工地举行2017年全省重大项目集中开工现场推进会南京市鼓楼区分会场活动，全体区领导、区机关有关部门和集中开工项目负责人共计140人参加。区长刘军致辞，市人大常委会副主任、区委书记张一新宣布鼓楼区2017年重大项目集中开工。列入全省集中开工的5个重大项目分别是：湖南路现代服务业总部城、中能建南京能源科技产业园、金盛集团总部基地、中冶和记洋行、南邮科创中心，总用地面积33.92万平方米，总建筑面积163.63万平方米，总投资268.4亿元，当年计划投资28.2亿元。活动同时发布21个列入鼓楼区2017年集中开工的重大项目，总用地面积52.86万平方米，总建筑面积280.9万平方米，总投资199.28亿元，当年计划投资49.52亿元，涵盖商务商贸、科技创新、文化传播、城市建设、民生保障等多个领域。

（陈　森）

【区政府四季度全体（扩大）工作会议】 10月28日，区政府召开全体（扩大）会议，全面贯彻十九大精神，落实区委二届三次全会任务，总结前三季度工作，部署四季度冲刺工作，确保全年各项目标任务完成。区政府全体领导，区人大常委会、区政协相关领导，以及政府工作部门和有关单位主要负责人参加会议。

（李　亮）

·便民服务·

【概况】 2017年，鼓楼区政府以各类改革为突破口，推进职能转变、作风改进、反腐倡廉等各项工作，加强政府自身建设和行政能力。制定《南京市鼓楼区不见面审批（服务）改革实施方案》，出台全省首张社区政务服务清单，推进“网上办、集中批、联合审、区域评、代办制、不见面”的审批服务。启动全程电子化登记，优化审批流程，压缩办理时限，有效落实“3550”。统筹推进区属国有企业产权体制改革和综合行政执法体制改革，成立各街道综合行政检查执法大队，下放检查事项共计1378项。加强地方政府债务风险管控，有效防范债务风险。提出“家门口”服务理念，率先在全省试点打造“家门口政务服务”模式平台，打通区街社层级、全域性、一体化政务服务体系。

加强依法行政，制定《鼓楼区法治政府建设实施方案（2016～2020年）》，将所有行政权力事项纳入江苏省政务服务网，向社会公开。建成鼓楼区行政复议受理中心，公开听证率大幅提升。在全市率先出台行政执法公示制度，全面推进“双随机一公开”，强化事中事后监管。落实区人大及其常委会的相关决议决定，支持区政协履行职能，按时办结人大代表议案和建议143件、政协委员提案192件。加大重点领域审计力度，依法完成财政预算执行、专项资金、政府投资、经济责任等审计项目95个。落实政务热线“马上就办”和“限时办结”清单，“12345”“96180”热线服务功能得到新加强，按时办结率分别达100%和

99.34%，综合满意率居全市前列。开展“防隐身防变异防反弹”等专项治理行动，通过部门自查、上门检查等方式，加强办公用房管理，规范公务接待活动，严控“三公”经费支出，“四风”问题整治有效落实，保持良好干事创业氛围。（李 亮）

【“家门口的政务服务”试点推广】 7月，鼓楼区将“互联网＋政务服务”再延伸再下沉，结合区情实际，在全省率先试点打造鼓楼区“家门口的政务服务”，即对拟定的社区服务事项，群众在鼓楼区范围内可以任意选择社区办理，而不需要再回到原户籍所在地社区办理。同时，社区还为80岁以上老人和行动不便的残疾人提供上门代办服务。将“一张网”首次延伸到第五级（省、市、区、街、社）社区，通过网络+EMS形式，完成数据和纸质文档之间的日常流转，审批结果通过邮政EMS送达，费用由政府买单。鼓楼区政务管理办公室（简称区政务办）提出“家门口的便民服务中心”理念，邀请相关部门和13个街道研究和讨论，最终确定“第一批社区代办服务事项清单”纳入社区代办范围，首先在13个街道39个社区（每街道3个）试点。9月，在120个社区全面推开，实现跨街道、跨社区通办代办服务功能。《南京日报》《扬子晚报》《南京晨报》、南京电视台、江苏电视台城市频道、南京电台、南报网等多家媒体跟踪报道。试点期间，区政务办会同区民政、人社、残联、卫计、妇联5个部门共同编写《“家门口的政务服务”工作手册》，细化代办事项材料清单和流程图，指导社区工作人员操作业务。7月、9月2次组织全区120个社区及便民中心窗口人员，培训业务办理和代办方法等知识。同时，社区窗口近半数工作人员接受现场培训，明确工作内容和工作目标，确保改革成果落实。9月，区政务办验收街道便民中心标准化建设工作，现场调研了解“家门口的政务服务”工作开展情况，明确困扰社区的“南京市政务服务综合管理系统”录入范围问题，决定为每个社区配发1台电脑（共120台），解决社区电脑老化无法适应系统应用问题。全年，“家门口的政务服务”平台实现就近受理、一网办理、创新服务、方便群众新格局。

【《街道12345政务热线投诉举报处置规范》试运行】 2017年，鼓楼区加强基层单位标准化体系建设，在街道建立“12345”投诉举报处置标准化体系，促进群众诉求处置规范化、精细化。区政务办牵头并指导宁海路街道，通过实践摸索、经验提炼，起草编写《街道12345政务热线投诉举报处置规范》（以下简称《规范》）。在起草和报审期间，指导和要求宁海路街道紧贴“12345”政务热线办理要求，按标准化体系进行试运行。该《规范》确立“一个中心、四个工作组、九个网格”作为街道层面热线办理主体架构，细化办件流程和标准。热线受理中心是街道热线办理的指挥决策中枢，负责综合协调、审核把关和考核监督事项。接到工单后，街道“12345”受理中心迅速分派给4个工作站组，工作站组设负责人和承办人，按照自身职责职能和法律法规，对所属工单进行筛选处理、跟踪回访。9个网格（社区）配合工作站组，在工单办理中帮助协调、了解情况和就近取证等工作，发挥社区服务功。7月，《规范》通过市质量技术监督局专家组评审，11月底颁布实施。该《规范》是南京市出台的唯一街道热线办理体系标准。该《规范》与早期的办理模式相比，实现两个转变：由块状处理方式转变为条块结合处置方式；由社区主导办理转变为街道职能科室具体负责。

《规范》在运行和总结过程中，压缩相关考核标准。如标准中：街道将区级规定的“及时签收”考核时限1小时，压缩为0.5小时；将“及时交办”考核时限2小时，压缩为0.5小时；将“实时退单”考核时限1小时，压缩为0.5小时；将“按时办结”考核时限为8小时，压缩为4小时，考核指标均严于市区绩效考核。经过调整，《规范》有效提升工单诉求快速响应和处置效率，提升诉求人心理认同和感情配合度，为工单后期办理结果和绩效评价建立厚实的先决条件。从区内考核数据统计来看，宁海路街道的办结提速率从上半年的87.27%提升为年底的95.20%，综合满意率从95.21%提升为99.35%，提升幅度十分明显。是年，鼓楼区政务热线考核在全市区政府组排名第三，较往年大幅度提高。

【区投资建设代办中心开办】 2017年，鼓楼区按照市编委《关于组建我市投资建设代办服务机构的通知》(宁编字〔2016〕33号)要求，筹备区投资建设代办中心，专门组织赴江宁等区学习调研，区长办公会专题研究代办中心的职能、人员编制等。5月底，区投资建设代办中心在中山北路540号正式挂牌成立，为区政务办下属全额拨款事业单位，事业编制2人。6～7月，该代办中心人员参加全市代办业务培训，并跟班学习，掌握业务知识。

【网上政务服务对接】 2017年，鼓楼区推广“我来@国务院”活动，开展“互联网+政务服务”政务服务体系问卷调查活动。区政务办牵头组织全区35个部门，对接全省政务服务“一张网”工作869件，维护省级服务平台涉及鼓楼区权利事项3423件、企业套餐服务25件、企业服务问答100件。组织机关各部门及办事群众扫码安装、注册“江苏政务服务APP”，截至10月24日，该APP下载量1.43万件，用户注册量1.47万件，实名认证量8456件。推进“不见面审批”，省库不见面率87.4%，市库不见面率85.9%。与南京EMS展开深度合作，完成EMS快递460件。是年，通过南京市政务服务综合管理系统整合“多评合一，多规合一”工作。

【“放管服”工作开展】 二季度，鼓楼区力推“放管服”改革，多次参加相关会议，配合区市场监管局做好企业开办加压提速工作。5月，在企业大厅公共服务区域专门放置1台电脑，供群众现场修改、补充相关材料，缩短办事时限，提升办事效率。帮助区编办、区市场监管局协调银行、刻章等环节，缩短企业设立时间。7月，专门调整国地税窗口位置，在企业大厅公共服务区增设5台电脑，为工商、税务部门指导群众现场设立企业、办理涉税事务。

【街道便民中心标准化建设完成】 2017年，区政务办在2016年度完成10个街道便民中心标准化建设任务的基础上，继续推进此项工作，完成中央门街道便民中心建设任务，幕府山街道便民中心安装与调试软硬件，热河南路街道进入装修。按照南京市要求，各街道无论是否完成标准化硬件改造，都必须通过“南京市政务服务综合管理系统”办理便民服务事项，为对接“互联网 + 政务服务”和江苏省政务服务“一张网”做好准备。9 月，区政务办现场验收 13 个街道便民中心的标准化建设工作，同时调研和辅导各街道应对南京市考核街道。

【政务系统升级改造】 2017 年上半年，鼓楼区提升政务工作质量，改变区政务中心大厅老版政务系统，减轻工作人员工作量，提高工作效率，与市政务办沟通，将区政务中心纳入全市区级政务中心第一批升级改造，升级语音叫号功能。区政务中心升级完成后，区政务办对全区各街道便民服务中心更新语音叫号软件，增设语音叫号功能，解决困扰街道服务中心叫号无语音的问题，方便居民办事。

【政务热线工作机制完善】 2017 年，鼓楼区针对诉求工单量逐年增大、且操作流程变化、考核细则调整等新情况，相应调整完善一系列相关工作机制。强化分片对口，明晰责任。区政务办热线科工作人员每人分工对口责任部门和单位，加强指导督办，并专职审核对口单位的疑难工单，确保疑难工单办理质量和时效。实行承办单位一线承办人、平台负责人及分管领导之间的对接责任体制，明确及时签收批办、快速转办、限时办结，确保环节流程无脱节，尤其是针对不满意工单，推行单位盖章、分管领导签字的办结模式。强化培训指导，提高工作水平。上半年组织全区性业务培训 3 次，上门培训 12 次，连续末位单位专题服务培训 6 次。注重规则运用，确保成绩领先。热线科学习“民意 110”工作要求，分析研究规则规律，掌握规则特点和操作流程，引导承办单位注重雷同工单规则运用，并明确专人负责承办，科学设立 AB 角(既两个承办人，当 A 缺位时，B 可及时补位)，在不满意工单发回重办过程中，严格运用规则，确保工单办理质量。

【政务热线工作模式改进】 2017 年，鼓楼区改进政务热线工作模式，针对疑难复杂、推诿扯皮工单，开展会商会办、现场督办，帮助承办单位分析问题，厘清责任，推进诉求问题解决，全年现场督办 40 余次。区政务办落实限时办结和预警催办制度，采取电话跟踪、专题函报方式，调查工单办理疑点，核实流程真伪情况，为政府办提供公车违规线索，向纪委提供“三防”(防隐身、防变异、防反弹)投诉问题，敦促承办单位改进工作作风，提升行政效能。坚持每月分析梳理办理承办单位工单办理情况并实施考核排名，形成政务热线诉求事项分析报告，每月报区政府，强化热线数据在政府决策中的参考作用。

(钱　靖)

·电子政务·

【概况】 2017 年，鼓楼区深化电子政务资源整合成果，推进全区信息化重点项目建设。区电子政务办公室（简称区电政办）开展互联网云平台建设、门户网站集约化建设，加强网络管理与信息安全工作，提升管理与服务保障水平。与南京理工大学科技园区合作，为园区管理平台建设服务。调研社会综合治理大平台建设工作，开展政府网站普查，指导部门信息化工作，保障全区政务网络、门户网站、办公电脑、业务系统正常运行，提升服务各级领导科学决策和服务全区经济及各项社会事业发展的能力，为全区各部门提供信息技术支撑。

【互联网云平台建设】 2017年，省市对区县在互联网政务服务与管理方面提出要求，鼓楼区相关部门对用互联网技术解决政府服务与管理矛盾的需求也空前高涨，安全生产、行政执法、政务服务以及各类微信微博小程序准备上线运行，老旧服务器亦不能承载。10月底，区电政办购置虚拟化服务器与存储设备，建立互联网云平台，以此保障区政务服务与管理的相关业务运行，并杜绝各部门“上一个应用就要买一台服务器”现象，避免重复建设，降低总体投入，提高资源利用率。至年底，区互联网云平台迁移接管15个业务应用，并按照各部门需求逐步增加相应资源。

【门户网站集约化建设】 2017年，鼓楼区对门户网站集约化建设采用两手抓措施：抓门户网站完善，对照国家、省市每一期政府网站普查通报和最新要求，改进完善门户网站300余处；抓门户网站集约化整体升级，根据国务院办公厅《政府网站发展指引》、省政府办公厅《关于促进政府网站有序健康发展的实施意见》和市政府办公厅《关于进一步规范全市政府网站建设管理的实施意见》《2017年全市政府网站绩效考评指标》等文件要求，反复修订门户网站集约化升级方案，确保符合上级对门户网站集约化建设重点指标。与此同时，加快推进门户网站集约化升级项目建设工作，确保新版网站年底上线运行。

【政府网站普查工作】 2017年，鼓楼区配合市相关部门共同建立全国政府网站普查工作协调机制，推进门户网站日常管理、检查、督促整改工作。年初，要求各相关单位保持网站内容维护，按照全国政府网站普查工作标准完成各单位网站内容维护工作。按照省市文件要求，全面关停全区所有政府部门、街道子站。加强日常巡查力度，定期通报门户网站内容维护情况，发送部门整改通知40余次。

【网络与信息安全管理】 2017年，鼓楼区开展两大中心机房运行安全应急演练，加强各相关部门、科室及维护公司的协同配合和处理机房故障的应急能力。完成区政务网主机安全漏洞扫描及修复工作，检测主机151台、域名136个，针对主机漏洞和web漏洞修复升级，提升区政务网及重要信息系统安全性。针对全球大规模爆发的计算机勒索病毒及其变种病毒，该办制定工作方案，从网络边界、主机等方面采取应对措施，加强安全防范，未发现此类事件。

【信息化系统维护】 2017年，鼓楼区加强鼓楼大厦、下关大厦中心机房和服务器安全巡检工作，实时监控机房运行状态，一周两次实地巡查机房硬件设施运行情况，发现问题及时解决。做好全区2个核心数据库平台、33个重点信息系统和130余台服务器运行维护工作，保证全年系统无故障运行时间超过99.8%。及时更新维护全区统一用户系统的机构与人员信息，保证全区各业务系统中的用户信息与实际情况一致，全年更新维护800余人次，解决各部门网络使用问题1000余次，区政务网无等级网络事故发生。提升区级机关电脑维护服务水平，规范技术人员服务程序，提高人员服务质量，全年完成电脑维护近1200台次，故障平均响应时间不超过半个工作日，故障修复率99.6%，服务满意率98%。

【下关大厦模块化机房建设】 2017年年初，区政府改造建设下关大厦机房。根据大厦外部空间和大楼承重能力设计机房，以模块化机房的方式改造建设，包括机柜一体化模块系统、电气系统、消防系统，辅以防雷接地和新风排烟系统。经设备安装和调试后，1月下旬，下关大厦模块化机房整体建设完工。经3个月试运行，3月底，模块化机房通过专家组验收正式投入使用，机房运营成本较传统机房下降约35%。

【智慧园区一期试点项目】 2017年年初，区电政办走访调研区江东软件城、模范路科技街区、下关科创社区，了解各园区发展现状与现实需求。上半年，参与并帮助模范路科技街区完成园区内驻区企业信息汇总与梳理，并提出企业信息长效维护管理建议方案。5月，会同下关科创社区，针对园区管理信息化、智慧化需求，协助指导形成下关科创社区智慧管理平台建设方案。8月，与南京理工大学科技园区运营方合作，开始园区管理平台建设工作。至年底，平台在园区试运行。

【部门信息化工作指导】 6月，区电政办协助区政府办进行建议提案工作系统方案制定、项目招标、项目技术支持和相关协调工作，完成项目招标和开发工作，进入试用和调试阶段。9月，协助区机关工委进行综合评议工作系统方案制定、项目招标、项目技术支持和相关协调工作，完成项目招标，进入实施阶段。10月，协助区政务办进行综合执法平台方案制定、项目招标、项目技术支持和相关协调工作，完成项目招标，年底正式投入运行。

【燃气安全在线监测平台】 8月，区电政办会同区安监局就全区燃气安全监测平台建设及运营服务项目公开招标。南京久防网络科技有限公司、南京维盟网络科技有限公司、深圳市科顺久安科技有限公司参与投标，南京久防网络科技有限公司中标。9月，完成全区3800余家餐饮企业后厨安装燃气在线报警装置任务，共计安装报警装置4470台。开发建成一套在线监测平台，24小时实时监控，防患于未然。该平台利用政府购买服务方式在全区推广使用，在全市尚属首次，为建设鼓楼区安防大平台探索新模式。

【社会综合治理大平台建设调研】 10月，区政府决定建设鼓楼区社会综合治理大平台。该平台是基于“互联网 +”的信息化平台，以管理创新为导向，以云计算、大数据、物联网、移动互联网等新一代IT信息技术为手段，整合辖区各部门在开展城市管理、社会治理、应急指挥、综治网格、治安防范、平安鼓楼以及维护社会和谐稳定等工作中所需信息资源，形成大综治、网格化格局，及时应对各类社会治理和城市管理问题，完成社会综合治理工作相关要素的采集、存储、分析、统计、决策和展示，实现社会综合治理高效精细化。区电政办按照整理平台建设需求开展调研走访活动，先后调研市信息中心智慧城市集成展示平台、浦口区大联勤（城管 + 安防）平台。依据部门报送的自有政务信息系统和信息资源情况，就区综合行政执法平台主要业务及功能调研，与浪潮集团探讨平台建设规划想法，赴区公安、政法部门调研雪亮工程及相关综治平台的规划想法。11 月，组织赴青岛市调研综合行政服务中心运行情况，赴上海徐汇区学习调研“智慧徐汇”大平台建设运营情况。12 月 11 日，区电政办在学习调研的基础上，形成鼓楼区社会综合治理大平台建设需求，并在全区相关部门征求意见，为大平台建设奠定基础。（葛　枫）

中国人民政治协商会议南京市鼓楼区委员会

【概况】 2017 年，政协鼓楼区委员会（简称区政协）发挥社会主义协商民主渠道和专门协商机构作用，紧扣“争创首善之区、建设幸福鼓楼”奋斗目标，精选与“首善度”“幸福感”密切相关工作、课题，依靠全体委员，履行政治协商、民主监督、参政议政职能。全年召开常委会议 4 次、主席会议 12 次、专题议政会 2 次，围绕科技创新、总部经济发展、重点项目建设、商务商贸业发展等议题议政协商；聚焦城市精细化建管“十项行动”开展调研；紧扣社区卫生服务工作专题协商。组织委员围绕推动中小型科技企业发展、打造现代服务业发展“新引擎”、推进河道长效治理、促进滨江地区文化旅游产业融合发展、完善人才服务机制、加强商业老字号保护与发展等课题调研，形成调研报告 9 篇。组织委员参加“机关公众开放日”“走进机关、了解机关”等视察调研活动 53 场次。发挥文史资政作用，与有关部门合作，征集文史资料 181 篇 20 余万字，编撰出版《南京鼓楼史话》。

全体委员围绕区委区政府重点工作和群众关注的热点、难点问题，开展调查研究，建言献策，共提出提案 220 件，经提案审查委员会审查立案 193 件。截至年底，全部办结，满意率达 99.5%。全年收集社情民意信息 470 篇，上报 282 篇，被全国和省市政协采用 41 篇，获市政协社情民意信息工作二等奖。全年主席会议成员、各专委会和政协街道工委走访委员239 人，走访企业 116 家。突出团结主题，发扬优良传统，举办“委员心　鼓楼情·庆佳节　迎盛会”中秋国庆联谊会，开展妈祖文化交流活动，协助举办“2017 南京妈祖春祭大典”；依托政协书画协会，以“弘扬主旋律、赞颂新时代”为主题，举办“迎新春”“翰墨颂军魂”2 场书画展。

坚持以推进政协工作制度化、规范化和程序化建设为牵引，全面加强政协思想、组织、作风和制度建设。出台《鼓楼区政协委员履职考评办法(试行)》，制作委员履职手册；举办委员履职培训班，邀请市政协机关领导授课，强化政协基础知识学习，提高建言献策水平。实施年度委员履职考评工作，55 名委员被评为履职先进个人。修订优秀提案评选表彰办法，29 件提案被评为优秀提案；修订社情民意信息奖励办法，激发委员为民建言积极性，健全委员履职激励机制。各专委会和政协街道工委全年组织各类活动 130 余次，相关工作经验被《江苏政协》和《南京政协》杂志推介。政协理论研究工作成果获市政协理论研究会 2016～2017 年度论文征集工作组织奖，报送 35 篇论文有 12 篇分获优秀论文一等奖、二等奖、三等奖。

·重要会议与活动·

【区政协二届一次会议】 1 月 4～6 日，区政协二届一次会议在鼓楼大厦举行。南京市政协领导、区四套班子领导、区人民法院院长、区人民检察院代检察长，区政协离退休老领导，区委区政府各部门负责人应邀出席开幕式。全体政协委员参加会议。会议期间，学习和讨论区委副书记董伟代表区委在开幕式上的讲话，听取并同意王隆京代表区政协一届委员会常务委员会所作的工作报告和周越古所作的提案工作情况报告。会议选举产生政协南京市鼓楼区第二届委员会主席周文中，副主席陶顺生、周越古、沈桂明、甘卫华，秘书长李增平，于辉等 57 名委员当选常务委员会委员。

【区政协二届常委会议】 2017 年，区政协召开二届常委会议 4 次（第一次至第四次）。

3 月 24 日，区政协召开二届一次常委会议，传达学习全国及省市政协会议精神，通报主席工作分工、提案立案及交办、重点督办件分工等情况，审议通过区政协 2017 年常委会工作计划以及区政协委员履职考评办法(试行)；会议还协商同意刘迎、刘宝港不再担任委员职务，同时同意刘迎不再担任政协常委职务；同意增补徐金龙、肖兴、王启伦为区政协委员；同意政协有关人事任免事项。

7 月 27 日，区政协召开二届二次常委会议，区政协副秘书长、各专委会主任、各政协街道工委主任和各委员组组长列席会议。会议分别听取区政府、区法院、区检察院上半年工作情况通报。常委们就“一府两院”上半年工作中各自关心的问题与 3 位领导进行互动交流。会议听取区科技局关于鼓楼区科技型中小企业培育情况汇报，听取区政协提案委课题组关于“鼓楼区科技型中小企业面临的困境及对策”的调研汇报。常委们围绕科技型中小企业发展过程中遇到的问题建言献策，并与区政府分管领导、科技局负责人交流讨论，协商议政。

9 月 15 日，区政协召开二届三次常委会议，区政协各专委会主任、各政协街道工委主任和各委员组组长列席会议。会议围绕河道整治工作协商议政，还分别听取区委政法委关于“平安鼓楼”建设情况通报以及区政府办关于2017年提案办理工作情况汇报；协商通过《政协南京市鼓楼区委员会常务委员会工作规则》以及有关人事安排。

12月19日，区政协召开二届四次常委会议。区纪委、区委宣传部主要领导应邀出席会议并通报有关情况。会议首先组织学习中共十九大精神，并对常委会组成人员学习宣传贯彻中共十九大精神提出要求。会议听取区纪委关于全区党风廉政建设情况通报、区委宣传部关于全区精神文明建设情况通报；听取委员工作委员会关于"鼓楼区商业老字号保护发展"调研成果汇报。会议审议通过《政协南京市鼓楼区委员会专门委员会工作规则》《政协南京市鼓楼区委员会提案工作条例》《政协南京市鼓楼区委员会提案审查工作细则》《政协南京市鼓楼区委员会关于优秀提案的评选表彰办法》，要求区政协办公室按照规定程序办理。会议重点讨论区政协常委会工作报告和提案工作报告。会议还协商区政协二届二次会议有关事项，审议大会议程（草案）、日程（草案）、大会秘书长和副秘书长建议名单、执行主席分工建议名单。会议通过大会日程，并同意将议程（草案）、大会秘书长和副秘书长建议名单、执行主席分工建议名单提请大会预备会议审议通过。会议研究确定2017年度区政协委员优秀提案及履职先进个人表彰名单；协商通过部分政协机关干部以及委员、常委调整、任免事项。

【区政协二届主席会议】 2017年，区政协召开二届主席会议12次（第一次至第十二次）。

1月19日，区政协召开二届一次主席会议，协商通过主席、副主席，秘书长、副秘书长工作分工以及区政协常委会2017年工作计划，听取各专委会、街道政协工委关于2017年工作安排汇报以及提案委关于提案审查立案情况汇报。与会人员围绕工作分工和常委会工作计划讨论，提出意见和建议。

2月24日，区政协召开二届二次主席会议，视察全区科技创新工作。会议参观南京圣诺热管有限公司、中国电科院南京分院，了解企业自主创新工作情况。区科技局汇报科技创新工作。4名委员分别围绕科技成果转化、企业跨界创新、智慧城市建设以及人才的"引、育、留"等问题提出建议。区政府分管领导结合委员建议，就做好全区科技创新工作交流工作体会和思路。

3月17日，区政协召开二届三次主席会议，视察全区社区卫生服务工作。会议首先视察江东、阅江楼和中央门3个社区卫生服务中心的建设规模以及服务群众工作。随后，区卫计局汇报社区卫生服务工作开展情况，提出需要委员给予关注的问题。7名委员围绕社区卫生服务工作中人员招聘难、技术力量不强、各街道发展不平衡等问题建言献策。区政府分管领导参加会议，并结合委员建议就做好全区社区卫生服务工作交流工作体会和思路。

4月27日，区政协召开二届四次主席会议，视察并协商讨论民族宗教工作。参会人员视察清凉寺、基督教道胜堂和基督教江苏路堂3处宗教活动场所，听取场所负责人情况介绍。区民宗局局长方立中汇报全区民族宗教工作开展情况。黄爱萍等3名委员围绕民族宗教领域中出现的新情况、新问题建言献策。区政府分管领导参加会议,并就加强区民族宗教工作提出举措。

5月24日,区政协召开二届五次主席会议,视察并协商讨论城市环境综合整治工作。参会人员视察鼓楼街、管家桥道路整治以及小桃园二期游园绿地建设工作,听取现场情况介绍。区环指办公室主任、区建设局局长徐淮舟汇报城市精细化建设管理十项行动进展情况。程茂吉等4名委员围绕城市环境综合整治工作提出意见建议。区政府相关领导参加会议,并就加强城市环境综合整治工作提出举措。

6月27日,区政协召开二届六次主席会议,视察并协商讨论区总部经济发展工作。会议视察博西家电、大金空调以及瀚华金融等企业,听取区发改局关于区总部经济发展情况汇报。曹宝明等3名委员围绕进一步提升区总部经济发展的空间提出意见建议。区政府相关领导参加会议,并就下一步促进区总部经济发展交流工作思路。

7月21日,区政协召开二届七次主席会议,视察莫愁新寓荷花里小区和凤凰西街118号小区整治工作,听取区住建局关于老旧小区整治情况汇报,并协商讨论区老旧小区整治工作;听取各专委会和政协街道工委半年工作情况汇报,研究部署下半年政协工作。区政府常务副区长参加会议,听取并回应委员意见建议,介绍全区老旧小区整治工作进展情况以及下一步工作打算。会议还专题听取教卫文体委专题议政调研情况汇报;听取各专委会和政协街道工作委上半年工作情况汇报,分析上半年工作中问题与不足,研究部署下半年主要工作。

8月18日,区政协召开二届八次主席会议,围绕委员马聪、何芳提案视察环南艺文化创意产业园建设工作;围绕委员周云宁2016年提案开展办理"回头看",视察江东街道中青园小区电梯加装项目建设情况;分别听取区政府办、区建设局和区文创办关于2017年重点提案办理工作情况以及相关提案办理情况汇报。

9月5日,区政协召开二届九次主席会议,视察南京科技广场(二期)、湖南路现代服务业总部城以及南京新城吾悦广场等重点项目建设工作,听取区发改局关于全区重大项目建设情况汇报;区政府相关领导参加会议,并介绍区推进重大项目建设工作以及下一步工作举措。会议还听取区政协社法委关于助推区社区建设水平提档升级调研情况的汇报。审议通过《区政协主席会议工作规则》《区政协常务委员会工作规则》,同时要求将《区政协常务委员会工作规则》提交区政协二届三次常委会议审议通过。

10月12日,区政协召开二届十次主席会议,视察东井二村、老虎山北侧等棚改项目地块的规划、征收工作,听取区建设局关于棚户区改造实施情况汇报。会议还分别听取区发改局、商务局关于全区现代服务业发展总体情况、全区商务商贸业转型升级发展情况的汇报,听取区政协经科委关于"加快鼓楼区现代服务业发展"的调研情况汇报。4名委员围绕上述议题建言献策,提出意见建议。区政府分管领导参加会议,并介绍区委区政府推动全区现代服务业发展的工作思路和下一步举措。

11月24日，区政协召开二届十一次主席会议，传达学习中共十九大主要精神，听取区发改局关于区政府2017年为民办实事项目落实情况的通报。区政府相关领导就加大全年项目推进力度，谋划2018年为民办实事项目安排等交流工作思路和举措。会议听取各专委会和政协街道工委年度工作总结和明年工作思路汇报，研究通过区政协二届二次全会议程（草案）和日程（草案）、2017年度优秀提案建议提名；研究通过《区政协专门委员会工作规则》《区政协提案工作条例》《区政协优秀提案评选表彰办法》《区政协提案审查工作细则》。会议要求将上述事项提交区政协二届四次常委会议审议通过。会议还研究通过区政协二届四次常委会议议程。

12月8日，区政协召开二届十二次主席会议，听取区政协办公室和提案委关于政协常委会工作报告和提案工作报告起草情况说明，与会人员讨论“两个报告”，提出修改建议。会议还听取委员工作委员会关于区政协委员年度履职考评情况汇报，审议通过《鼓楼区政协委员履职考评办法实施细则》，协商2017年度委员履职先进个人名单、在区政协二届二次会议上“两个报告”的报告人和有关干部调整、任免事项。

【学习宣传贯彻中共十九大精神专题报告会】 11月28日上午，区政协在下关大厦四楼报告厅举办学习宣传贯彻中共十九大精神专题报告会。区政协领导、政协机关全体干部、街道政协干部以及区政协委员共300多人参加。副主席周越古主持。南京大学十九大专家宣讲团成员、南京大学政府管理学院行政管理系主任、教授李永刚以“新思想新时代新征程”为题，从“承前启后、继往开来的大会”“拥抱新时代、创造新辉煌”“掌握新思想、开拓新实践”“开启新征程、续写新篇章”四个方面为委员们作学习报告。

【“鼓楼区义务教育优质均衡发展策略再研究”议政会】 8月29日，区政协举行“鼓楼区义务教育优质均衡发展策略再研究”专题议政会。区长刘军等区领导，区教育局、区建设局、区财政局、区人社局和滨江商务区发展规划处主要负责人受邀参会。3位委员分别代表课题组作重点和补充发言，从多个角度为推进鼓楼义务教育优质均衡发展献计献策。区政府分管领导和受邀参会部门单位负责人回应委员发言，并围绕议政主题说明全区教育发展推进工作。

【“优化供给，推动社区服务提档升级”议政会】 10月26日上午，区政协组织召开“优化供给，推动社区服务提档升级”专题议政会议。区长刘军等领导以及区委组织部、区政府办、区民政局、区财政局和区人社局负责人受邀参加。区政协委员代表课题组发言，从四个方面提出11点建议；2位委员作补充。针对委员发言，参会部门与委员互动交流。区政府分管领导结合委员所提问题和建议，就下一步加强社区建设、提升社区服务水平交流工作思路。

【中秋国庆联谊会】 9月27日下午，区政协在南艺剧场举办“委员心　鼓楼情·庆佳

节 迎盛会”中秋国庆联谊会。全体政协委员和政协机关自编自演，以歌舞剧、情景诗朗诵、音乐说唱、舞蹈串烧等10个节目，展示委员庆祝中华人民共和国成立68周年，迎接党的十九大召开精神风貌。区委、区人大、区政府、区检察院部分领导，区委办、区人大办、区政府办、各街道主要负责人，区工商联、区总工会、团区委、区妇联、区残联、区红十字会、区科协等人民团体负责人，各民主党派鼓楼基层组织负责人及政协委员等近400人参加联谊会。

·视察调研·

【政协领导视察调研】 5～7月，区政协领导集中开展视察调研活动。5月26日上午，区政协主席周文中等领导一行视察调研公安鼓楼分局工作。先后到仙霞路社区警务室、草场门警务工作服务站、大数据情报指挥中心等地视察调研，了解社区技防、社会面巡防、大数据指挥调度等公安警务工作，听取公安工作汇报。

6月6日上午，区政协主席周文中等一行走访调研区法院工作，参观接待大厅、审判庭、羁押室、执行指挥中心以及法官办公室等场所，了解法院各场所功能作用。周文中高度评价法院办公楼智能化、信息化、标准化和人性化的设计与建设，肯定该院法治文化建设。

7月5日上午，区政协主席周文中等领导一行走访调研区检察院工作，参观检察院南区案件管理中心以及办案、办公场所，了解办案用房和专业技术用房建设情况。

【河道整治专项监督】 6月28日下午，市区政协在鼓楼大厦401会议室召开鼓楼区河道整治专项民主监督动员大会。市区政协相关领导及部分政协委员出席。会议决定成立12个监督小组，对应鼓楼区12条整治河道，实施“一对一”监督整治进程和效果。

9月22日，市区政协河道整治专项民主监督活动总结会议在鼓楼大厦召开。会议总结6月下旬启动河道整治专项民主监督活动以来，市区两级政协共组织82名省市区政协委员对12条河道进行17次明察、12次暗访，组织召开近20场专家咨询座谈会、6次居民征求意见会，为河道整治“把脉开方”。发放1000余份倡议书、800余份调查问卷，累计收集委员意见建议131条，编印7期民主监督专题简报；归纳整理委员意见建议，以区政协专项民主监督报告形式报送区政府参考。

【市政协到区视察河道整治工作】 7月11日，市政协副主席、党组副书记陆平贵等，部分市政协委员到区视察，区政协主席周文中等区领导陪同，部分区政协委员参加。陆平贵一行先后察看外金川河、惠民河整治现场，了解整治方案和工程进度，听取区水务局和建设施工单位下关城开集团河道整治工作汇报。与会政协委员围绕河道治理提出意见建议，建言献策。区政府分管领导通报鼓楼区河道整治工作的总体情况和重点举措。

（刘　浩）

民主党派

【概况】 2017年,鼓楼区民主党派围绕区委区政府中心工作,贯彻落实中央和省市委关于统一战线重大决策部署,加强组织建设,强化爱国主义教育,开展结对共建和爱心助学活动,完成全年各项工作任务。至年末,全区有民革、民盟、民建、民进、农工党、九三学社、致公党、台盟8个民主党派,有基层委员会4个、总支8个、支部90个、党派成员2357人。各党派成员中有人大代表24人、副区长1人、区政协副主席1人、政协委员129人、副处以上实职干部24人。

【中国国民党革命委员会南京市鼓楼区总支委员会】 2017年,民革鼓楼总支组织综合三支部、综合四支部、综合五支部、鼓楼经贸二支部、鼓楼离退休一支部,前往南京抗日航空烈士纪念馆悼念缅怀抗日烈士。组织民革鼓楼区经贸一支部联合秦淮区文教支部、综合三支部,到南京盲校开展“送光明,献爱心”活动,为盲童送上复读机,提供学习、生活便利。6月2日,民革鼓楼区综合六支部召开成立后首次支部会议。新当选的支部主委王磊代表支部作表态发言,区委统战部祝贺支部成立。民革鼓楼总支与宁海路街道工委结对共助新疆伊宁市贫困学生,民革党员向贫困学生捐书包200只,价值1万多元;民革鼓楼综合四支部捐款2000元。9月13日,民革鼓楼区机关支部召开支部会议,宣布成立机关二支部,吴力能任支部主委。民革鼓楼总支举办“喜迎十九大诗词歌咏会”活动。民革鼓楼总支机关一支部、二支部17位党员代表组成捐资助学团,到安徽省宁国市宁国中学看望受捐助贫困学生,并与该校师生开展爱心助学座谈。

【中国民主同盟南京市鼓楼区总支委员会】 3月17日,民盟鼓楼区一总支换届,区委统战部主要领导、民盟南京市委驻会有关领导参加换届大会。会议选举产生民盟鼓楼一总支新一届领导班子,周彤当选总支主委,杜娟、武锁萍、殷绍泽、顾健、戴玉田当选副主委。是年,民盟鼓楼区基层委员会委员、律师汤杰在援藏中,发现日喀则特殊教育学校3个孩子患有严重脊柱疾病,盼望得到治疗。5月9日,民盟鼓楼区基层委员会向全市盟员发起“穿越四千公里,援助西藏患儿来宁治疗倡议活动”,全市2000多名盟员共捐助爱心善款45.55万元,其中民盟鼓楼二总支募集善款2.57万元。南京民盟有关领导赴藏接孩子到宁治疗,鼓楼医院组织全国著名脊柱医疗团队为3个孩子手术,并减免手术费用30余万元,

【中国民主建国会南京市鼓楼区总支委员会】 2017年,民建鼓楼区综合五支部与栖霞区综合二支部联合举行“不忘初心”民建大讲堂主题活动。参观物流基地的各大物资仓库,了解物流业运作流程,聆听鼓楼区政协常委徐立“地缘政治形成的火药桶:朝鲜半岛当前形势的演变过程”主题讲座,并讨论交流。

【中国农工民主党南京市鼓楼区基层委员会】 2017年,农工党南京脑科医院支部

和胸科医院支部联合组织农工党党员前往南京国际博览中心，参观“砥砺奋进的江苏”大型主题图片展。组织农工党南京脑科医院支部成员到秦淮区建设房产和交通局为职工开展“健康中国”义诊。

【九三学社南京市鼓楼区基层委员会】2017年，九三学社鼓楼区基层委员会组织鼓楼医院支社、脑科医院支社、儿童医院支社及鼓楼一支社成员，到挹江门街道和宝塔桥街道8个结对共建社区，为困难学生家庭送去助学金7000元。九三学社鼓楼区基层委员会南京脑科医院社员——神经外科主任杨纶先、精神科主任计庆明、心理咨询科医生陈建国3位医疗专家，在省委驻淮安扶贫办、南京延陵荟公益组织带领下，到淮安为当地百姓义诊。九三学社鼓楼区基层委员会南京脑科医院社员计庆明、杨纶先等医疗专家，随延陵荟大型公益组织及部分三甲医院医疗专家一起，赴泰兴珊瑚镇左庄村和珊瑚医院共同为村民义诊。九三学社鼓楼区基层委员会与区科技局进行对口联系交流座谈并参观“鼓楼科创空间”。

【中国致公党南京市鼓楼区总支委员会】2017年，致公党鼓楼区总支联合浦口区综合支部、南京市中医院支部走进浦口区桥林敬老院联合开展春节慰问活动。致公党鼓楼区综合一、二支部走访调研共建单位热河南路街道，研讨交流2017年共建活动。致公党鼓楼区总支与中央门街道召开结对共建工作联席会，双方就结对共建活动内容及形式进行商讨并形成共识。致公党鼓楼总支部纪念香港回归祖国20周年，全体党员前往静海寺，参观《南京条约》史料陈列馆。

【台湾民主自治同盟南京市鼓楼区支部委员会】2017年，台盟鼓楼支部与劝业路社区开展共建活动，邀请国家“千人计划”专家、斯坦福大学医学院研究员、博士凌建群，为社区居民作关于《芬母多肽'在生活中的应用》科普讲座。台盟鼓楼支部3名支委受对口联系区人社局党支部邀请，旁听劳动仲裁案件庭审。庭审结束后，台盟支部班子成员与人社局党支部负责人，交流开展对口联系以及民主监督活动工作情况。台盟鼓楼支部盟员走进中央门街道青石村社区，参加迎文明城市创建志愿者义务劳动，和社区工作人员共同清理长江新村40号大院多个楼栋“牛皮癣”。

（陈　宇）

民族宗教

【概况】2017年，鼓楼区有44个少数民族1.87万人，占全区人口总数1.60%。其中，回族1.71万人，其次为满、蒙古、壮、土家、苗族等，人数均在100人以上，佤、景颇、怒、裕固、门巴、仡佬等14个少数民族人数较少。辖区有清真马祥兴菜馆、韩复兴、绿柳居、桃源村等清真食品企业和个体网点90余家，主营拉面、烧烤、清真熟食及清真饮食餐厅等。全区有宗教团体1个，即鼓楼区基督教三自爱国运动委员会（简称基督教三自爱国会），成立于2014年6月9日。辖区经登记备案宗教活动场所13处，其中基督教活动场所10处，佛教寺庙3处；全区经任职登记备案的宗教教职人员26人，其中基督教教职人员9人，佛教教职人员17人。据不完全统计，辖区有信教群众2.31万人，其中基督教1.5万人，佛教2000余人，伊斯兰教5900余人，天主教200余人；另有民族信仰场所1处（阅江楼风景区天妃宫妈祖庙）。

鼓楼区民族宗教事务局（简称：区民宗局）围绕民族工作主题主线，开展团结进步创建活动。春节期间，走访辖区39户少数民族困难群众家庭，送去慰问金1.3万元。5月中旬，坚持规范程序、层层把关，审核辖区16所初级中学189名少数民族中考考生的民族成份，完成认定。12月底，发放回族等10个少数民族居民牛羊肉补贴245万多元、1.8万人享受到党和政府的民族优惠政策。为辖区少数民族群众和流动少数民族人员在子女入托、入学等方面搞好协调，协助辖区少数民族群众培训、就业、就医、重症申报等方面服务；按照规定办理公民变更民族成份，为辖区少数民族办实事、做好事、解难事。在凤凰街道白云园社区创建全省首家新疆籍务工经商人员服务管理社区工作站，并举办2期维护稳定法制宣传教育。指导29中初中部办好2017校园民族音乐文化节活动。坚持宗教走中国化、法治化道路，强化依法依规管理。全年召开宗教团体和宗教场所负责人工作会议4次，加强教育引导；指导5个场所开展星级档案及场所提档升级创建，完成13个宗教活动场所统一社会信用代码赋码和场所登记证换发工作，协助小市教堂完成第三届堂委会换届。开展宗教活动场所安全隐患和不稳定因素排查60余次，指导3个场所完成城市治理标准化建设示范单位创建，开展2场法律宣传和咨询服务进宗教场所活动。广泛凝聚统战工作力量，不断加强民族宗教界人士培养。安排9名民族宗教界人士参与市区两级人大、政协政治活动，选调5名民族宗教界人士参加省市党的十九大精神专题培训班，组织22名宗教界人士赴贵州遵义开展爱国主义教育，6个宗教活动场所开展侵华日军南京大屠杀死难者国家公祭日专场纪念活动。推进行政权力阳光运行，自觉接受依法行政监督。向区政协汇报民族宗教工作，接受区人大常委会对宗教事务法治化管理监督。举办民族宗教工作“公众开放日”，接受法律监督、民主监督。办理政协提案2件、办理回复“12345”工单4件，满意率100%。是年，区民宗局被市民宗局评为先进区民宗局、信息工作先进单位。

【国家民委到区调研】 11月26日上午，国家民委政策法规司副司长金春子率少数民族流动人口服务管理示范市检查评议学习工作组，到鼓楼区凤凰街道白云园社区调研。市民宗局、新疆驻省工作组及省市区民宗局和凤凰街道相关领导陪同。工作组了解白云园社区日常工作概况、辖区内少数民族人员尤其是少数民族流动人口构成、日常需求和城市民族团结进步创建工作开展情况，并就新疆籍务工经商人员服务管理白云园社区工作站的人员组成、制度建设、服务管理、矛盾化解等方面工作交流探讨。金春子肯定白云园社区在少数民族流动人口服务管理工作中的创新做法和成绩，并对学习贯彻十九大精神、加强和改进城市民族工作提出意见和建议。

【法律服务进宗教活动场所】 5月21日和26日，区委统战部、区民宗局、区司法局联合在基督教道胜堂、南京清凉寺分别开展“同心·律师服务团”进宗教活动场所法律服务宣传活动。活动主题：弘扬法治精神，普及法律知识，共建和谐社会。邀请北京大成（南京）律师事务所、江苏金大律师事务所（民宗局签约法律顾问单位）等法律服务机构20名党外律师，为宗教活动场所和信教群众解答近70个法律问题。区民宗局现场发放《民族宗教法规政策》《崇尚科学，反对邪教》等宣传册200余份，宣传相关法规政策。

【宗教活动场所赋码换证工作完成】 5月，鼓楼区贯彻落实《国务院关于批转发展改革委等部门〈法人和其他组织统一社会信用代码制度建设总体方案〉的通知》国发〔2015〕33号文和省市民宗局《关于做好统一社会信用代码和宗教活动场所登记证换发工作的通知》精神，制定工作计划，科学安排时间节点，落实专人负责，严格按照规范要求，严把报送质量关，有序推进宗教活动场所赋码换证工作。6月底，完成辖区13个合法登记宗教活动场所的赋码换证资料收集、汇总和上报准备工作，并建立健全宗教活动场所“一所一档”和宗教教职人员“一人一档”资料。10月底，辖区宗教活动场所登记证赋码和换发工作完成。

【新疆籍务工经商人员服务管理社区工作站成立】 8月24日，新疆籍务工经商人员服务管理白云园社区工作站举行揭牌仪式。区政府党组成员（挂职）阿不都沙拉木·艾合买提，新疆驻江苏省工作组领导为工作站揭牌。该平台为全省首个专门为新疆籍务工经商人员进行服务管理的社区共建平台，以社区和新疆驻省工作组为主体，共同为新疆籍务工经商群众提供困难帮扶等多元化服务，组织开展宣传教育、特色文化活动，协调处理矛盾纠纷，促进民族间交往交流交融。

【基督教江苏路堂档案工作创省四星级】 2017年，区民宗局在区档案局的配合下，加强对重点宗教场所档案工作规范化建设跟踪指导，推进宗教场所档案提档升级。12月7日，市档案局、市民宗局相关领导带领省四星级档案工作认定测评组，测评验收基督教江苏路堂省四星级档案室创建工作。测评组按照《江苏省机关团体企业事业单位档案工作规范》，采取听取汇报、现场问答、实地察看、抽查档案、逐项打分、集体评议等方式，综合评定基督教江苏路堂档案工作，以114.5分的高分通过测评验收，达标升级为省四星级档案单位。成为全市第一家基督教档案工作省四星级单位、区第一家档案工作规范化达省四星级宗教活动场所。

【宗教活动场所安全保障】 12月21日，区政府分管领导带队检查区重点宗教活动场所，并召开宗教活动场所重要节日活动安全保障工作任务部署会。检查组先后到清凉寺、天妃宫观音寺和基督教江苏路堂等场所，检查各场所消防设施、消防通道、用火用电情况等安全防范工作，询问各场所活动安排、人数规模、应急预案等,并对重要节日期间保障好宗教活动场所的安全稳定提出要求。12 月 24 日和 25 日晚,基督教圣诞节活动期间,区政府、区委统战部等区领导加强宗教活动场所现场安全督查,市区民宗、公安、消防、交警等部门和所在街道,加大安全力度,增派消防车、警车、巡逻车等,严密组织活动现场安全防范工作,维护现场秩序,完成重要节日期间宗教活动场所安全保障任务。

【宗教活动场所安全隐患排查整治】 2017 年,鼓楼区在重要节日、全国和省市“两会”期间,以及党的十九大召开前后,督促检查区域内宗教活动场所安全。利用宗教活动场所负责人会议、区基督教三自爱国会例会等强调场所安全工作;加强省市民宗局提出的落实好年度安全、稳定、综治、反恐、消防、反邪教等各项工作的部署和检查要求,掌握辖区宗教活动场所管理组成人员、教职人员和信教群众以及基督教家庭聚会点、家庭佛堂的基本情况,指导、检查宗教活动场所开展安全隐患和不稳定因素排查 60 余次,确保区民族宗教领域安全稳定。 (罗燕华)

群众团体

·总工会·

【概况】 2017 年,鼓楼区总工会推进基层工会规范化建设,维护职工安全生产和健康权益,重视工会民生工程,营造职工企业文化氛围。各基层工会按照区总工会要求,在强化组织建设、维护职工权益、引领建功立业、促进基层民主、保障共建共享、活跃职工文化等方面完成全年目标任务。区总工会有独立基层工会 1021 个、联合基层工会 208 个,涵盖单位 7728 家,会员 16.48 万人。扩大“安康杯”劳动竞赛覆盖面,涌现一批先进单位、班组及个人,全区有 9 家单位、班组及个人受到市总工会通报表彰。在“五一”双奖评选表彰中,2 人获省“五一”奖章,3 人获市“五一”奖章,1 家单位获市“五一”劳动奖状,4 个班组获市“工人先锋号”荣誉。是年,完成对全区享受劳模待遇人员摸底、审核、统计和上报工作,分 2 批次组织 60 余名劳模参加疗休养活动,为劳模发放慰问金、工资补差款及困难帮扶金 22.04 万元,涉及劳模 200 余人次。有 1 家单位获市模范职工小家标兵集体称号,3 家单位获市级模范职工之家称号,3 家单位获市级模范职工小家称号;2 人获市优秀工会工作者荣誉,1 人获南京市 2016 年度第二批“双创”扶持先进个人荣誉。区总工会获南京市工会经审工作规范化建设一等奖。

【区总工会一届六次全委会】 4 月11 日,区总工会召开一届六次全委会,区工会全体委员参加。会议审议通过有关选举事项,严格履行有关选举程序,增、替补区总工会第一届委员会委员 18 人,并选举区人大常委会副主任王红为区总工会主席。王红代表工会领导班子在会上表态发言。

【基层组织建设】 2017 年,区总工会突出抓好企业、经济园区工会建设,重点抓好商务楼宇和25人以上、投产1年以上非公企业建会工作，全区新增独立工会69个、联合基层工会5个，涵盖单位323家，新增工会会员4306人。区总工会深化街道总工会规范化建设，召开“街道工会规范化建设经验交流会”“社区工会换届选举现场会”等专题会议。为全区13个街道统一制作街道总工会标志牌，配备工会干部桌卡和社职工会工作者胸牌工作证，制定《2017年度鼓楼区社职工会工作者工作绩效量化考核方案》，每月召开街道工会工作人员例会，与财政部门协调，全面落实街道总工会工会经费“一支笔”审批制度和工会财务科目规范工作，加强审计结果的运用。推进模范职工之家建设，按照《关于评选表彰2017年度鼓楼区先进职工之家、先进职工小家、优秀工会工作者、模范街道工会的方案》，完成对申报单位、集体和个人的验收评估。全年新建2个创新工作室，申报4个工会工作创新项目。组织全区各级工会干部参加中华全总、省市总工会组织的培训班、会议11次，参训、参会137人次；组织各街道、系统、园区工会干部58人开展为期4天工会干部培训。

【信息采集补贴兑现】 2017年，区总工会强化互联网信息管理平台建设，抓好数据采集录入工作，落实信息采集补助奖励办法，向各系统、街道、直属工会账户拨付兑现采集工作补贴15万余元，共采集会员10.91万人信息，实名认证会员6.64万人。

【安全生产职责履行】 2017年，区总工会履行安委会成员职责，组织基层工会开展《致全区生产经营单位的一封信》活动，提高单位和职工安全生产意识；组织全区“安全生产月”各项活动的部署、督查和事故处理工作，全年参与调查处理事故12件，协助区安监局检查考核全区48家安全生产监管单位。

【工会维权】 2017年，区总工会与区人社局配合，开展工资集体协商春季“要约”行动，全年发放要约书2200余份。至11月底，全区签订女职工权益保护专项集体合同368份，涵盖单位3608家，女职工参与协商率100%。发挥工会法律援助作用，完成法援案件41件；参与6次广场法律咨询宣传活动，发放各类宣传书籍700余册。全年审核和发放新版社团法证60份。做好企业辞退备案工作，申请备案53件，涉及职工89人，并做好后续职工咨询回访工作，完成签订工资集体合同200份以上任务。

【困难职工就业帮扶】 2017年，区总工会开展职业培训促进就业，依托社会机构开展家政培训5期650人；组织电脑、电焊、家政等培训班8期317人。500余人次参加各类大型岗位招聘活动，失业人员与用工单位签订劳动就业意向书近200人次；为下岗职工、外来务工人员提供家政服务岗位、咨询等服务160人次；为13名创业者提供创业贷款215万余元。是年，区总工会实地调研具有品牌实力、有经营信誉、与职工关联度高行业企业，发展工会会员普惠服务签约合作伙伴14家。苏宁云商集团被推荐为“职工服务平台建设市级示范单位”。

8月16日，区总工会开展“送温暖”活动，高温季节筹资43万余元，为15家单位5000余名户外作业职工送去清凉用品，为全区30位困难职工子女发放助学金5.1万元，为200名困难民工保洁员和环卫工送去清凉洗化用品“爱心包”100余份。组织15名民工保洁员子女参加“博爱南京，幸福童年”夏令营活动。对3名突发重病困难职工爱心捐助2.8万元，为困难职工、环卫工人、农民工667人购买医疗互助保险，全年参加互助互济保障参保1.6万人次75万元，赔付175人次45万元。筹集资金20余万元，为1198名一线环卫职工和困难职工办理康惠意外伤害等互助保障计划。全年发放帮扶资金近55万元，其中中央、省市下拨帮扶资金35万元，区财政配套资金5.3万元，区总工会经费投入10.78万元，社会各界筹集4万元，共帮扶340人次。

【职工文化建设】 5月，区总工会开展庆“五一”职工文化系列活动，举办区第四届职工摄影展，一批优秀作品获奖并进行集中展示。与区级机关工委、区体育局联合举办6项竞技体育赛事，组织鼓楼区第一届运动会职工部5项比赛；参与市总工会成立90周年庆典活动，上报专题征文、摄影作品42篇获奖，区总工会获优秀组织奖。在全区女职工中开展以“博雅女性魅力江苏”为主题“荐书、读书、品书、讲书”系列读书活动，收到女职工读书征文230余篇；向市总工会申报一批职工书屋、优秀阅读组织、心理健康服务站、读书成才标兵和优秀职工志愿者服务组织等示范典型。新增市级“职工书屋”示范点4家、市职工优秀阅读组织3家，3人被选树为2017年度南京市“职工读书成才标兵”。

（刘梓潇）

·共青团鼓楼区委员会·

【概况】 2017年，共青团南京市鼓楼区委员会（简称团区委）有直属团组织45个，区属团员1.59万人。团区委学习领会总书记习近平重要讲话精神，各级团组织参与首善之区实践，融入幸福鼓楼建设。召开深化落实大走访暨“两学一做”教育实践工作推进会，制定大走访活动实施方案，开展团干部“走千企入万户，助发展促富民”走访活动；部署“学习总书记讲话，做合格共青团员”等工作，组织开展“青年文明号”“青年岗位能手”“我们身边的好青年”“共青团员先锋岗（队）”等选树典型活动，挖掘一批在全区各行各业兢兢业业做好本职工作、践行社会主义核心价值观、带头传播正能量的优秀集体、岗位能手及普通好青年。开展“和平小使者”宣讲、“百名美德少年”评比、“喜迎十九大——我向习爷爷说句心里话”等主题队日活动，策划“五四”青年节特别团日活动，组织团员青年重温入团誓词；举办团干部、大队辅导员学习十九大精神培训班，指导第二十九中学成立南京首个“习近平新时代中国特色社会主义思想”中学团员学习社。升级公益共享成长类综合服务平台“青春·志部落”，打造一键式青少年之家，接受团中央领导实地调研，完成各项目标任务。是年，团区委推选申报市级“青年文明号”4家、市级“青年岗位能手”5人、省级“青年双创英才”3人，选树爱岗敬业、创新创业、崇义友善、孝老爱亲等好青年近20人，推荐骨干社会组织负责人周飞祥入选2017年度江苏好青年百人榜。团区委被评为南京市共青团工作先进单位、江苏省预防青少年违法犯罪工作先进集体。少工委活动被评为江苏省少先队工作优秀创新项目。

【团中央领导调研区青少年之家“青春·志部落”】 8月5日，团中央书记处书记徐晓调研区青年公益共享成长平台“青春·志部落”，听取该平台运行模式、入驻项目、资源整合和未来发展规划等方面汇报，肯定“青春·志部落”项目服务地区青少年发展，并指出要进一步整合社区居民资源，充实志愿服务力量，强化平台阵地建设。区委分管领导陪同调研。

【“五四”团日青年素质拓展健康行】 5月4日，团区委和区级机关工委、热河南路街道在小桃园景区联合主办2017年“五四”特别团日活动——鼓楼青年素质拓展健康行，全区各部门和街道专、兼职团干部及基层团员青年约130人参加活动。会场上，青年们唱起中国共产主义青年团团歌，面对团旗重温入团誓词，并开展素质拓展健康行活动。

【中学团员学习社成立】 11月6日，南京市第二十九中学举行“习近平新时代中国特色社会主义思想”团员学习社成立仪式，并召开学习社首次学习十九大精神座谈会。团省委中少部副部长徐美华及团市委、团区委等相关领导参加活动。

【公益系列讲座第一期活动】 9月8日，团区委联合江苏未来鸿海教育科技股份有限公司在青岛路社区“青春·志部落”举办“读国学经典，做儒雅少年”公益系列讲座第一期活动。省扶贫基金会会长丁解民、团区委领导及未来鸿海教育科技股份有限公司董事长彭启明为区内10名贫困优秀学子送上5万元助学金，鼓励其发奋学习，用优异成绩回报社会关爱，报答父母养育之恩。省特级教师、市人大常委会副秘书长吴晓茅作为第一期活动主讲嘉宾，为大家奉上国学讲座《中国传统文化趣味入门》，50余名青少年聆听讲座，接受教育。

【少先队主题活动】 6月9日，团区委、区委宣传部、区文明办、区少工委共同举办2017年鼓楼区美德少年、优秀少先队员颁奖典礼暨“红领巾与你‘童’行”少先队主题活动，全区少先队员代表参加，团市委、区关工委、区委宣传部、区人大、区政协，区妇联、区教育局等相关部门领导出席会

6月9日，鼓楼区开展“红领巾与你‘童’行”少先队主题活动

议，并为“百名美德少年”代表及“优秀少先队员”代表颁发荣誉证书。

【创业导师进校园】 11月2日，团区委联合南京审计大学团委、南审校科学技术学会，特邀米来信息技术有限公司创始人、国家级U-众创空间创始合伙人、移动互联网资深专家李祥到南京审计大学，帮大学生找寻适合创业创新项目，分享新经济趋势，南京审计大学各专业在校生210人参加活动。讲座中，李祥以“发现独特的你”为主题，介绍创业中的点点滴滴体会，并与大学生现场互动。

【团员青年新媒体互动功能显现】 2017年，团区委组建“青年之声”专家队伍，运用官方微信、微博等新媒体平台进行线上和线下联合互动，依托团属微博、网站功能，实现团员青年联络、吸引和凝聚目标。全年网页浏览量70万人次，累计提问3299条、回答3381条。至年末，动员发展网络文明志愿者3000余人，有效覆盖全区青年，营造清朗网络空间。

【困难青少年关爱活动】 2月，团区委集中开展“心手相牵温暖冬天”向困难青少年群体送温暖活动，根据帮扶对象实际需求，研究制定帮扶关爱计划，长期提供学业辅导、心理辅导、亲情陪伴等方面援助。为13个街道155名困难青少年家庭发放慰问金5万余元。 （张 媛）

·妇女联合会·

【概况】 2017年，鼓楼区妇女联合会（简称区妇联）有街道妇联13个、系统妇女工作委员会12个，街道妇联主席13人、专职副主席13人、兼职副主席48人、执委419人，社区妇联主席120人、专兼职副主席442人、执委1752人，新经济、新社会组织5个（石榴财智园、银杏树、红山创业园、缘之园、金陵饭店）。全年，区妇联完成改革方案（送审稿）。承接街道妇联组织区域化建设改革创新试点任务，在湖南路街道召开街道妇联组织区域化建设工作现场推进会。召开一届七次执委会议，选举区妇联主席。各街道妇联在年内陆续召开妇女代表大会进行换届。开展妇联工作项目化暨妇女儿童公益服务项目微创投活动，承接省妇儿工委2017年度妇女儿童公益社工服务项目——“低收入单亲母亲及其子女社会支持项目”与“点燃幸福的火种——流动困境儿童的关爱项目”。白云亭社区实施中国婚姻家庭研究会“幸福婚姻家庭在社区”项目。在区政务服务中心婚姻登记处以及中央门街道三牌楼社区和热河南路街道白云亭社区婚姻家庭辅导室，实施“缘之园”婚姻家庭辅导项目。联合区委宣传部在“鼓楼微讯”、新浪微博及腾讯微信平台开展寻找“最美家庭”活动，举办千户“最美家庭”表彰暨故事分享会，编印鼓楼区最美家庭故事集锦——《大美鼓楼·幸福同行》。年内，接待青岛市、雅安市妇联到区考察。是年，区妇联被评为江苏省妇女儿童工作先进集体，区人大办、区委组织部、区政府办、区检察院、区统计局、区人社局被评为妇女儿童工作先进集体。江东街道睿城社区、幕府山街道云谷山庄社区、区妇幼保健所，区人力资源服务中心、市第三幼儿园、区法院未成年人及家事案件审判庭、湖南路街道办事处被评为南京市“三八”红旗集体，7人被评为南京市“三八”红旗个人。

【妇女儿童工作会议】 7月21日，鼓楼区召开2017年全区妇女儿童工作会议，贯彻学习全国及省市妇女儿童工作会议精神，总结交流全区“十二五”时期妇女儿童工作，部署“十三五”妇女儿童工作主要任务和2017～2018年鼓楼区实施南京市妇女儿童10件实事。区妇儿工委成员及联络员近百人参加。区政府有关领导出席会议并讲话。会议宣读区政府《关于调整鼓楼区政府妇女儿童工作委员会成员的通知》，区妇联主席通报区妇联组织获省市政府妇儿工委表彰情况，宣读区妇儿工委《关于表彰鼓楼区妇女儿童工作先进集体和先进个人的决定》，并为先进集体和先进个人代表颁奖，成员单位代表向区政府递交实施“十三五”妇女儿童发展规划目标责任书和2017～2018年鼓楼区实施南京市妇女儿童10件实事责任书，先进集体代表区人社局、区统计局、区妇保所、幕府山街道作大会交流发言。

【区域化建设工作现场推进会】 8月，区妇联在湖南路街道召开全区街道妇联组织区域化建设工作现场推进会。区妇联、湖南路街道主要领导，区妇联党组成员、区妇联挂职副主席，13个街道妇联主席、副主席和妇女代表130余人参加会议。传达全国、省市街(镇)妇联组织区域化建设工作会议精神，参会人员观摩湖南路街道妇女第六次代表大会，听取街道妇联五届执委会所作《以强基层、壮队伍、增活力为目标，奋力开创湖南路地区妇女工作新局面》工作报告，见证湖南路街道妇联第六届执委会35名执委产生，参观湖南路街道妇女儿童活动中心。8月15日，区妇联受市妇联委托，在湖南路街道承办全市街道妇联组织区域化建设工作现场推进会，并在会上交流发言。

【妇联基层组织建设】 4月14日，区妇联召开一届五次执委(扩大)会，总结回顾2016年全区妇女工作，研究部署2017年工作任务，增、替补区妇联一届执委和常委。11月24日，区妇联召开一届七次执委会议，增、替补区妇联一届执委，替补阚晶晶等人为区妇联一届执委，增补阚晶晶为区妇联一届常委，选举其为区妇联主席。是年，区妇联根据社区妇联设主席1人、专兼职副主席3～5人、执委不少于15人的要求，完成社区妇联换届，并开展“回头看”工作，按照“五个百分百”(“村委”班子中100%有女性，村妇联主席100%进村“两委”，村妇联主席报酬100%解决，村妇联组织100%有工作经费，“妇女之家”100%全覆盖)目标，对社区妇联组织换届情况查漏补缺。

【“缘之园”婚姻家庭辅导】 2017年，区妇联实施“缘之园”婚姻家庭辅导项目，服务群众1409人，其中新婚辅导345人，离婚前咨询305对，离婚个案227对，其中156对调解成功，调解成功率68.7%。全年接待妇女群众上访87件，调解处理率99%以上。

【巾帼关爱行动】 2017年，区妇联走访慰问13个街道265户贫困单亲母亲和困难家庭。“六一”儿童节前夕开展“春蕾计划”助学活动,资助119名“春蕾女童”,发放助学款3.57万元。开学前夕开展“春蕾圆梦”行动,发放圆梦助学金3.8万元,19名品学兼优困难家庭高中及大学女学生新生受益,其中为孤儿沈景怡争取到省慈善总会、省儿基会“关爱贫困孤儿”项目慈善助孤款1000元。年内,开展重阳送温暖活动,慰问看望幕府山街道养老院老人,送上手工编织高级班学员编织的55件帽子、披肩及价值3000元慰问品。

【巾帼创业就业】 3月3日,区妇联与区人社局联合举办“三八架金桥·春风送岗位”女性专场招聘会,40余家进场单位提供营业员等1100个岗位,达成录用意向89人,其中单亲母亲33人、军嫂3人。现场向妇女同胞发放印有求职指南、维权注意事项、公共职业介绍机构名称、联系方式及办事流程的春风就业宣传册和就业创业促进政策宣传单页、妇女维权手册等宣传资料。是年,依托街道社区“妇女儿童之家”举办家政、插花、电脑等技能培训班41期,1287名妇女参加培训,70余人取得相关证书;走访调查594名妇女,推荐贷款53人,为22人办理小额担保贷款381万元,带动女性就业39人。宁海路街道劳动和社会保障所、区建设房产和交通局房屋租赁管理科云南路服务大厅、宝塔桥街道依山郡社区、金盛集团财务管理中心4家单位被评为江苏省巾帼文明岗,石榴财智中心文化产业基地被授予江苏省巾帼创业创新孵化基地,南京润狮文化传媒有限公司被授予江苏省巾帼电商服务示范基地,“友家公寓”项目获2017年“创响江苏”巾帼创业创新大赛创意类南京赛区一等奖、江苏赛区二等奖。贝才禾兑网络科技南京有限公司被授予南京市巾帼电商服务站示范基地。

【“最美家庭”系列活动】 2017年,区妇联、区委宣传部在“鼓楼微讯”通过新浪微博及腾讯微信平台同步开展寻找“最美家庭”活动。通过组织推荐、网络投票,遴选产生10户孝老爱亲、教子有方、热心公益和善邻友好的区十佳最美家庭标兵户、100户最美家庭标兵户和1000户最美家庭。选编连续3年来被表彰的50个最美家庭家训及故事,编印鼓楼区最美家庭故事集锦——《大美鼓楼·幸福同行》,在区妇联政务微博、区妇联微信公众号、区妇联网站广泛宣传。

3月7日,区妇联与区委宣传部、区文明办、区级机关工委联合举办鼓楼区千户“最美家庭”表彰会暨故事分享会,纪念“三八”国际劳动妇女节107周年。市区妇联、区人大、区政协、区委宣传部、区文明办、区级机关工委等领导,机关各部门、各街道分管领导,妇女工作者、“最美家庭”代表、社区居民代表以及妇联老领导500余人出席。会议表彰10户家庭为2016年度鼓楼区十佳最美家庭标兵户、100户家庭为鼓楼区最美家庭标兵户、1000户家庭为鼓楼区最美家庭。全国“五好文明家庭”“最美家庭”获得者马连平、江苏“最美家庭”获得者刘镇吾、全国“书香家庭”获得者徐亚莲为“最美家庭”颁奖。会议组织观看马连平、刘镇吾等6户“最美家庭”微故事视频,南京电视台主持人周涛现场访谈林则徐第六代嫡长孙林鸿汉、全国书香家庭徐亚莲、编外“小巷总理”方桂芳等3户家庭。

【妇女儿童微公益服务项目创投】 2017年，区妇联在全区开展妇联工作项目化暨妇女儿童微公益服务项目创投活动。13个街道妇联和女性社会组织申报24个项目通过初评和筛选，鼓楼区惠仁社工服务中心组织专家督导团对项目方案内容、可行性、预期效果、经费预算等情况评审，确定家庭文明建设、妇女儿童实事、亲子教育及志愿者服务四大类14个项目立项，投入资金45.7万元。至年末，区妇联微公益创投项目完成75%。

11月20日，区妇联在睿城社区举办妇女儿童公益服务项目创投第三期培训

（包桂林　陈俊英）

·工商业联合会·

【区工商联二届一次主席会议】 5月4日，鼓楼区工商业联合会（总商会）（简称区工商联）在南京财经大学科技园召开二届一次主席（会长）会议。区委统战部、区工商联主要领导及工商联副主席、副会长、商会会长等50多人出席。会议部署2017年区工商联（总商会）重点工作，讨论确定区工商联（总商会）副主席（副会长）轮值制度和执委分组工作，通过执委履行职责规定、会费管理办法等文件。

【第二次工商联会员代表大会】 1月14日，区工商联在区政府报告厅召开第二次会员代表大会。市人大常委会副主任、区委书记张一新、市工商联、区人大、区政协、区委统战部、区委组织部等有关部门领导，民主党派、人民团体代表和全体会员代表出席会议。会议听取区总商会副会长王卫作工商联一届执委会工作报告，选举产生区工商联（总商会）第二届领导班子。区人大常委会副主任李艳当选主席（会长），大会选举产生副主席19人、副会长21人、秘书长1人、执委123人。

【老字号企业生产状况调研】 4月20日，区工商联会同区政协委工委组调研辖区老字号企业生存状况，邀请市区老字号商会会长及南京四明眼镜有限公司、南京三六九饮食有限公司、区糖烟酒有限公司、区饮食公司等辖区老字号企业负责人，共同商讨老字号企业现状及发展。区工商联有关领导、南京大学历史学院教授参加调研。

【工商联沙龙活动】 5月11日，区工商联、区青年企业家联合会在南京紫米网络科技有限公司共同举办第二期顾问团主题沙龙活动，介绍IPO条件与流程和商业秘密识别、确权与设防等知识。9月

25日，区工商联（总商会）主办、长江科技园商会承办2017首届会长沙龙在南京乐和酒店举行，市区工商联领导及各商会会长等30余人参加。南京知识律师事务所主任汪旭东主讲企业法律，举办主题“以商会友，共建鼓楼”会长沙龙。11月3日，区工商联（总商会）主办、融创商会承办2017第二期会长沙龙活动在融创商会会议厅举行，主题是“金融政策与投资展望”。区人大、区工商联、省律师协会、区金融办、区司法局等领导以及各商会会长30多人参会。11月24日，区工商联与青企会联合在南京财大科技园路演厅举办第五期顾问沙龙，主题为“用工风险控制与员工关系管理”，各企业参会人员约50人。邀请南京宁众人力资源咨询服务有限公司法务总监赵如胜讲课，从七个方面介绍宁众人力公司管理经验体会。

【8家商会成立】 2017年，鼓楼区成立美食商会、中介企业商会、金陵天使创投商会、融创商会、长江科技园商会、投融资商会、金银街特色街区商会、邳州商会8家商会，发展会员1000余人。至年末，区工商联有会员4760人。

9月7日，鼓楼区投融资商会成立

【第二届“百城万企共环保”大型公益活动】 6月5日，鼓楼区第二届“百城万企共环保”大型公益活动在下关大桥公园举办，活动由区浙江小微企业商会发起，区工商联主办，南京公共自行车、中国新闻传媒集团等单位协办，100多家环保、新能源企业约300人参加活动。

【赴雨花台区赛虹桥街道商会学习】 11月20日，区工商联组队赴雨花台区赛虹桥街道商会参观学习，全区各商会秘书长30多人参加。学习中，参观赛虹桥商会办公环境和1家会员企业，阅览商会近年参加评比验收材料，听取赛虹桥商会关于商会文化、经营理念、组织架构、发展经历介绍以及办会感悟。两区交流工商联工作。

【融资扶持政策宣讲会】 11月24日，区金融办主办、区工商联协办融资扶持政策宣讲会在成套大厦会议室召开，区工商联约40家企业代表到会。会上宣读《关于在金融领域扶持中小微企业加快发展的若干意见》，介绍小微企业应急互助基金实施办法，介绍企业上市挂牌和创业相关扶持政策。全区基金使用累计周转金9230万元，成功帮助区内企业还贷19次，与11家银行合作，帮助小微企业防范和化解资金链断裂风险，促进其健康发展。

【“四好”商会验收】 12月15日，市工商联到区验收区工商联申报的16家基层“四好”商会（五星级商会），验收全部合格，其中区青企会等7家商会获2017年市工商联“四好示范商会”（优秀五星级商会）称号。 （牛 勇）

·归国华侨联合会·

【中澳企业交流洽谈会】 6月5日，“澳大利亚珀斯科技商贸考察团南京行”活动启动暨鼓楼区专场对接会举办。澳大利亚珀斯科技商贸考察团一行22人，与驻区企业代表举行对接交流会，就增进彼此了解、寻求合作契机、推动合作项目落实等交流探讨。省侨办副主任孙彬、市侨办、市投资促进中心领导，区政府、区委统战部相关领导出席。孙彬致欢迎辞，市投资促进中心主任成鸣镝推介南京投资创业环境，西澳大利亚州政府中国首席代表陈惠娥推介西澳情况，区政府分管领导介绍鼓楼区经济社会发展情况，澳洲星集团、江苏宏坤供应链管理有限公司等多家企业签订合作协议。

【留学归国人员情况调研摸底】 7～8月，区侨联开展留学归国人员情况调研摸底，了解留学归国人群留学情况及回国原因、现有工作及就业、创业所面临的需求等基本情况，针对留学归国人员高流动性，建立动态管理机制。 （童 萍）

·台湾同胞联谊会·

【台湾新北市到区参访】 4月18～22日，区台办邀请台湾新北市板桥区无极宫参访团到区进行为期5天的参访。其间，参访团出席“妈祖诞辰1057周年春季大典”及妈祖巡游活动，参加“倡导妈祖文化 弘扬妈祖精神”交流会和鼓楼区招商推介会，参观阅江楼景区、静海寺、天妃宫、石头城、南京大屠杀纪念馆等场所。

6月8日，新北市五股区议员宋明宗及里长一行25人到区参观考察。参观阅江楼和天妃宫，观摩江东街道睿城社区，听取社区公共服务中心、生活服务中心、卫生服务中心、社会组织发展中心、文化活动中心、养老服务中心和康复托养中心开展活动情况。代表团对睿城社区服务中心由“南京惠仁社工服务中心”进行聚集、管理和服务，实行项目化、社会化和专业化运作管理模式和硬件建设赞不绝口，希望两岸基层加强沟通交流，互相学习先进管理理念和服务模式。

6月26日，新北市里长联谊会总会长郑富浓率领新店区、永和区里长一行25人到区参观考察。首先考察江东街道宝船社区“一站多居”试点工作，参观服务中心全科社工一站式受理大厅、警务室、宝船社区廉洁文化体验馆、消防体验馆、老年助餐点、书画室、海绵宝宝亲子活动室、图书及电子阅览室、乒乓球室、居民议事园、多功能会议室等居民服务活动场所。随后参观阅江楼和天妃宫。

【港台侨界代表人士参观南京静海寺纪念馆】 6月22日，区委统战部邀请南京华夏实业有限公司董事长黄钟平、香港平安集团董事长黄金城、金轮天地控股有限公司总裁王锦辉等驻区港台侨界代表人士

参观南京静海寺纪念馆。区委统战部主要领导陪同参观。（曹秀玲）

·科学技术协会·

【概况】 2017年，鼓楼区围绕“创新驱动发展，科普惠及民生”总体要求，开展科普宣传活动200场，受益20万余人次。有16项科普日、科普周主题活动被列入《江苏省科协科普周和全国科普日重点活动指南》。全年开展特色科普活动80多场，组织2000多名居民和中小学学生参加江苏省全民科学素质网络竞赛，组织130名学生代表参观体验南京汤山直立猿人博物馆、紫清湖扬子鳄展览馆等省级科普教育基地。鼓楼区科学技术协会（简称区科协）举办健康科普专家社区行活动，接受义诊和咨询市民2000人次；邀请中国科学院、中国工程院院士走进学校和军营作科普报告，全年组织“科普学堂”专家报告会45场次。全区13个街道120个社区实现“社区科普大学”全覆盖，年内全区各“科普大学”中42项课程被市科协立项认可，70多项成为区级科普课程。举办区中小学生航海模型竞赛、南京市金钥匙科普知识竞赛个人决赛鼓楼区分赛和科技创新大赛，全区90%中小学学生参与科技活动；开办困难家庭学生暑期科普夏令营15期920人参与；开展中小学生科技闯关、数字宇宙剧场、3D打印及AR（移动应用增强现实）科普阅读体验活动。报送科普信息700多篇，其中被省科协网站动态录用2篇、市科协网站动态和期刊录用13篇。年内，鼓楼区有13件作品获第28届江苏省青少年科技创新大赛奖，获奖率81%，居全市首位。琅琊路小学获第17届省青少年机器人竞赛冠军。“百城千校万村行动”被省科协选为试点区，“科普中国社区e站”建设被市科协选为试点区。中央门街道紫竹林社区获批江苏省科普益民计划项目资助，鼓楼实验中学被推荐申报江苏省科普教育基地，江苏南中医丰盛健康城有限公司被命名为南京市科普教育示范基地。南京财经大学附属小学房子钰获第三届南京市小学生防震减灾手抄报评比活动二等奖。

【“科普学堂”专家报告会“四进”活动】 4月15日，鼓楼区启动“科普学堂”专家报告会“四进”（进街道、机关、学校、军营）活动，历时8个月，举办专家报告会45场次，其中走进机关4场、学校13场、军营2场、街道26场，每场报告会100多人参加，并统一悬挂“南京市鼓楼区‘科普学堂’专家报告会”横幅。活动先后邀请天文学家、中国科学院院士方成走进求真中学作《探索天空的奥秘》主题报告；邀请区科普讲师团名誉团长、中国工程院院士贲德走进军营，为驻区部队官兵作《雷达》主题报告。

【第29届科普宣传周开幕式】 5月18日，区政府、市委宣传部、市科委、市科协主办，区科技局、区科协、南京财经大学、南京市众创空间联盟联合承办的市科技活动周暨第29届科普宣传周在南京财经大学开幕。省市区科技部门暨区政府相关领导，南京财经大学有关领导，各区（园区）众创空间联盟成员单位负责人、财智128科技服务联盟成员单位负责人、南京市企业家联合会代表、科普教育示范基地代表等近200人参加开幕式。省市区领导为2016年度科普教育示范基地单位和南京市众创空间联盟理事单位授牌，并共同启动2017年南京市科技活动周暨第29届科普宣传周活动。开幕式结束后，省市区领导和与会代表参观机器人、无人机、3D打印、VR、智能健康穿戴设备等80多项创新成果展。科普周期间，全区组织科普活动60多场。

【困难家庭学生暑期科普夏令营】 7月1日～8月30日，鼓楼区举办困难家庭学生暑期科普夏令营，累计15期、近850名困难家庭学生和70名社工参加。活动分现代农业种植体验和航模拼装2个项目，其中第一个项目体验巴布洛生态谷农业信息化、数字化、可视化、远程操控、精准农业作业等现代种植技术，了解运用信息化技术查看农作物生长状况并实现远程管理与控制等现代化农业作业模式，举办5期、350名学生和70名社工参加；第二个项目学生动手拼装航空模型，体验放飞乐趣，举办10期、近500名青少年参加。

【“百城千校万村行动”暨科普中国社区e站建设培训】 9月7日，鼓楼区“百城千校万村行动”暨科普中国社区e站建设培训在下关大厦举办，各街道科协秘书长、各社区科普员135人参加培训。邀请省科协科技干部进修学院培训部主任王瑛杰作《2017年江苏省科普志愿者联合行动实施方案》解读；市科协科普部刘炜作《科普中国社区e站建设和使用暂行办法》解读，并为“百城千校万村行动”社区科普员参加科普中国服务平台注册、认证现场教学。

【全国科普日活动】 9月16日，鼓楼区全民科学素质领导小组、省老科技工作者协会(简称省老科协)主办，区科技局、科协、区卫计局、挹江门街道、建宁路街道、江苏科技金信学院承办的全国科普日活动，在铁路北街广场举行。区老科协艺术团、区红十字会“白金十分钟”健身舞蹈队、社区夕阳红舞蹈队和太极表演队为社区居民表演科普文艺节目，现场进行科普知识有奖竞答，24位驻区三甲医院专家为居民义诊、咨询，受众1000人次。区科协发放自编《科学饮食》期刊和知识图解折页2000份，发放防震手册1000余册、防震知识宣传单5000余份；区金融办等发放《预防电子诈骗》《反对邪教科学生活》宣传资料1000份。省老科协、区科协相关领导及区全民科学素质工作领导小组33家成员单位分管领导、社区居民代表和科普志愿者等500多人参加开幕式及广场活动。

【区科协一届三次常委会】 12月14日，鼓楼区科协一届三次常委会在下关大厦召开，区政府、区委组织部有关领导以及区科协31位常委出席。区委组织部作常委会主席提名人选情况说明，选举凌志为区科协主席。会议审议通过《南京市鼓楼区科协系统深化改革实施方案（审议稿）》，讨论并审议通过区科协年度工作报告及2018年重点工作任务。与会常委畅谈区科协发展和变化，并对区科协工作提出意见和建议。南京大学副校长潘毅从汇聚鼓楼优秀科教资源、加强不同行业科技人员互动、树科协品牌三个方面发表观点，南医大二附院院长季国忠发表科普活动如何“接地气、高大尚”感言，区科技局副局长杜敏就“建科技工作者之家，将人才优势变为发展优势”阐述基层科协作用。（崇宗平）

·残疾人联合会·

【概况】 2017年，鼓楼区在全市率先延长对孤残、重残（视力、肢体、智力、精神）及阳光家园残疾人补贴年限，提高补贴标准，为885名符合灵活就业条件残疾人发放社会保险补贴416.1万元，为604名残疾人发放居民保险补贴82.5万元，实现残疾人保险补贴全覆盖。为1215名贫困残疾人发放补贴131.1万元，为1746名70岁以上老年残疾人发放祝寿金22.7万元，为667名残疾人车主发放燃油补贴17.18万元。元旦、春节慰问各类特殊困难残疾人2234人次，发放慰问金125.36万元。全年更新残疾人机动轮椅车16台，发放补贴3.2万元。为585户困难残疾人家庭实施“小康家电计划”，为150名行动不便残疾人实施“助行工程”。至年末，为重度残疾人协调专家上门或特约做残疾认定6人次。建成“残疾人之家”5家，全区有持证残疾人1.33万人。鼓楼区残疾人联合会（简称区残联）举办新任理事长、残疾人各专门协会主席培训班4期约300人次。调整提高残疾人专职委员工资待遇，街道专委享受社工待遇，社区专委给予生活补贴，全区为残疾人专职委员发放工资补贴逾220万元。为100名社区残疾人专职委员、16名残疾人专门协会主席和1.24万名残疾人购买免费乘车意外伤害保险和意外险，为1000名残疾人发放免费乘车卡。投入34.5万元为1.2万名残疾人基本服务状况进行数据动态更新。残疾人各专门协会开展活动近200场次，逾1.3万人次残疾人参加。建立完善残疾人网络服务平台，网上培训志愿者负责人180人次，注册志愿者4200人次，实现残疾人服务需求与志愿者服务对接。1名残疾人被市残联评为“优秀盲人读者”。

【“两项补贴”审核】 2017年，鼓楼区做好困难残疾人生活补贴和重度残疾人护理补贴发放审核工作。将低保内各类残疾人、无业无固定收入三级、四级精神和智力残疾人等8类人员纳入救助范围，实行动态管理、精准救助。全年为3251名困难残疾人发放生活补贴1922.93万元，为4269人发放护理补贴732.92万元。审核582名低保家庭重度残疾人，按照每人每月低保标准50%发放生活补贴；审核395名低保家庭非重度残疾人，按照每人每月低保标准25%发放生活补贴；审核1149名低保家庭外无固定收入精神、智力、肢体、视力重度残疾人，按照每人每月低保标准发放生活补贴；审核167名家庭人均收入在低保标准2倍以内的一户多残、依老养残特殊困难残疾人，按照每人每月低保标准60%发放生活补贴；审核502名无业无固定收入三级、四级精神、智力残疾人，按照每人每月低保标准40%发放生活补贴；审核456名低保家庭内三级、四级精神及智力残疾人，按照每人每月低保标准40%发放生活补贴。审核4269名残疾等级评定为一级或二级，需要长期特殊护理消费和照护服务支出、且时间持续6个月以上重度残疾人，每人每月发放130元护理补贴；审核175名低保或低保边缘家庭中残疾等级评定为一级或二级，需要长期特殊护理消费和照护服务支出、且时间持续6个月以上居家重度残疾人，除按每人每月发放130元护理补贴外，再由社会服务组织提供每人每月400元标准护理服务。

【残疾人康复服务】 2017年，鼓楼区免费为23名白内障患者实施复明手术，为132名贫困低视力残疾人配发助视器，为肢体残疾人安装义肢16例、矫形器9例。为431户残疾人进行辅具适配和家庭简易无障碍改造。为新增10名精神残疾人提供免费服药申请。为272名0～14岁残疾儿童实施基本康复项目免费服务。区残联与区卫计局联合印发《南京市鼓楼区残疾人精准康复暨家庭医生签约服务实施细则（2016～2020年）》（鼓残发〔2017〕17号）。是年，全区家庭医生签约残疾人7055人。

【残疾人培训就业】 2017年，鼓楼区残联举办14期14个职业类别职业技能培训，新增实名制培训135人。召开残疾人、残疾人大学生就业专项招聘会3场次，常态化发布就业信息，新增残疾人就业116人，辅助性就业194人。为2名自主创业残疾人发放扶助金4000元。审核214家按比例安排残疾人就业单位。1名残疾人在市职业技能大赛中获编织第一名、省职业技能大赛中获编织第二名。1名残疾人在省就业服务人员竞赛中获二等奖。

【残疾人子女教育补助金发放】 2017年，鼓楼区发放完成义务教育阶段残疾人学生和残疾人子女奖励金66人5.28万元，发放接受中、高等教育残疾学生教育补助金30人8.34万元，发放接受中、高等教育残疾学生教育奖励金27人5.3万元。

【区残疾人文体艺展能中心建成】 2017年，鼓楼区在燕亭路2号4幢建成残疾人文体艺展能中心。该中心室内外使用面积3000多平方米，内设读书沙龙、书画艺术创作室、体育健身室、舞蹈室、棋牌室、手工室、绿色生态馆、健康养生馆、残疾人大舞台、“璀璨之星工作室”等文体艺展场馆，为残疾人提供学习、交流、娱乐、健身等宣传文化体育服务。中心专设古琴、花艺、养生、烘焙DIY等课堂，成为残疾人拓展艺术才能、促进平等参与公共文化生活、展示精神风貌阵地。

【“残联好声音”暨首届残疾人卡拉OK比赛】 5月24日，第27次“全国助残日”宣

5月24日，鼓楼区首届“残联好声音”卡拉OK赛在白云亭文化艺术中心举行

传活动期间，区残联和区文化局在白云亭文化艺术中心联合举办鼓楼区“残联好声音”暨首届残疾人卡拉OK比赛。街道、区特校等15个单位43名残疾人选手经过初赛、决赛，产生金奖2名、银奖4名、铜奖6名，湖南路街道2名残疾人选手摘得金奖。市区残联负责人会合有关领导和近200名残疾人代表观看比赛。

【区第一届运动会残疾人部四项比赛】 6～9月，区第一届运动会残疾人部四项比赛举行，全区13个街道残联和区特殊教育学校14个代表队参加比赛。融合拔河、掼蛋、田径、趣味四项比赛设男女上肢残组、下肢残组、视障组、听障组50米、立定跳远、铅球、“齐心协力”“赶猪接力”等28个集体和个人小项比赛，产生集体一等奖3个、二等奖3个、三等奖3个，个人第一名26人、第二名26人、第三名25人。参赛残疾人运动员近700人次，服务保障工作人员300多人次。（杨爱华）

·红十字会·

【概况】 2017年，鼓楼区有基层红十字组织151个，年内新增2个；有会员1.25万人，其中团体会员29个，成人会员6600人。有志愿者2850人，其中注册志愿者1295人。全年募集款物41.9万元，其中资金19.6万元、物资22.3万元。发放救助款物46.01万元，受益1492人。造血干细胞捐献志愿者入库51人，全年成功捐献2例。新增“志友”213人，遗体与器官捐献49人。举办救护培训500余场，培训1.5万人。在5所中小学开展博爱校园行活动，收到义卖款3.05万元。南京市旭日景城小学获省红十字示范学校称号，南京师范大学附属中学、南京大学附属丁家桥小学和南京市科睿小学获市红十字示范学校称号。是年，区红十字会获2017年中国红十字会主办的《中华人民共和国红十字会法》暨全国红十字应急救护知识竞赛一等奖、2017年度中国红十字会总会报刊宣传先进集体三等奖、省红十字会“公益性应急救护百万培训项目”先进集体称号。

【红十字应急救护培训】 2017年，鼓楼区举办防灾避险知识专题讲座100余场，开展防灾避险知识应急疏散演练60余次，悬挂横幅120多条，组织不同规模“防震减灾应急疏散演练”和“防空疏散演练”75场。凤凰生命安全体验馆全年接待学生、居民参观体验280余场、4000余人。市政府应急办、市国土资源局、市地震局联合在南京国防园主办2017年鼓楼区地震及地质灾害应急演练暨防灾减灾科普宣传活动。4名教师参加市红会举办的市职工职业（行业）技能大赛应急救护竞赛，获集体二等奖。

【“三献”工作推进】 2017年，鼓楼区红十字会健全献血、造血干细胞捐献、器官和遗体捐献“三献”工作运行机制，建立专人负责制度。组织志友参加南京市遗体器官捐献者公祭活动。结合第70个“5·8”世界红十字日、“世界急救日”、第八届“急救白金十分钟全国自救互救日”“全国防灾减灾日”“世界献血日”纪念活动，利用LED显示屏、献血车、横幅、宣传折页等载体，在社区、公园、广场、机关、街道、学校和企事业单位开展无偿献血和捐献造血干细胞知识宣传。发放“三献”知识宣传手册，普及“三献”知识。全年开展“三献”宣传60场，通过造血干细胞采样51人，成功捐献造血干细胞2人，累计13例。志愿捐献遗体志愿者213人，实现捐献49人。

【“红十字博爱家园”品牌打造】 2017年，鼓楼区红十字会依托中央门街道，以劝业路社区为中心，打造服务范围覆盖周边一公里“红十字博爱家园”，为省红十字会首批博爱家园试点项目。该项目集红十字知识宣传、博爱文化传播、应急救护培训、逃生避险演练、生命健康体验为一体，形成文化传播基地和志愿服务阵地。全年投资20万元，建成红十字救护培训基地、博爱慈善超市等4个阵地。建成救护培训志愿服务队、白金十分钟志愿服务队、应急救援志愿服务队、“三献”志愿服务队等7支红十字志愿者队伍。为辖区群众开展养老照护知识、健康知识、应急救护培训20多场，参加培训1000人次。

【红十字人道救助】 2017年，鼓楼区红十字会以改善最易受损害群体境况为目标，在全区范围开展“红十字博爱送万家”系列活动。投入资金31万元，受益842户1226人。推进“大家齐伸手，幸福在鼓楼”人道救助公益项目，募捐18.59万元。全年救助各类困难人员266人救助资金31.41万元，其中大病救助16人救助资金5.99万元，定向救助250人救助资金25.42万元。“大走访”、庆“七一”活动走访慰问15户困难家庭，送去救助金近万元。

【爱心捐赠活动】 2017年，鼓楼区红十字会“聚力暖橙”送清凉活动中，为区环卫工人送去1万余元防暑药品。通过省红十字会协调爱心企业旺旺集团，向区环卫工人、残疾儿童捐赠价值19.9万元食品。落实市红十字会《南京市红十字会关于协助投放“红十字闲置衣物捐赠箱”的通知》要求，在全区13个街道投放40个衣物捐赠箱。

【红十字博爱周活动】 5月5～11日，鼓楼区红十字会联合中央门街道、将军庙社区在宏景公寓广场举办“唱响博爱曲　弘扬人道情　共筑中国梦”主题红十字博爱周系列活动。博爱周活动启动现场，开展健康义诊、发放无偿献血、造血干细胞捐献宣传手册，博爱慈善超市现场义卖等8个志愿服务项目；红十字志愿者进行心肺复苏术急救技能展示和群众互动体验；发放“三献”等各类宣传资料200余份。其间，区红十字会、中央门街道、南京红十字血液中心、南京长江医院、马台街小学相关领导、居民、小学生代表300余人参加。

【急救知识广场舞】 5月23日，鼓楼区红十字会在白云亭文化艺术中心举办“急救知识广场舞进街道、进社区、进家庭”主题活动，推广“海姆立克的拥抱”气道梗阻急救知识广场舞，13个街道、玉桥箱包商会14支广场舞队70余人参加海姆立克急救知识广场舞技能培训。湖南路街道、幕府山街道社区广场舞队，全年参加省市科普宣传日、减灾日等重大活动演出20余场，广场舞成为社区特色品牌。

【养老照护志愿服务体系形成】 6月，鼓楼区按照省红十字会《关于开展红十字养老照护志愿服务的通知》精神和市红会相关要求，选派4名志愿者参加省红会养老照护师资培训班。7月，组建两支养老照护志愿服务队，每队10名志愿者。8月，养老照护志愿服务队进入社区、养老机构开展养老照护培训和志愿服务。全年完成养老照护培训1006人次，开展上门志愿服务97次，受益家庭105户。

【世界急救日主题宣传】 9月8日，第18个“世界急救日”前夕，区红十字会联合宁海路街道在古林公园嬉水园广场举办“急救与家庭意外伤害”广场宣传活动，居民群众、红十字志愿者300余人参加。区红十字3名应急救护培训师现场展示胸外心脏按压技术以及绷带、三角巾处理创伤和骨折固定技能，指导居民现场操作。社区红十字志愿者讲解、观看视频、现场实际操作创伤救护止血、包扎、固定和搬运四大技术知识，帮助居民掌握心肺复苏、创伤救护及气道梗塞急救等初级救护知识和技能。制作宣传展板，展示家族意外自救互救方式方法，开展有奖知识问答活动。各街道红十字分会和社区红十字站利用微信平台、微博、手机短信结合街道“暑期百日安全活动”宣传急救知识，悬挂宣传横幅65条、制作宣传橱窗和板报86块、宣传展板20块，发放宣传资料1000余份。在纪念世界急救日宣传活动期间，区红十字会邀请共建单位社区医院专业医护人员，为居民开展家庭急救和预防意外伤害专题知识讲座78场。凤凰生命安全体验馆为辖区学生开展暑期生命安全体验活动48场次1980人次。 （陆 玲）

·关心下一代工作·

【概况】 2017年，鼓楼区关心下一代工作委员会（简称区关工委）有“五老”（老党员、老专家、老教师、老战士、老模范）人员1.12万人，其中骨干1085人，积极分子1852人，参与关协工作8296人。骨干层人数在2年内增长近一倍，结构较合理，70岁以下占75%，近3年新加入“五老”队伍占31%。辖区有129家民企成立关工委组织，其中17家企业注册资本5000万以上并有党组织的规模民营企业全部成立关工委组织，覆盖率100%。

【未成年人帮教】 2017年，鼓楼区政法系统关工委结对关爱和帮教30名青少年，与18名25岁以下矫正对象建立对子，形成1名社区“五老”、1名司法所工作人员共同帮扶矫正工作机制。组织百场社区法治宣传活动，打造“法育雏鹰夏令营”，开展11场活动。推广青雁工作室“1+1+1”（1名“五老”工作者、1名社会志愿者、1名检查官）经验，在有条件学校、街道、社区培育新的法制教育基地、未成年人维权基地。在南京大学附属中学打造禁毒宣传基地，在江东街道宝船社区打造消防法制安全教育基地，并提档升级鼓楼青少年校外教育基地。区关工委联合区文明办、区文化局召开全区网吧义务监督工作总结表彰会，表彰和慰问80名“五老”人员。

【校外教育阵地建设】 2017年，区关工委促进在职教师进社区活动，进社区在职教师增加到292人。参加省市关工委举办的校外辅导站优秀活动计划、课件、视频评选活动，评选出第一批区校外教育辅导站示范点14个，促进电子阅览室建设规范化。推动全区校外科技实践活动，参加市“四个一”(一个小制作或小发明、一篇读后感、一篇小论文、一张科幻画)竞赛，平均每个街道投稿100件以上，共投稿1400多件，全区获一等奖18件、等级奖94件。4月，举办区青少年科技月活动，各街道关工委举办科技周活动，开展科普知识宣传、科幻画展览、航模、机器人制作等一系列活动。

【主题教育活动】 12月，鼓楼区召开全区关工委系统学习十九大专题辅导报告会，邀请专家作辅导报告，区、街道、社区三级关工委系统150余人参加。组织十九大精神宣讲课程，5次进社区、进学校对辖区“五老”和青少年进行宣传，有2000人次听课。围绕“学史立志、崇德向善”主题，抓住十九大和建军90周年2个重点，开展“学雷锋、学模范”教育实践活动、“缤纷假日”暑期系列活动、庆祝建军90周年活动、“爱党、爱国、爱军”精品课程巡讲、“温暖冬日”寒假系列活动、喜迎十九大暨国庆庆祝系列活动。全年开展“百场万人报告会”系列活动，开设精品课程138场次、普通课程2359场，11万多人次青少年受到教育。区思想道德讲师团紧扣“学史立志，崇德向善”主题，准备精品党史、国史、军史课程10场，在全区62所中小学巡讲。

（金家可）

【未成年人思想道德建设】 2017年，鼓楼区开展第三届“百名美德少年”评选，评选表彰100名区级美德少年。在全区开展学习美德少年、争做美德少年活动，鼓楼区1人获省美德少年标兵称号，2人获省美德少年称号，13人获市美德少年称号。组织开展“儒雅少年”评选活动，10人获市“儒雅少年”百强称号。年内，鼓楼区开展未成年人“七彩夏日”和“缤纷冬日”系列活动，承办南京市中小学校“感恩成长·爱国励志”主题“开年第一课”、南京市星光课堂“好人365”校园行；开展鼓楼区深入践行社会主义核心价值观“璞石成玉”主题班会、鼓楼区阅读·立志·诗意·向善青少年主题读书活动和“童心向党，老少喜迎十九大”演讲比赛等主题实践活动，鼓楼区9篇作品在省市“童心向党”歌谣创作大赛中获奖，南京市第二十九中学致远中学自编自演的社会主义核心价值观情景剧在省市比赛中获奖，区文明办获优秀组织奖。开展“文明礼仪手拉手”进丁山社区、“红领巾”与文明同行等“八礼四仪”主题教育活动，3所学校的“八礼四仪”活动方案获市创新案例奖。

链接：八礼四仪

八礼指“仪表之礼”“仪式之礼”“言谈之礼”“待人之礼”“行走之礼”“观赏之礼”“游览之礼”“餐饮之礼”；四仪指入学仪式(7岁)、成长仪式(10岁)、青春仪式(14岁)、成人仪式(18岁)，以此教育引导未成年人强化文明礼仪素养。

（黄晓璐）

鼓楼年鉴 2018

街道

JIE DAO

华侨路街道

【基本情况】 华侨路街道地处鼓楼区东南部、新街口商圈西北角,东沿中山路、广州路、上海路,南临汉中路,西接秦淮河、明城墙、石头城风光带,北沿北京西路、虎踞路、汉口西路,面积3.64平方公里。下辖7个社区,有户籍居民2.33万户8.86万人。街道办事处驻牌楼巷55号。

2017年,华侨路街道完成地区生产总值178.72亿元,同比增长9.3%,其中服务业增加值完成174.63亿元,同比增长10.9%。是年,华侨路街道在城市长效治理考核中综合排名位列全区第二,被市城市治理委员会评为城市治理工作优胜街镇,被市安全生产委员会评为优秀安全街镇。

【经济发展】 2017年,华侨路街道辖区实现税收31.26亿元,同比增长24.8%,规模楼宇税收增长42.3%。新增标准以上服务业单位7家,全年完成重大项目投资3623万元。新设及增资外资项目4个,外贸出口额4.86亿美元,服务贸易额1.28亿美元,服务外包执行额7014万美元,其中离岸执行额3571万美元。新增到账千万元以上大项目11个,实际到账注册资金3.3亿元。市级人才引入1人、区级2人。专利申请1027件,其中发明专利申请485件。专利授权590件,其中发明专利179件。

【环境治理】 2017年,华侨路街道配合实施管家桥、华侨路、秦淮河沿线环境综合整治工作,与居民、工企单位沟通,落实违建拆除、矛盾协调等工作。配合地铁5号线项目征收工作,完成10户承租商户清租搬迁任务。处置虎踞路86号山体滑坡险情。开展违规广告店招、交通环境秩序、非机动车停放等集中整治行动,取缔石头城路马路停车场,清理遏制广州路沿线卖艺乞讨、游商游贩和龙蟠里沿线收旧摊点,实施非机动车辆规范管理和违停清拖,拆除违章建筑1万余平方米。推进老旧小区管理,化解物业矛盾9起;引导居民自治,组建18个老旧小区业主委员会、自管委员会。全年取缔流动摊点、占道经营户4623家,整治倚门出摊、超范围经营户4301家。清理街巷违规户外广告,拆除大型户外广告20处、门头店招321块,清除“牛皮癣”及街头小广告1811处,印制“门前三包”(包卫生、包绿化、包秩序)责任书1000余份,“门前三包”书面告知率、责任落实率100%。清理各类垃圾杂物1.32万吨。打造新街口片区延安路、沈举人巷、高家酒馆街巷停车秩序示范点,并在全街道11个停车管理路段推广和实施。

【民生保障】 2017年,华侨路街道在册低收入保障户188户288人,低收入保障边缘户33户81人,发放低收入保障金227.87万元、低收入保障边缘户补助金4.12万元,发放苏果卡47.26万元;临时困难救助16人6800元,发放60年代下放回宁人员补贴31.83万元;实现再就业1872人,帮扶困难人员就业263人,培育自主创业306人,创业带动就业2594人,在职职工培训1858人,再就业培训332人,扶持青年大学生创业71人。全年新制市民卡 2240 张，发放小额贷款 40 万元，办理居民医保 810 人、社保补贴 2121 人次、大龄失业保险金 73 人、就业登记证 1639 人。办理低保户家庭住房保障 6 户、低收入家庭住房保障 37 户、中低收入家庭公租房保障 34 户。

【社区建设】 2017 年，华侨路街道慈悲社、龙蟠里社区以楼栋长为连接点的社区“微网格”、“微治理”试点工作取得成效，永庆村小区社区建设营造多模式社区协商探索方法受到居民关注，社区居民自治主体意识加强。整合社会服务资源，发挥辖区资源优势，建立共建共享社会服务机制，建成老年活动中心 6 处(近 3000 平方米)。邦宁健康居家养老服务中心投入运营服务，古南都饭店等知名餐饮企业设立老年助餐点报市审批。保障社会民生，落实就业创业政策，确保“零就业家庭”动态为零，低保、救助、住房保障等应保尽保。开展子午书巷系列读书活动、石头城金婚家庭主题活动、知识讲座、文化沙龙等各类主题活动 97 场次，服务群众 1000 余人次。结合社工师考试，组织 4 场培训，全年通过社工师资格考试 34 人。社工持证上岗 34 人，持证率 40.5%。开展星级文明和谐社区创建，经综合考评、群众满意度测评等，获评 4 星级文明和谐社区 2 个、3 星级文明和谐社区 5 个。沈丹获评省最美司法行政社工称号。

【平安建设】 2017 年，华侨路街道签订社会治安综合治理平安创建责任书 47 份。安装单元防盗门 60 扇、居民小区监控310 个，推进警社一体化建设，可防性案件下降 40%。完成江苏发展大会、世界轮滑锦标赛、南京马拉松暨全国马拉松锦标赛等重大活动安保维稳任务。开展非法集资等涉稳矛盾纠纷和小餐饮企业、地下室群租房、建筑施工工地等安全事故易发场所社会矛盾和安全隐患排查整治，消除安全隐患 389 处。调处市区交办信访积案 3 起，排查各类矛盾纠纷 198 件，成功率100%。是年，辖区可防性侵财案件立案 19 起，同比下降 43%，群众安全感、满意度 96%。

【退休人员社会化管理服务】 2017 年，华侨路街道举办退休人员社会化活动 7 场，异地人员验证 280 人。举办纳入社会化管理退休人员集体生日 12 场，发放 70、80、90 周岁退休人员生日慰问金 448 人 7.77 万元、重病老人慰问金 231 人 6.93 万元，办理丧葬抚恤 172 人。组织退休人员健康体检 5362 人，发放纳入社会化管理人员 1.05 万人、“夏送清凉”毛巾礼盒 9983 盒。

【新街口商圈容貌整治】 2017 年，华侨路街道实施华侨路、管家桥市容市貌整治和出新改造。华侨路、管家桥地处新街口商圈，2 条路总长 1.1 公里，道路两侧汇集原南京军区联勤部第一干休所、市房产局档案馆、市房产交易中心等多家企事业单位及高端写字楼。整治内容包括华侨路片区管线下地、立面出新、道路整治，涉及40 多家商户和居民 100 余户。施工中拆除各类违法建筑近 4000 平方米，取缔鸽棚 1 处、修旧摊点 3 个，统一更换沿街居民窗户、晒衣架、防雨棚、防盗网。整修后人行道干净整洁，楼体立面空调外挂机柜整齐排序，外建筑色调和谐、线条简洁，220 个店招门牌规格统一。 (毛超林)

宁海路街道

【基本情况】 宁海路街道地处鼓楼区中心，是省委省政府、省政协及区委区政府所在地。东至中山北路、上海路，南到汉口西路，西到石头城路，北以模范中路、模范西路为界，面积3.99平方公里。下辖9个社区，有户籍居民2.91万户13万人。街道办事处驻水佐岗64号。

2017年，宁海路街道完成地区生产总值171.39亿元，同比增长9.1%，其中服务业增加值完成170.5亿元，同比增长10.3%。社会消费品零售总额完成62.15亿元，同比增长9.7%。完成固定资产投资7.52亿元，实现税收15.3亿元，一般预算收入7.9亿元。城镇居民人均可支配收入5.88万元，同比增长9.05%。是年，宁海路街道获2016年南京市最佳平安志愿者组织奖、2016年度全市城市治理标准化工作先进集体。三步两桥社区获评省爱国卫生运动委员会2016年省健康社区称号。档案工作通过省三星级规范测评。

【经济发展】 2017年，宁海路街道新增注册企业约380家，新增投资千万元以上项目6个，实际到账千万元以上大项目注册资金6家，实际到账注册资金3.13亿元。完成外贸出口额1.58亿美元，完成年度指标105%；服务外包执行额完成5133.8万美元，完成年度任务103%，其中离岸执行额完成2653.9万美元，完成年度任务106%。

【环境治理】 2017年，宁海路街道采集装修信息820条，签订承诺书656件，处置建筑垃圾违规案例138件。完成北阴阳营8号、古平岗1号2个垃圾分类示范小区创建，完成天津新村、华瑰园、金星公寓、玉麒麟雅苑4个非示范小区分类垃圾桶设置任务，9个社区开展垃圾分类示范小区宣传。标准化创建单元必成目标6个、道路创建必成目标6个，超额完成其他单元及城市道路、背街小巷创建目标10个。完成44项黑臭河道整治任务。完成省委党校、宁夏路片区两处排水达标区验收，拆除河道违建1处31平方米。处理市平台案件4040件、区第三方平台案件2566件、街道自采案件5573件，按期办结率100%，回复合格率98%。全年拆除各类违建779处8.79万平方米。其中，老旧违建603处7.87万平方米，高层违建41处0.19万平方米，餐饮违建50处0.34万平方米，新违建85处0.39万平方米。停车管理实行网格化管理，完成15条收费道路、690个机动车泊位和39条道路119个站点非机动车泊位复划，并对每个非机动车停放点位标注经纬度，协调审核新开放河海大学等14个地下收费公共停车场。专项整治北京西路、仙霞路片区12条道路，华新巷、祁家桥、人和街、康藏路、珞珈路、虎踞北路10号等处停车秩序，出动1100人次、658车次，清拖乱停乱放共享单车3.12万辆，违停机动车贴单2.33万张，增设、修理停车隔离护栏2300米，安装自助缴费机12台，安装停车隔离桩和隔离石球380个。

【民生保障】 2017年，宁海路街道在册低收入保障户2570户3645人，全年发放低收入保障金251.41万元；年末在册低收入保障边缘户384户904人，全年发放低收入保障边缘户补助金3.62万元。有重度残疾户256户261人，全年发放保障、补助、救济金140.02万元。发放80岁以上高龄老人补贴289.08万元、独生子女父母奖励金4.76万元，为166名优抚对象、6名烈士遗属发放抚恤金300.33万元。登记企业退休“两参”（参战退役、参加核实验退役）人员45人，组织174名优抚对象和158名无军籍职工体检，企业退休人员免费体检6563人。组织再就业技能培训22次，全年新增城镇就业4234人，实现再就业1781人、就业困难人员就业240人，培育自主创业310人，创业带动就业2406人，扶持青年大学生创业93人。办理申请共有产权房22户、申请租赁补贴19户、申请公共租赁房44户。组织开展青春健康宣传教育活动6场、主题活动4场，为流动人口和辖区青少年开展青春健康宣传教育活动6场。全年慈善捐款16.8万元，红十字会捐款1.41万元。

【社区建设】 2017年，宁海路街道发挥将军馆和海洋国防教育馆资源优势，开展爱国主义教育，接待参观学习团队706个7.99万人次。其中，省级机关单位3243人次、市级机关单位1657人次、外省机关单位1734人次、区级机关2653人次、街道社区党员3901人次、部队军警团队1430人次、中小学生团队6.52万人次。结合“一居一特”创建，推进特色社区建设，打造社区品牌，9个社区协商覆盖率100%。建成天津新村彩虹社会服务中心。新增社区文化场所2个，建成0～3岁婴幼儿早期发展指导站2个。街道持证社工49人，持证上岗率50%。注册登记社会团体3个、民办非企业6个。

【平安建设】 2017年，宁海路街道加强综治和平安建设宣传力度，入户宣传5970户，发放各类宣传品、宣传册1.4万份，张挂宣传画396幅，悬挂横幅98条，发放和张贴《致居民群众一封信》9000多封。完成省综治信息平台建设工作并投入运用，完成基础数据录入和数据认领。建成一支500人志愿者骨干队伍。排查违规出租房屋110套室，完成76间群租房整治工作。完成7个工程项目社会稳定风险评估方案，召开16次不稳定因素排查例会，排查各类不稳定因素97起，化解各类矛盾96起，其中群体矛盾5起。落实涉邪教人员98人（其中重点人员11人）帮教转化，跟踪帮教227名涉毒人员。检查897家“九小场所”安全生产，排查259家小餐饮场所燃气安全（其中用气243家、用电13家、用油3家），查出安全隐患841处，落实整改480余处。针对“九小”场所安全生产状态召开专项推进会，印制并发放《致辖区企业、生产经营单位一封信》1500余封，填写807份“九小”场所社区诊断调查表，与经营单位签订安全生产、消防责任书800余份。

【“德行鼓楼”道德讲堂活动】 7月21日，宁海路街道天津新村社区开展“德行鼓楼”道德讲堂活动，分为“唱歌曲”“学模范”“诵经典”“发善心”“送吉祥”5个环节。区文明办和宁海路街道相关领导及社区居民代表、学生代表60余人参加。学生代

7 月 21 日，宁海路街道天津新村社区开展“德行鼓楼”道德讲堂活动

表诵读《弟子规》，社区代表宣讲身边好人好事，区讲师团开“友善待人，孝行天下”专题讲座。

【将军说廉活动启动】 7 月 31 日，宁海路街道在颐和路社区将军馆举行“将军说廉”微视频系列宣传教育活动启动仪式，围绕“不忘初心葆本色 将军持廉铸军魂”主题，推出“将军说廉”系列微视频，讲述居住在颐和路社区老将军不忘初心葆清廉故事。市区纪委、南京军区、省军区、区委组织部、宣传部、机关工委、宁海路街道相关领导及全区各街道纪工委书记，《新华日报》、江苏电视台、江苏省电台、新华网、凤凰网、《南京日报》、南京电视台等媒体记者 60 余人参加仪式。微视频从 8 月 1 日起在凤凰网、市纪委官网“钟山清风”等媒体和颐和路社区将军馆播放。

（刘 岩）

湖南路街道

【基本情况】 湖南路街道东至中山路、中央路，南至广州路，西至上海路、云南路、江苏路、山西路，北至中山北路、虹桥、童家巷，区域面积 2.65 平方公里。下辖 8 个社区，有户籍居民 2.57 万户 8.7 万人。有党组织 135 个、党员 3828 名。街道办事处驻青云巷 27 号。

2017 年，湖南路街道完成地区生产总值 138.17 亿元，同比增长 9.2%，其中服务业增加值完成 130.5 亿元，同比增长 10.9%。社会消费品零售总额完成 124.2 亿元，同比增长 10%；完成固定资产投资 4.49 亿元，完成税收 35.72 亿元，一般预算收入 18.6 亿元，同比增长 6.8%；城镇居民人均可支配收入 7.19 万元，同比增长8.7%。是年，街道获《中华人民共和国红十字会法》暨全国红十字应急救护知识竞赛活动最佳组织奖、一等奖。

【经济发展】 2017 年，湖南路街道新增企业 598 家，总注册资本 74.56 亿元。其中，注册 1000 万元以上企业 108 家，注册资本 58.34 亿元。引进实际到账千万元以上大项目 8 个，实际到账注册资金 2.7 亿元。引进地区性总部 1 家(江苏省电影发行公司)。楼宇税收 15.4 亿元，增长 11%。紫峰大厦、苏宁银河国际广场、凤凰国际广场 3 家“亿元楼宇”总税收 11 亿元。湖南路恢复双向四车道主体通行；湖北路吾悦广场 12 月 15 日正式开业；湖南路地下商业街和 0405 片现代总部商城建设推进顺利。1 人入选 2017 年度南京市高层次领军人才。

【环境治理】 2017年，湖南路街道开展“263”专项行动，涉及马台街、童家巷等7个小区17幢居民楼约600户居民，建筑面积3.3万平方米。全市标准化建设与管理现场推进会在傅厚岗片区召开。开展治乱整破，拆除违建1.8万平方米、门头广告1137平方米，完成29处修旧摊点规范出新。完成上海路156号、北京西路1号、上海路新村等6处“二次供水”工作。云岭居、世贸大厦、鸿德大厦、南大二号新村4个小区管委会换届改选，金狮公寓成立管委会。推进既有住宅加装电梯工作，1部电梯加装开工，2部电梯加装工程取得施工许可。集中整治大方巷、青云巷、三条巷、鼓楼街、二条巷一巷等路段及青云巷小学、马台街小学、南京大学附属中学周边非机动车乱停乱放，规范交通秩序。是年，1人被评为2016年度全市城市治理标准化工作先进个人。

【民生保障】 2017年，湖南路街道发放低保救助金193户271人246.7万元、低保边缘救助金31户59人3.26万元。临时救助41人次，发放救助金10.35万元。实现99项公共服务事项在便民服务中心一门受理、一站办结。全年新增城镇就业2602人，实现再就业1461人，援助困难人员就业250人，培育自主创业549人，创业带动就业3151人，扶持青年大学生创业109人，再就业培训324人，新增高技能人才186人。

【平安建设】 2017年，湖南路街道落实信访重点人员“五包一”(5家单位包1名上访人员即1名区包案领导、1名街道包案领导、1名社区书记、1名管段民警、1名事发单位领导)方案，化解2件重点上访积案。在全国“两会”、党的十九大召开、侵华日军南京大屠杀死难者国家公祭日(简称国家公祭日)等重大敏感时期落实稳控措施，没有发生非访事件。加强与驻地派出所联动，强化人防、物防、技防“三位一体”安防措施，构建联户联防、联打联治、警民联动基层安全防范网络，落实24名社区矫正对象、103名有严重精神病和暴力倾向患者监督管理措施。全年接待到访群众288批495人次，调解矛盾纠纷243起。妥善处置“6·8”爆炸事故善后工作，化解马台街99号城市集市、凤凰文化广场等群体性矛盾。是年，湖南路司法所1人被评为南京市最美人民调解员。

【安全生产】 2017年，湖南路街道开展辖区内生产经营单位安全生产隐患排查及整治工作，涉及单位2221家(其中餐饮燃气使用场所578家)、高层楼宇68幢、注册危化品企业53家、工业企业7家、在建工地2处、幼教机构2个、地下室违规住人13处、群租房163处、其他“九小”场所1335家，排查整改各种安全隐患1321处。协助燃气报警器安装公司对辖区内餐饮燃气场所安装燃气报警器563部。牵头区公安、市场监管等部门，对乐业村、平安里、大方巷、汉口路等地段81家无证照经营餐饮场所强制执法，规范经营。

【“绿满家园”微幸福项目】 2017年，湖南路街道采取“1+X”模式，实施“绿满家园”微幸福项目，加强老旧小区治理、环境治理。旨在通过树木修剪、绿化补植、小广场改造等微出新，让公共绿地、公共空间回归百姓。8月，街道城管科和云南路、傅厚岗等社区先后6次召开居民议事会，并选择三条巷单号小区广泛征求意见，进行试点。街道自筹资金15万余元，补植三色堇、细叶麦冬、角堇等绿植种类，增加绿化120平方米。与省建科院、武警南京支队、科瑞物业、青云巷小学、城市职业信息学校等20家单位签定认领协议，认领绿化面积300平方米，认领率65%。组织志愿者80余人，开展绿化浇水、修剪、维护等活动12次，同时治理小区内私搭乱建、侵占公共空间等行为。以云南路社区品牌文化“七彩”为主题，把回廊柱子喷涂7种颜色，回廊顶部加盖透明阳光板，方便居民雨天在回廊中活动；清洗石条凳，铺设塑料仿木材质凳条，方便在冬天落座；更换护栏，增加新健身器材，在市民广场设立传播社会正能量文化阵地，让“七彩”小广场成为居民身边微景观。年内，三条巷居民代表给街道送来“真心服务，排忧解难”锦旗，并通过市长信箱对街道表扬；市长缪瑞林专门批示肯定街道做法；市人大常委会副主任、区委书记张一新召集全区13个街道的主要领导和部分区领导视察“绿满家园”项目并要求在全区推广。

链接："1+X"模式

“1”指依托有爱心、有情怀的专业供应商，对小区公共空间、绿化进行合理规划，定期修剪和适当补植，并对志愿者传授绿化种植及养护方法，保证绿化成活率。“X”指借助同驻共建、志愿服务等方式，发动驻区企业、科研院所等单位，加强小区治理，对环境治理。

【傅厚岗片区环境综合整治】 2017年，湖南路街道综合整治并出新傅厚岗、高云岭、厚载巷、青云巷4条街巷，摊铺路面1292.37平方米，粉刷围墙1.01万平方米，出新门头47处，拆除违建12处186平方米，绿化修剪整形180棵800平方米，补植苗木171棵900平方米。重新施划机动车泊位260个、禁停车及网格3350米，安装隔离栏1050米。南京城市治理标准化示范片区现场观摩团到区观摩傅厚岗片区。南京新闻综合频道介绍傅厚岗片区背街小巷整治经验。南京电视台教科频道《今日聚焦》栏目，以“让群众满意，背街小巷整治换新颜”为题，进行经验推广。

【内金川河东支流、中支流河道整治】 2017年，湖南路街道完成黑臭河道整治排水达标任务7家，排口治理任务34个。整治工作包括：内金川河东支、中支排口，拆除虹桥9-1号洗车点、中山北路188号华江饭店沿河岸后场厨房等8处违建194.02平方米，迁移虹桥9号河边收费亭。整治河道环境卫生，清理河道周边生活垃圾，铲除河边菜地，打捞河道漂浮物，加大河道周围保洁力度。12月，联合相关部门保障平安里天福园小区段景观步道施工。

【“我是共产党员”主题党日活动】 10月16日，湖南路街道工委在凤凰书城A座六楼大报告厅组织开展“喜迎十九大 深化学与做 我是共产党员”主题党日活动。邀请南京经济广播主持人单通、房婷担任主持，以时间为轴线，通过情景剧串联、VCR展示、诗歌朗诵、主持人现场

10 月 16 日，湖南路街道工委举办“我是共产党员”主题党日活动

访谈等形式，讲述傅厚岗社区党委二级支部书记金兆惠、云南路社区党委老党员朱金娣、丁家桥社区党总支老党员张兰生、裴家桥社区党委书记李桂萍、书人教育培训中心党支部副书记李瑞丽、宁众人力资源党总支年轻党员颜培俊 6 人先进故事。湖南路街道全体党员、执法队员和社工党员，部分社区退休党员和“两新”党组织党员、2016 年和 2017 年新入党党员约 340 人参加活动。区委有关领导，区委“两学一做”督导组成员、湖南路地区党建联席会成员单位代表参加活动，并给予现场指导。 （白广文）

中央门街道

【基本情况】 中央门街道位于鼓楼区东北部，东到中央路，南到童家巷，西到中山北路，北沿福建路、护城河，区域面积 3.37 平方公里。下辖 12 个社区，有户籍居民 3.87 万户 12.9 万人。有两院院士 6 人、享受国务院津贴 17 人、全国中青年突出杰出人才 35 人。街道办事处驻三牌楼大街 138 号。

2017 年，中央门街道完成地区生产总值 93.79 亿元，同比增长 9%，其中服务业增加值 75.96 亿元，同比增长 10.1%；完成社会消费品零售总额 51.04 亿元，增长10.1%；城镇居民可支配收入 4.68 万元，增长 9.25%。完成税收 7.72 亿元，一般公共收入 3.94 亿元。新引进外资项目 2 个，实际到账资金 1000 万元以上大项目 7 个，到账资金 2.3 亿元。完成一体化街道便民服务中心建设，成立街道安监办，妥善处置广东路“6·27”火灾事故，全面推行河长制、路长制，推进社区民主协商和社会服务保障工作，地区经济稳步发展，申报市创新型试点街道。

【经济发展】 2017 年，中央门街道完成服务外包执行额 7209.5 万美元、离岸执行额 3630.9 万美元，完成外贸出口 1.68 亿美元、服务贸易 9241.8 万美元。完成楼宇税收 3.6 亿元，增长 11%。完成固定资产投资 3.84 亿元。全年专利申请 1366 件（其中发明专利申请 1044 件），专利授权完成 618 件（其中发明专利授权 385 件），发明专利申请量和授权量占全区完成总量 1/3。市级重点建设项目南京金茂广场二期，重新勘探设计进入桩基施工；蔡家巷项目进入桩基施工，电力自动化产业园地块项目重新启动。2 人入选省“双创”（创新、创业）博士，街道完成南京市创新型试点街道申报。

【环境治理】 2017年,中央门街道完成数字城管平台建设,建立“两班制巡查”执法机制,开展环境治理。完成司背后9号1—2号院、马家街52号、马家街40号、三牌楼大街95号、福建新村、医平村50幢、芦席营1号7个老旧小区整治出新,涉及15栋楼613户居民,拆违83处793平方米。全年整治129个小区、26条主次干道占道经营、倚门出摊、乱停乱放、乱贴乱画等违章行为,落实“门前三包”管理责任制,实现“门前三包”全覆盖。办理省环保督察组转办工单15件,解决餐饮店油烟扰民、小区环境卫生和噪音扰民等问题。完成辖区学校、单位、宾馆等28家病媒生物防治工作。

【民生保障】 2017年,中央门街道新增城镇就业3350人,实现再就业2174人。发放救助金449户519.56万元、苏果卡107.85万元、低保边缘户救助金73户6.73万元、残疾人补贴金782户258.15万元,为困难家庭办理各类救助24.43万元,为5512名80周岁以上老人发放高龄补贴296.1万元。审核上报住房保障材料159户,向179个家庭205位生活困难或不能自理独居老人提供居家养老服务。落实专项为民服务资金,投入258.22万元,实施文化类、公益类、活动类、服务类等办实事项目296个。推进二次供水设施改造惠民工程,完成8个小区1311户居民二次供水设施改造,工作进度和收费率排全区第一。推进既有住宅加装电梯惠民工程,接受安装电梯申请43部,建成9部并投入使用,7部加装工程施工,13部加装工程申请办理规划、施工手续,14部加装工程完成初审和公示,全区进度排名第一。“12345”“96180”热线受理居民诉求5726条,第一时间回应处置,在全年13个街道组考核中综合排名第一。

【社区建设】 2017年,中央门街道深化社区治理体制改革,采用社会公开招标形式,确立社会组织承接工人新村和青石村2个社区公共服务项目。推出“社区协商每月一课”工作平台,定期开展社区协商工作交流,指导社区建立“云协商”网络平台,引导居民全方位参与社区建设。推进智慧平台建设,在汇林绿洲、观音里、青石村等社区开展“智慧社区综合信息与电子商务服务平台”试点,推进社区“一刻钟商圈”服务,利用信息技术延伸社区服务功能。加强社区人才队伍建设,开展“全科社工”竞赛活动,促进专项社工向全能型社工提升。

【平安建设】 2017年,中央门街道探索社区警务一体化建设,制定《中央门街道对社区民警社区任职工作考核实施办法》,明确社区民警参与社区工作职责和考核内容,并将派出所分管所长纳入社区警务一体化考核范围,调动社区民警参与社区综合治理积极性。完善综治社工、网格员、楼栋长在社区双考核中职责,建立以社区书记为综治主任、社区民警为综治副主任领导小组,按照300~400户居民规模在全街划分标准自然网格116个、标准专属网格18个。每个社区建立50余人平安志愿者骨干队伍,由社区综治办牵头,形成社区民警、社区综治主任、平安志愿者、网格员、楼栋长、停车收费员、物业管理员全员参与综合治理体系。结合社区防爬刺安装、平安小喇叭宣传、平安e门建设、群防群治信息采集等工作，形成综合治理氛围。年内，社区警情比2016年下降80%，刑事案件下降67%，入室盗窃下降40%，巡防发现警情6起，协助公安破案10余起。协调稳控重点人员20人，排查不稳定因素17起和群体性矛盾11起，有效化解重点信访积案5起，群众安全感、满意度进一步提升。完成全国"两会"、党的十九大和国家公祭日等重大活动维稳保障，获市级依法治街先进单位称号。

【社区综合服务中心打造】 2017年，中央门街道改造2100平方米社区综合服务中心，分设行政服务、颐养健康、文化活动三大功能区，形成集社区事务、文化活动、健康养老、助残康复、慈善救助、社会组织孵化等多种服务为一体的"服务综合体"，并引进社会组织服务中心、颐养健康社会组织、区柏果园卫生站、残疾人之家、颐养馆、多功能活动中心、读立空间、博爱慈善超市等社会组织，形成"前台一口受理、后台协同办理、中心一头管理"工作模式，受理民政、社会保障、计生、优抚、残疾、安居福利、税征等80多项公共事务，为社区居民提供多样性、个性化服务。全年接受居民咨询1万余人次，办理事务1.21万件。

【既有住宅电梯加装】 2017年，中央门街道完成马家街40号至52号7部电梯安装并投入使用。接受既有住宅增设电梯申请40份，其中增设电梯申请审批23份，新金贸花园(3栋2单元、2栋1单元、2栋3单元、2栋5单元、2栋6单元、2栋4单元、8栋2单元、4栋4单元)8部、丁家桥26号2栋2单元1部、宁和新寓5栋3单元1部增设电梯工程施工。 (季万昕)

挹江门街道

【基本情况】 挹江门街道地处鼓楼区西北部，东以中山北路、福建路、钟阜路为界，南至模范中路、模范西路，西临古城墙，北与阅江楼、建宁路两街道办事处交界，面积3.34平方公里。下辖9个社区，有户籍居民2.49万户9.2万人。街道办事处驻萨家湾89号。

2017年，街道实现地区生产总值68.84亿元，同比增长9%，其中服务业增加值61.51亿元，同比增长10.2%；完成社会消费品零售总额47.86亿元，同比增长10.3%。全社会固定资产投资1.38亿元，完成率27.6%；完成一般公共预算收入5.51亿元，同比增长30%，全口径税收10.97亿元，同比增长22.7%；城镇居民人均可支配收入5.26万元，同比增长9.2%。是年，挹江门街道获《中华人民共和国红十字会法》暨全国红十字应急救护知识竞赛活动最佳组织奖二等奖、法制南京建设先进街道，察哈尔路社区获省和谐社区建设示范社区，戴家巷社区获第一批省级创业型社区，钟阜路社区获省健康社区，丁山社区获市健康社区称号。

【经济发展】 2017年，挹江门街道地区新增企业361家，引进实际到账千万元以上大项目5个(江苏大蓝鲸教育科技有限公司、南京义都贸易有限公司、江苏正欣和能源科技有限公司、南京宝宁智能科技有限公司和南京康尼电子科技有限公司增资项目),完成年度任务;全年注册资金实际到账1.5亿元,完成目标;引进2个外资项目(南京星逸国际贸易有限公司、南京黑盾科技有限公司),完成服务外包执行额5566万美元,达全年目标111%,其中离岸服务外包2508万美元,达全年目标101%。跟踪虹桥新城市二期建设项目,协调解决地下管道建设和道路施工问题。拓展引进人才渠道,5人入选区级高层次创业人才,2人入选市级高层次创业人才,1人入选省高层次创新创业人才。

【环境治理】 2017年,挹江门街道完成洪庙巷3—4号、虎踞北路120—122号、虎踞北路64—68号、虎踞北路75号、虎踞北路77—79号,虎踞北路53号、71号,虎踞北路55—61号、虎踞北路183号、龙池庵小区9个小区出新工作,拆除违建387处5297平方米。协助完成泰润公寓、戴家巷小区、金川雅居、圣淘沙等7个小区二次供水改造任务。方便群众出行,老旧小区增设电梯8台。街道配合区河道整治办公室开展内金川河老主流挹江门段、内金川河西支、西北护城河挹江门段、城北护城河挹江门段整治工作,拆除河道蓝线范围内违章建筑13处约600平方米;摸底排查内金川河西支、内金川河老主流挹江门段、西北护城河挹江门段排口,整改49处排口。督促排水户中山骏景、十四所片区、古平岗小学、市第二医院4家单位办理排水许可证,完成金阜雅苑小区门口截流施工。街道贯彻“彻底整治、整治彻底”总目标要求,实施河道全线清淤,累计清淤3240立方米。加大对沿线垃圾、河面漂浮物打捞清理,落实专人巡查监督。完成街道责任范围内38个排口整治工作。按照志愿者河长“日巡查”、社区河长“周巡查”、街道河长“月巡查”制度常态化巡查监管,对违规倾倒、违规排污行为,发现一起、上报一起,巡查一处、整治一处,发放餐饮店家严禁违规倾倒污水告知书120份。

【民生保障】 2017年,挹江门街道投入280万元落实年度为民办实事项目:包括镇江路10号楼顶出新、水佐岗73号路面重铺工程、铁路北街206—198号范围树木修剪等环境整治类128个项目;组织闹元宵、猜灯谜、社区亲子夏令营、迎春茶话会及文艺汇演等132个文体类项目;群众自治队伍建设及开展活动、指导金城花园小区成立业主委员会等42个管理类项目;开展志愿者服务培训活动、为辖区内独居老人送温暖等40个公益服务类项目。全年新建、维修车棚,新建、维护小区广场,绿化补种修剪树木。成立群众自治维权队伍、开展法律援助、便民家政服务等342个服务项目。年末,街道有低保户266户408人,停保55户,新增31户。调整302户低保家庭保障金,为290户低保家庭454人发放春节慰问金40.07万元及价值5.8万元食物或物品,发放低保金349.35万元、苏果卡68.26万元,发放低保及支出型贫困家庭医疗救助金62户13.52万元,发放低保、边缘、支出型贫困等家庭临时救助金48户次7.53万元。全年发放在册低保边缘户47户115人,低保边缘金 6.05 万元，做好低保边缘户动态管理，停保 21 户，新增 5 户。全年申请保障性住房 107 户 203 人，其中办理租赁补贴 12 户、公共租赁住房 79 户、共有产权保障房 16 户。举办再就业帮扶培训班 9 期，在职职工培训 2000 人，再就业培训 300 人。鼓励支持各类人员特别是青年大学生创业，跟踪服务应届大学生 166 人次。新增高级人才取证 203 人，办理就业失业登记证 1614 本，办理失业保险金申请 1120 人次，社保补贴 320 人次，为 488 人办理居民医保参保手续，审核居民医保和居民养老 383 人，办发“市民卡”1600 张。全年新增城镇就业 2631 人，实现再就业 1722 人，援助就业困难人员 248 人。培育自主创业者 693 人，树立创业典型 15 人，创业带动就业 2677 人。全年纳入社会化管理企业退休人员 960 人，养老金认证率 99%，退休人员免费体检 7836 人，企业退休人员社会化管理服务率 100%。

【社区建设】 2017 年，挹江门街道城市和谐社区合格率 96%，“智慧社区” 使用率 100%，依法自治达标率 98.5%。社区专职工作者实行统一着装，按照全能社工发展要求，采取以会代训、集中培训等多种方式开展业务培训 156 次。落实《南京市鼓楼区社区专职工作者管理办法》实施细则，建立考核激励机制，社工续签通过考核确定留用，通过专业资格考试，给予奖励。深化社区“零距离”服务，提升服务能力。组织开展社区活动，与南京大学、河海大学对接社区，开展五大类 45 个特色典型案例分析。各社区依托网格化管理模式，按照三级协商管理制度，建立协商议事会制度，提高协商水平和能力。每月定期召开居民骨干会议，及时了解、收集、整理居民反映问题，开展社区协商，快速有效解决居民问题。全年收集问题 400 余个，开展基层民主协商 100 余次，所有问题得到解决。

【平安建设】 2017 年，挹江门街道结合综治平安宣传月和党员大走访活动，组织社区开展公众安全感提升入户宣传工作。先后印发《创建平安地区、打造幸福家园》宣传折页 3 万册、《致居民朋友的一封信》5000 份，购宣传袋 1500 只，利用企信通平台，不定期发送平安创建和治安防范知识短信 4 万余条。开展社会矛盾和安全隐患大排查大整治行动，组织梳理排查社会矛盾纠纷、突出治安问题、重点人群和安全生产等问题，协助省市区督查组分别到街道和回龙桥社区进行专项督查。开展出租房屋安全隐患排查整治行动，加强清理群租房和住人地下室，排查出租屋 74 处，有安全隐患群租房 16 处，整改 16 处，交运公寓楼顶违建群租问题得到有效整治。开展治安重点地区排查整治和突出治安问题集中整治专项行动，虹桥中心一带侵财类案件和警情下降明显，入室盗窃、非机动车盗窃、通信诈骗案，同比下降 66.67%，扒窃案同比下降 28.57%。加强敏感时期稳控值班，抽调街道干部、社区工作者、城管队员、民警（保安）和特勤 5 支队伍约 140 人，对辖区 3个重点防控人员居住点实行 24 小时值守，街道值班领导和值班干部实行 24 小时在岗值班。每天安排街道领导在便民服务大厅现场接待上访群众，及时处理诉求。

【安全生产】 7月14日，挹江门街道依据《关于街道有关内设机构更名的通知》(鼓编字(2017)5号)文件精神，街道"安全生产管理科"更名为"安全生产监督管理办公室"，增加正科级领导职数1人，政府统一招聘分配专职安全员6人。年初，街道落实安全生产"党政同责、一岗双责"主体责任，街道主要领导和分管领导、科室、9个社区及辖区内232家单位签定《安全生产责任书》。成立由社区、企业安全员组成的安全生产应急救援队，投入5万元专项经费，设立9个社区微型消防站，配备消防器材及器械柜。在"安全生产月"活动期间，发放宣传材料1500余份，悬挂横幅42条，张贴宣传画46幅，组织消防讲座5场，完成信息报导29篇。组织企事业负责人、个体工商户和居民170多人参加安全生产及消防讲座，组织160人次进行消防疏散演练。邀请区消防大队、南京液化石油经营有限公司专业人员对辖区内150多家餐饮企业负责人进行消防安全培训，发放500份街道自制"打烊请别忘关燃气总阀"不干胶贴和1800份"安全小告示"。重点检查建筑施工、"九小"(小学校或幼儿园、小医院、小商店、小餐饮场所、小旅馆、小歌舞娱乐场所、小网吧、小美容洗浴场所、小生产加工企业)场所，高层楼宇、危险化学品、人员密集场所，"三合一"(指住宿与生产、仓储、经营一种或一种以上使用功能违章混合设置在同一空间内的建筑)场所、群租房、3个气化站(分别位于佳盛花园小区、港宁园小区、金城花园小区)、养老院等。全年参加安全隐患排查1.13万人次，发现隐患1280处，现场整改887处，限期整改393处。妥善解决华严岗营区坑洞内日军遗留炮弹500多枚、铁路北街182-3号康捷洗衣店、"三合一"场所等10余处较大安全隐患。张贴《九小场所消防告知书》512份，发放《安全隐患告知书》24份，收到单位《安全报告书》460份。

【双拥共建活动】 2017年，挹江门街道发挥各级协会服务站平台作用，组织开展双拥共建活动。在春节、建军节期间组织慰问驻地部队和优抚对象，开展送春联、包饺子、联欢会等系列慰问共建活动。组织涉核人员登记、申请、体检评残189人，完成229人优抚信息核查，全年发放各类优抚对象伤残军人补助金、慰问金等519.08万元。审核、发放"两参"(参战退役人员和参加核试验军队退役人员)人员53人及企业退休人员、转业下岗失业志愿兵13人专项慰问金。审核、登记"光荣人家"896户，发放"光荣人家"牌匾556块。按时逐月发放116名无军籍职工工资，1名退休军干工资和3名无军籍职工遗属补助。开展无军籍职工春节和中秋节两大节日慰问，发放实物食品折合3.45万元，完成无军籍职工工资调整并补发，组织无军籍职工体检90人次。

【文明城市创建】 2017年，挹江门街道组织完成国家文明城市复查，以及每季度省市城市文明程度指数测评工作。街道71名干部全部下沉，会同101名社工组成工作组，按照网格化分片包干，采用"立体式、全覆盖"宣传引导，促使驻区单位和市民参与文明城市创建工作。至年末，参与创建志愿者1800余人次。制作内容涵盖核心价值观、居民公约以及善行义举榜宣传板212块，布置在各个小区院落楼道醒目位置。更换橱窗核心价值观宣传画200余张，并借助横幅、LED显示屏、手绘墙、道旗、微博微信等媒介和采取宣讲及大走访活动等形式，在居民中深入宣传，促进创建工作开展。持续推进环境综合整治，排查梳理辖区8条主干道、2条次干道、15条背街小巷、107个小区院落、3个农贸市场周边以及金川河道环境状况，开展面上、块上和点上三项整治。面上重点整治街巷、重点区域脏乱差；块上重点整治老旧小区卫生死角、垃圾杂物；点上重点整治院落楼栋杂物、牛皮癣、小张贴等。建立健全文明城市创建工作协调联络、监督检查等制度，通过会议、QQ群、现场指导等形式，督促社区完成道德讲堂、未成年人活动台账等各项指标达标工作。针对市民督导团通报问题，全力做到第一时间整改，限时完成，并开展“回头看”，防止反弹回潮。

【延安精神教育中心在察哈尔路社区落成】 6月8日，南京延安精神研究会、区关工委、区教育局、挹江门街道在察哈尔路社区共同举办延安精神教育中心落成典礼暨青少年学习延安精神系列活动开幕式。2004年，在南京广播电视大学原党委书记、南京延安精神研究会副会长、名誉副会长孙洪庆同指导和帮助下，挹江门街道将“延安精神”教育引入察哈尔路社区，建立起全国第一家“延安精神”红色文化教育阵地“延安精神永放光芒”。该中心为原“延安精神”红色文化教育阵地扩建中心，在南京延安精神研究会、区关工委、区教育局和挹江门街道支持下，重塑“延安精神”教育平台，将原有延安精神教育元素从4个单元（延安题词、延安精神诠释、延安纪实、延安影记）扩充到9个单元（新增星火燎原、延安精神内涵、延安先锋、数字延安、延安实证），并把延安精神教育向党群、青少年群体延伸，开展青少年学习延安精神系列活动，在青少年中弘扬延安精神。该社区“延安精神”进社区事例，多次被《南京日报》《金陵晚报》、南京电视台《直播南京》栏目、中央党校和中国延安精神研究会《中华魂》杂志报道，“鼓楼党建网”长期推广。

6月8日，“延安精神教育中心落成典礼暨青少年学习延安精神系列活动开幕式”在挹江门街道举行

【鲁迅园社区24小时自助图书馆开放】 4月，鲁迅园社区24小时自助图书馆正式开放。该馆设在鲁迅楼一楼东侧，面积约50平方米。馆内藏书4500册，专设“鲁迅书架”，摆放鲁迅不同时期著作和鲁迅作

品介绍。年内,鲁迅园社区依托“鲁迅文化”资源,在馆内开展系列主题活动:邀请南京鲁迅纪念馆第一任馆长徐昭武讲解“鲁迅在南京”,南京鲁迅纪念馆现任馆长、南师附中“走进鲁迅”项目教研组组长倪峰解读鲁迅名言;开展学生志愿者一日义工体验、“父爱如山、家风永传”朗读者活动、“我眼中的鲁迅”读书交流会等。至年末,借阅图书1350人次,借阅书籍1532本,开展主题活动4场,220人次参加。

(张莉莉)

江东街道

【基本情况】 江东街道地处南京河西地区北部,东依秦淮河,南以集庆门大街西延、江东软件城为界与建邺区接壤,西临长江,北以定淮门大街为界与热河路街道相望,面积5.95平方公里。下辖9个社区及4个公司,有户籍居民3.51万户9.87万人(含水上公安分局)。街道办事处驻江东北路101号。

2017年,江东街道实现地区生产总值45.7亿元,同比增长9.1%,其中服务业增加值40.79亿元,同比增长10.2%;固定资产投资7.88亿元,完成率105.07%;社会消费品零售总额完成61.74亿元,同比增长10.2%;完成税收10.28亿元、公共收入5.11亿元;人均可支配收入6.95万元,增长9.15%。是年,江东街道获乡镇(街道、园区)统计规范化建设百佳单位、2017年度社区教育先进单位、南京市新增健康支持性环境建设单位称号,宝船社区获评省廉政文化示范点荣誉。

【经济发展】 2017年,江东街道新增银城广场亿元楼宇1栋,完成服务贸易额2794.4万美元,完成进度107.5%。上报专利申请440件、专利授权223件,其中发明专利申请119件,发明专利授权41件。人才工作完成项目申报8个,入选区级人才项目1个,博士徐鹏入选江苏省“双创博士”,博士金学成、侯思园到北京参加国家“千人计划”答辩。

【环境治理】 2017年,江东街道完成15个排水达标片区建设任务,办理7个单位排水许可证,协助南京新厦公司完成25个排水达标区工程作业任务以及15个片区整改回头看任务。出新华保新寓、银城街50号、52号、残联宿舍4个小区。开展燕山路、原银城农贸市场整治及环卫专项执法,完成简易案件725起、一般案件140起,处罚款9.81万元。推进网格化管理,创建江东地区标准化建设管理单元(单位)目标14个。拆除新建违建120余处1000平方米,实现新违建零目标;存量违建治理111.2%,面积1.87万平方米。开展黑臭河整治,全面落实河长制,中保河、下圩河治理工程通过验收。接受省环保督察案件38起,做到件件有回复。开展小餐饮业整治行动,配合区职能部门取缔不符合经营要求小餐饮店8家,并责令银城街的银城小厨、兰州拉面、西安特色面馆、小锅小灶4家餐饮店限期整改无隔油滤渣池和无油烟净化器。完成440万元停车收费任务。改造提升湘江路、浦江路、锦江路、及沅江路等背街小巷,推进垃圾分类,持续做好建成单位维护及考核,完成金陵御沁园、南大宿舍、辰龙广场3个小区垃圾分类创建任务。拆除各类大型广告23处;保障江苏发展大会召开,完成江东北路22座楼宇亮化任务;开展汛期防汛,高效处理"6·10"特大暴雨积淹水点突发事件。

【民生保障】 2017年,江东街道有低收入保障家庭133户217人、低收入保障边缘家庭15户40人,全年发放低保金167.23万元、边缘救助金1.65万元、苏果卡38万元、医疗救助金19.27万元。成立街道慈善分会,完善一站式服务救助平台功能,临时救助12万元,支出型贫困救助11.89万元,教育救助8500元,未成年困境儿童救助4.61万元,残疾人两项补贴(生活补贴和护理补贴)137.24万元。全年新增城镇就业2985人,实现再就业1661人,援助困难人员就业270人;发放小额贷款140万元,办理居民医保2057人、社保补贴823人次、大龄失业保险135人、就业登记证1836人。办理低保户家庭住房保障5户、低收入家庭住房保障13户、中低收入家庭公租房保障28户。新增社会组织10家。

【社区建设】 2017年,江东街道组织开展"5·12"全国防灾减灾演练活动。组织29名失独家庭成员开展"一日游"活动。在宝船公园举办"5·29"主题宣传活动,完成国家级流动人口动态监测检查工作。十九大期间,开展"畅想十九、舞诵华诞、圆梦金盛"群文荟萃等宣传活动26场次。完成南京市高标准社区教育中心创建及原生艺术兴趣课程进鼓楼培智学校合作项目。联合江苏广播电视总台在各个社区特别节日开展"幸福江苏·2017和你一起"社区行活动。审核通过江苏开放大学"学习苑"立项,将龙江小学城市小农夫体验园,升级为城市小农夫生态园。组织残疾人参加鼓楼区第一届运动会,以及肢协、盲协、聋协、智协、精协组织活动10次。完成省级"创业型街道(社区)"创建,创成街道创业型街道和长阳花园创业型社区。联合省市区在睿城社区举办新南京人专场招聘会。开展企业退休人员自管组织负责人培训、庆端午粽艺赛等社会化服务活动。组织退伍士兵参加政策学习和招聘活动,完成优抚对象年度信息核查,组织无军籍职工及优抚对象150人体检,做好"两参"退役人员及下岗士官登记工作。

【平安建设】 2017年,江东街道摸排梳理矛盾纠纷95件,其中重大纠纷32件(拆迁补偿安置8件、电信诈骗2件、城市建设3件、经济纠纷2件、物业管理11件、涉法涉诉3件、涉军维权1件、投资商铺2件),处置和解决56件。协调处理苏宁睿城小区建设养老公寓矛盾、宁工新寓小高层拆迁面积补偿等一批群体性事件,化解宁工新寓居民2000多人次上访,接待居民群访10余次600余人,劝返佳和园上访居民15次400余人,辖区可防性侵财案件立案102起,同比下降50%。

【安全生产】 2017年,江东街道检查建筑工地7家、餐饮场所306家(其中使用液化气瓶244家),排查安全隐患684处,下达整改通知书244份,查封违规使用煤气包餐饮场所4家,拆除违建17处。配合区安监局，完成餐饮场所燃气报警器安装工作。强化危化品管理使用，上门登记检查199幢高层楼宇。开展北河口水厂重大危险源专项检查2次。完成长江之家24户、临江新寓18户、华保新寓13户、滨江公寓9户、月光广场5户，中青园、正泰大厦、百步滨江各1户，海德卫城24户地下室住人清理工作。

【党建工作】 2017年，街道组织各类公开党课72场、专题讨论31场；举办"旗帜鲜明讲政治""习近平总书记新理念新思想新战略"等专题党课84场，组织街道干部在七一前后赴淮安参观周恩来纪念馆，增强党性教育；举办党员志愿服务18场，选树"两学一做"先进典型11个。开展党员干部大走访活动，走访居民4.05万户、企业667家，发放服务联系卡4万余张，梳理汇总问题682条。睿城社区"微公益心行动"和长阳花园社区"四管理党员模式"入选全区党建创新项目。举办并参加红领论坛7期，引导"两新"组织南京远宏物业党支部举办"新时代、新思想、新征程、同心共筑中国梦"——学习宣传党的十九大精神主题知识竞赛。

【睿城社区综合服务中心打造】 2017年，睿城社区引进携才居家养老便民服务中心、江东康复托养中心，恒义锁具等20余家专业社会组织，为居民群众及驻区单位提供便民、利民生活服务、精神文化服务和公益志愿服务等服务保障。社区党总支将"互联网+"思维应用在社会组织党员服务上，开展特色网络服务活动，定期推送组织资讯，组织生活网上公示，拓展组织工作发布渠道。发挥党组织引领作用，以学促做，开展"耆睿学堂"项目，推出书法、电脑、智能手机、绘画等14个特色培训班，由社区党员和居民骨干担任老师、班长，被居民称之为家门口的老年大学。开展"幸福睿城　不老爱情"项目，为社区高龄、空巢老人补拍婚纱照，开展"微公益·心行动"项目，征集2017年度第一届"微公益·心行动"微项目11个，经评审会选出"佳和园环保行动队""面塑工坊""科技达人""美食俱乐部"等6个微项目。"爱上我们家·幸福在睿城"为主线，增强党组织活动开放性、灵活性和有效性。全年，社区接待中央组织部、民政部、全国老龄委、柬埔寨人民党政青年代表团、台湾新北市里长代表团、法国留学生代表团等全国各地及外国友人参观145批4083人次。

（唐　迪）

凤凰街道

【基本情况】 凤凰街道地处南京河西地区北部，东临秦淮河，南沿汉中门大街，西至江东北路，北至草场门大街，面积3.85平方公里。下辖12个社区，有户籍居民4.35万户14.8万人。街道办事处驻嫩江路59号。

2017年，凤凰街道完成地区生产总值24.57亿元，同比增长9.1%，其中服务业增加值23.56亿元，同比增长10.5%；完成社会消费品零售总额34.18亿元，同比增长9.8%；完成固定资产投资1.5亿元，完成率50.06%；完成公共收入5.44亿元，同比增长21.9%；完成全口径税收11.06亿元，达必成目标125.27%；城镇居民人均可支配收入7.71万元，同比增长8.9%。是年，凤凰街道档案室获省AAA级数字档案室及省三星级档案室，街道获评南京市公共机构节能示范单位称号。

【经济发展】 2017年，凤凰街道落户到账注册资本1000万元以上企业6家，增资项目2个，外资项目2个。在中海大厦设立企业服务站，掌握楼宇内重点企业信息，通过精准服务实现招商、留商。全年新增企业195家，属地纳税率达100%；区外经营区内纳税重点企业10家，50家大户无一外迁，稳固率达100%。全年获取有效人才信息26条，网上提交高层次人才15人，入选区高层次人才2人。专利申请279件，完成目标进度216%；发明专利申请133件，完成目标进度261%。江苏苏力环境科技公司被认定为高新企业，实现辖区高新技术企业零突破。协同国家大学科技园管委会走访服务南京审计学院，围绕"两落地一融合"目标，推动南京审计学院在江苏大院大所合作交流会上与鼓楼签订产学研一体化大学科技园合作协议，并跟进科技园筹备工作。 （胡定梅）

【环境治理】 2017年，凤凰街道有14个小区被列入出新改造，7个小区在外秦淮河沿河改造范围，涉及255栋住宅楼，面积逾60万平方米，拆除违建904处1.34万平米，其中配合小区改造拆违758处1.18万平方米。对南京审计大学、省安全厅、凤凰庄112号、公交治安分局（合计7幢楼）安全排查，定期督促产权单位整改。凤凰庄112号危旧房改造进入方案深化阶段，公交治安分局危房改造完成。推进既有住宅电梯增设工作，25个楼栋单元申请安装电梯，其中6个单元取得施工许可证，2个单元进场施工。围绕中海周边片区推进城市管理示范区建设，街道有关部门协调地产开发、物业、市政、环卫、停车以及交警五大队等单位，齐抓共管，建立"中海环境治理"微信群、"中海片区商户管理服务"微信群，实现商户线上线下互动服务与管理。分析梳理7个二次供水改造小区基本情况，与物业、居民对接，发动群众志愿者协助开展工作，华阳佳园、漫城名苑等4个小区二次供水改造工程施工。开展集中整治行动，取缔游商500多次，整治占道经营、倚门出摊逾1000次，规范门头店招100多个，处理垃圾、乱堆物料案件3000件，清拖乱停乱放共享单车千余辆，处理"三乱"（乱写、乱画、乱张贴）16起，罚款6600元。配合区停车办和交管部门取消凤凰西街鼓楼区一中心幼儿园门口两侧泊位，清除凤羽路中海凤凰熙岸业主私划停车泊位，复划1687个道路停车泊位。核查街道所有道路泊位，集中整治校园周边道路停车秩序。

（石国生）

【民生保障】 2017年，凤凰街道利用省民政综合业务平台，使用率和历史数据录入率100%。新增城镇就业2450人，新增高技能人才71人。失业人员就业指导401人次。城乡居民养老参保220人，新制市民卡1941人，培育自主创业423人，扶持青年大学生创业94人。全年保障低收入家庭374户542人，保障总额每月逾35万元；保障边缘家庭41户86人，保障总额每月3000多元。救助因病支出型贫困家庭23户25.95万元。慈善救助19户1.9万元,临时救助家庭19户10.84万元。街道临时救助107户6.21万元。完成低收入家庭住房保障申报82户。以走访、座谈形式慰问共建部队,按时足额发放各类优抚金192人次,总额近300万元,各类优抚资金发放率和准确率100%。将40%社区服务用房用于养老服务,在12个社区设居家养老点、老年大学、老年助餐服务、老年文化活动等老年服务项目。完成适老化改造6处,新增老年食堂2处,为地区独居特困老人增装"安康通、康惠通"18部。成立12家社区残疾人协会、4家残疾人服务机构。全年为104名70岁以上残疾老人发放祝寿金1.35万元,为残疾人发放轮椅等辅具41件,为残疾人家庭发放彩电、洗衣机等家用电器40件。为40名无业育龄妇女报销四项手术费5818元,为945名独生子女父母发放奖励专项经费5.67万元,完成425份独生子女父母一次性奖励金审核并发放,为87名失独人员及31户低保家庭独生子女购买保险,为12户计生困难家庭发放公益金2.6万元。

【社区建设】 2017年,凤凰街道斥资110万元,在芳草园8号打造建筑面积1200平方米"乐善为邻"社会综合服务中心,服务涵盖社会组织、助老、为小、社区文化等方面,持续开展居家养老、百姓书坊、诗画鉴赏、少儿娱学等各类社区活动。完成一线社会体育指导员统计及数据录入,更新8套室外健身路径,组织健身球、手杖操、太极拳、柔力球、体育舞蹈、毽球、空竹等培训,全年举办各类体育活动35场。推广《蓝天园社区报》《龙江风》等乡土文化产品,以"凤凰文化周"为开端,开展一系列阅读、分享活动;与南书房、金盏花文化艺术中心等组织合作,培育优质文化产品。成立街道社会组织发展促进会,培育"乐动凤凰""安馨居"等社团,开展文化活动、居民心理咨询与助老服务,指导社会组织参与公益购岗服务20多项,登记备案合格率100%。 (唐　斌)

【平安建设】 2017年,凤凰街道做好"一带一路"高峰论坛、江苏发展大会、十九大期间信访维稳工作,摸排重大群体矛盾9起,化解3起,重点涉稳对象9人,息访1人,解决区交办信访1起,没有发生滋事和集访、闹访、缠访事件。全年接"12345""96180""网络问政""领导信箱"等工单8000余件,按时办结率100%。在全街范围内悬挂平安法治宣传横幅100余条,展示法制宣传展板50余块,发放宣传资料8000多份,开展普法教育活动6场次,受教育4000多人次,接待群众法律咨询200余人次,维护群众合法权益,有效杜绝矛盾升级。 (杨　军)

【安全生产】 2017年,凤凰街道联合相关部门开展餐饮场所燃气安全专项检查,查出隐患792处,隐患整改711处,整改率90%,拆除餐饮后场违建56处。与百江燃气公司签订共建协议,联合多部门排查整治,消除餐饮场所安全隐患60处,为餐饮店免费安装燃气报警器403个,更换煤气包管线300多米、夹头250多个。牵头对属地36个小区、163幢高层建筑进行消防检查和隐患排查,责令责任单位整改消防制度不落实、火灾监控设施故障、消防泵不能使用等突出隐患，并定期开展复查。集中开展地下室违规住人整治行动，清理花开园小区42家住户。

【凤凰熙岸社区正式运营】 4月，凤凰熙岸社区服务用房经改造装修开始运营。社区居民委员会成立批复于2016年6月，社区党总支委员会成立批复于2016年8月。社区位于秦淮河畔，因凤凰熙岸小区而得名。凤凰熙岸社区东起凤凰东街，南至凤凰西街，西到北圩路，北临清凉门大街，占地总面积20.4万平方米，辖区住户3263户8150人。驻区单位主要有芳草园小学凤凰校区、鼓楼区一中心幼儿园、南京海润房地产开发有限公司、环宇城等。社区采用“公共服务项目外包”形式服务居民，办理低保申请、尊老金申请、就业失业年检、社保卡申领、生育计生、残疾人救助、贫困家庭帮扶等民生工作。在社区服务中心设置为老、为少活动室，引进凤凰居家养老服务组织和南京邮电大学阿波罗青少年科技俱乐部，开展社区居家养老服务，开设老年大学课程和少儿机器人、航模、陶艺培训课程。特别设立南京青年大学生创业证申领与办理服务，鼓励和扶持青年大学生创业，创新“线上线下双服务”，通过手机和网络，将社区工作直达居民移动终端，形成信息互动反馈，促进社区工作效率和提升社会效益。

（唐　斌）

【华阳佳园小区地下室消防安全隐患清除】 2005年，华阳佳园小区华彩苑4栋临街楼地下室2600平方米隔成216小间分给业主。部分业主把地下室出租，最多时有承租户95家，居住近200人。地下室阴暗潮湿，部分承租人使用液化燃气，存在重大安全隐患。2017年4月29～30日，街道集中开展联合整治行动，首先清理2栋楼地下室居住人员，拆除违建约1000平方米，拆除4栋楼地下室违建棚屋和隔断2600平方米，清运地下室违建杂物及生活垃圾60余车约200吨，前后出动人员300余人次、警力50余人次。华阳佳园小区地下室清理成果，被评为南京市2017年大走访活动典型案列。

（朱成亮）

【关爱少数民族务工经商人员】 2017年，白云园社区有少数民族居民152人，其中回族118人，维吾尔族、侗族、苗族、满族、朝鲜族等34人；登记在册少数民族流动人口45人。由于少数民族生活习惯不同，生活方式存在差异给社区管理带来一定困难。社区协同配合城管部门做好思想工作，取缔新城市广场、金润发等繁华地段新疆人烤羊肉串、卖哈密瓜等违规经营摊位。调解新疆美食城因占道经营、油烟扰民、噪音污染与居民发生纠纷，引导少数民族同胞遵守城市管理规定。通过沟通、招商，新疆美食城成功转型为品牌奶茶店、婴儿游泳馆，邻里矛盾得到化解。同时，社区针对新疆籍务工经商有30人实际情况，成立全省首家“新疆籍务工经商人员服务管理工作站”，以社区和新疆驻江苏省工作组为主体，开展结亲交友活动，为新疆籍务工经商人员提供困难帮扶、法制教育等多元化服务，维护少数民族群众合法权益。

（杨　军）

热河南路街道

【基本情况】 热河南路街道东至明城墙，南至定淮门大街，西临长江，北至中山北路，面积5.1平方公里，水域面积2.37平方公里。下辖9个社区，有户籍居民2.64万户，户籍人口6.38万人，总人口8.91万人。街道办事处驻热河南路92号。

全年实现地区生产总值36.85亿元，同比增长9.4%，其中服务业增加值36.27亿元，同比增长11.1%；完成全口径税收3.64亿元，超额完成686万元，完成目标进度101.9%；公共财政完成1.76亿元，同比增长1.7%，完成目标进度81.7%；社会消费品零售总额完成63.1亿元，同比增长9.4%；全社会固定资产投资34.14亿元，完成171%，投资总量与增幅比例位于全区第一；城镇居民人均可支配收入6.58万元，同比增长8.85%。是年，街道获南京市为侨服务荣誉单位、南京市通联集体、2016年南京市特种设备安全管理先进单位、城市治理工作优胜街道称号。

（陈贯源）

【经济发展】 2017年，热河南路街道引进企业245家，其中注册资金千万元以上43家，实际注册资金到账千万以上大项目8个，到账资金1.6亿元，新引进外资项目2个。完成专利申请60件，其中发明专利16件；完成专利授权15件，其中发明专利授权2件，超额完成目标任务。推荐高层次人才15人，顶尖科技专家1人，省双创人才2人，其中顶尖科技专家进入市考察程序，高层次人才入选1人。金陵湾、中海桃园、当代万国府、复兴大厦、仁恒桃园、中海滨江以及南医大二附院等7个项目施工。

（刘尚业）

【环境治理】 2017年，热河南路街道9个老旧小区出新拆违，拆除违建302处4781平方米。专项整治依门出摊、占道经营、夜市摊点140批次，取缔占道经营108处，罚款3.3万元，暂扣经营工具610件，罚款1.22万元；拆除违规、破旧店招店牌110处，取缔无证洗车点6家，清除各类招贴“牛皮癣”7000余处。全年进行4次黑臭河集中整治，19家排水不达标单位全部完成排水达标区任务。河西片区4个老旧小区、近1000户居民实施物业管理。开展餐饮业污染整治，联合综合执法大队、区市场监管局、二板桥派出所等400余人次，进行6次餐饮集中整治，取缔商户40余家。巡查辖区内9家工地，整改中海桃源里工地管理及扬尘，开具当代置业工地停工整改通知书。是年，街道获南京市市容长效管理优胜街道称号。

（张广亮）

【民生保障】 2017年，热河南路街道帮助1225人实现再就业，其中援助困难人员再就业270人；培训自主创业者366人，带动就业2626人；开设培训班10期，提供就业岗位2106人次，注册8家公益组织。全年发放低保金419.15万元，新进低保26户30人，停发65户108人；慈善实物救助150人2.8万元；慈善现金救助76人次1.93万元。办理老年证758张，2126名80岁以上高龄老人申请高龄补贴145.3万元，新增紧急呼叫终端11户。为48户侵华日军南京大屠杀幸存老人、70岁以上独居、“五类”(城镇“三无”人员、农村“五保”人员,低保及低保边缘的老人,经济困难的失能、半失能老人,70周岁及以上的计划生育特殊扶持老人,百岁老人)老人困难家庭进行适老化改造(对失能、失独、空巢等情况特殊和经济困难老年人家庭及南京大屠杀幸存者,给予居所相关设施免费改造,以适应老年人日常起居生活)。倡导健康文明读书风尚,姜圩路社区24小时图书室试运行。在既有住宅增设电梯工作中,小桃园社区安装电梯1部,清江花苑社区8部电梯安装施工。

【社区建设】 2017年,热河南路街道组织开展窗口单位作风建设提升年活动,修订完善《热河南路街道专职社工考核办法》《热河南路街道专职社工考勤管理办法》,成立街道社区作风纪律监督员队伍,不定期监督检查街道便民服务中心及社区,组织居民群众满意度测评,评选“十佳社工”和“文明窗口单位”,营造风清气正工作环境。制定《热河南路街道社工培训计划》,定期开展社工岗位培训,每月组织一次社工论坛,每季度召开一次难题会诊,以培训、交流、观摩等方式提高社区工作者综合素质。推进全科社工(全面掌握各项社区工作职业技能的社区工作者)队伍建设,支持和激励社区工作者参加职称考试,全面提高社区工作者工作能力和服务居民水平。开展特色社区创建活动,引进二板桥“讲茶社”、阳光律师协会、新河村“心河”社会服务中心、“童助快参园”4点钟学校、金陵图书馆清江花苑分馆、姜圩路“扶步学堂”“24小时书屋”等社会组织,形成优势互补、相互衔接、项目齐全社区服务网络体系。 (周长春)

【平安建设】 2017年,热河南路街道妥善处理社会性矛盾纠纷220余起,调解集访性突出问题19件,成功化解8件,推进纬三路过江隧道、客车厂矛盾、桃源里项目、酿造厂项目4起群体矛盾化解工作。做好重点人员稳控工作,加强与责任单位协调沟通,推进信访积案化解。做好党的十九大、侵华日军南京大屠杀死难者国家公祭日等重点时段维稳安保工作。开展社会矛盾安全隐患大排查大整治专项行动,排查辖区出租房屋3681户(套),整治群租房45户(套)、地下室10套(间),消除安全隐患104处。至年末,刑事案件发案率同比下降48.4%,其中入室盗窃下降47.7%、盗窃摩托车下降33.3%、盗窃非机动车下降58.8%,群众安全感满意度97%。全年围绕物业管理、群体矛盾化解、防电信诈骗、老年人维权等热点,开展广场法律宣传活动4次,发放宣传材料3000余份;开展“律师讲坛”活动4次,排查受理各类民事纠纷280件。 (陈发根 徐春海)

【安全生产】 2017年,热河南路街道落实各级安全管理责任制,与9个社区、7个科室签订《2017年度安全管理目标责任书》,795家生产经营单位填报《企业安全生产报告书》和《安全生产承诺书》。落实安全生产巡查制度,加强宣传、严密梳排、迅速整改,抓好节假日期间,安全生产工作。辖区在江苏发展大会、十九大、侵华日军南京大屠杀死难者国家公祭日期间,各项工作平稳有序,未发生重特大安全事故。联合安监、消防、住建等职能部门检查企业235家次。牵头组织排查餐饮场所169家，发现隐患400余处，在规定时限内全部完成整改任务，安装燃气报警器185台，使用率稳定在97%以上。安全巡查工地8家，普查辖区高层建筑消防设施，清江花苑、清江西苑陆续开展整改。加大辖区重点隐患整改力度，各部门通力协作完成姜圩路52号“楼歪歪”危楼隐患整改。

【护城河、惠民河河道整治】 2017年，热河南路街道完成西北护城河、惠民河黑臭河道整治任务，以及国考河道清江河维护保障任务。年初成立街道河道整治办公室，确定街道河长制工作方案，建立街道河长制工作制度。确定街道工委书记为街道总河长，6个涉河社区党支部书记为社区河长，聘请4名党员为民间河长、6名热心居民为社会监督员。完成97个片区雨污分流整治项目和12个排口整治任务。开展排水达标区推进工作，完成18个单位排水达标区新建项目、29个片区雨污分流新建项目、46个片区雨污分流回头看项目、4个片区排水行为规范项目，16家新建单位办理排水许可证。分别在渡江纪念馆广场和清江河边游园广场举行2次黑臭河道整治大型宣传活动，以横幅、橱窗、黑板报等形式宣传200余次，发放宣传单和宣传手册1000多份。落实河长制工作制度，召开26次大例会、48次周例会、12次专题会、20次居民议事会，报送河道整治工作信息34篇。街道河长巡河24次，社区河长及民间河长巡河300余次，并做好河长工作日志和巡河记录。开展沿河整治，拆除沿河违建2处95平方米，查处违规偷排水事件5起；组织4次河道周边环境卫生集中整治，清运生活垃圾35车、建筑垃圾23车，清理违规菜地600平方米，清除“牛皮癣”100余处。

（姜国富）

【“榜样在身边”主题党日活动】 6月28日，热河南路街道以“榜样在身边”为题举办主题党日活动。区四套班子有关领导、区委办、区督察办、区委组织部等部门领导，金陵瞭望杂志社领导以及部分驻地单位代表、党代表、人大代表、政协委员、“热南榜样”和现场市民300余人参加。南京电视台著名节目主持人吴晓平主持，网易平台全程网络直播。活动以舞蹈、相声、魔术、小品等群众喜闻乐见艺术形式，讴歌身边“热南榜样”先进事迹，鼓舞热南人超越自我、见贤思齐，以榜样力量汇聚起建设“创新热南、人文热南、共享热南、平安热南、宜居热南”正能量。

【“红领计划”实施】 2017年，热河南路街道实施区“红领计划”(社区党建红领计划)，与江东街道、凤凰街道结成第六片区党建联盟，制定《红领计划第六片区联盟工作计划》。先后举办第六片区联盟座谈会“党建引领　资源同享　共治共创”、片区联盟二级党支部书记轮训、第六片区联盟中期推进交流分享会等活动，并以访谈形式承办区第七期“红领论坛”。

（郗小红）

【街道“12345”政务热线服务】 2017年，热河南路街道政务热线服务办公室建立“提醒通报、培训交流、考核评比、督查问责、应急响应”等一系列长效管理配套机制，在全市街道层面首创“12345”政务热线办理“三位一体”考评模式，承办科室、条口责任人和责任社区在工单办理中积极性、主动性显著增强，街道热线服务工作水平和质量再上新台阶。全年受理办结工单4672件，工单办结率100%，办结提速率92.6%，作风满意率92.85%，结果满意率88.74%，综合满意率93.17%，年度绩效考核排名列全区街道组第一名。1人获评南京市2016年“12345”政务热线群众诉求办理工作先进个人称号。

（张　立）

阅江楼街道（下关街道）

【基本情况】 阅江楼街道地处南京主城滨江核心区域，东起大桥南路与建宁路街道相接，南至中山北路与热河南路街道、挹江门街道相接，西临江边路长江岸线，北到煤炭港与宝塔桥街道相接，面积3.74平方公里。下辖8个社区，有户籍居民2.1万户、人口5.4万人。街道办事处驻北祖师庵45号。2017年12月27日，阅江楼街道更名为下关街道。

2017年，阅江楼街道实现地区生产总值103.83亿元，同比增长9.3%，其中服务业增加值94.48亿元，同比增长11%；固定资产投资4.2亿元，同比增长13.9%；实现社会消费品零售总额65.93亿元，同比增长10%，属地企业实现全口径税收5.33亿元，受税收政策调整影响同比降幅6.7%；公共收入2.83亿元，降幅13.5%；城镇居民人均可支配收入6.74万元，同比增长9.1%。是年，阅江楼街道获南京市政协理论研究会2016～2017年度优秀论文三等奖。

【经济发展】 2017年，阅江楼街道招商引资新增企业318家，注册资本320.23亿元，其中1000万元以上企业89家，注册资本316.35亿元。是年，滨江全面启动开发建设，长江航运中心、电厂综合楼启动招商，世茂滨江二期9号楼推进拆迁，11号楼外立面施工，10号楼封顶。长江峰景二期主体封顶；龙湖春江紫宸、深业半岛、证大大拇指广场、恒大滨江等商住综合体陆续竣工交付，茂悦港商贸街区投入运营。网上申报“创业南京”人才9人。全年完成专利申请275件，其中发明专利100件；专利授权101件，其中发明专利授权41件。

【环境治理】 2017年，阅江楼街道出新老旧小区7个，拆除违建592处3.28万平方米。整治街巷4条，根据盐东街、新民路、花家桥3条街巷走向，制定“一纵两横”（一纵指南北走向的多伦路，两横指东西走向的花家桥和盐东街）整体提升方案，完成前期设计；拆除中山北路、建宁路等主干道沿街违章广告34处787平方米，规范倚门出摊2105起，整治各类占道经营1785次。12月，在城市治理工作考核中排名全区第一。开展惠民河和西北护城河河道整治，拆除违建31处727.7平方米，包括5米蓝线范围内违建10处321.8平方米。完成惠民河河道清淤6995.28立方米，排口整治改造5个；西北护城河清淤

22万立方米,排口整治改造16个;完成河道生态修复、控源截污和引水补水等所有工程。建设排水达标区13个,制定街道河长制工作方案。年内先后接受区领导和鼓楼地区部分全国、省、市、区四级人大代表,区人大常委会全体成员视察西北护城河、惠民河河道整治情况,部分市区政协委员一行实地视察惠民河河道整治工作。

【民生保障】 2017年,阅江楼街道有最低生活保障户931户1483人、最低生活保障边缘户52户123人。年内发放保障金115.6万元,春节慰问困难居民126户210人,发放慰问金21万元。组织企业退休人员体检5600人次,发放市民卡651张,救助孤儿30人次。组织残疾人职业技能培训6场,培训120人次。新增就业人员1937人,新增高技能人才培养68人、发放小额贷款50万元。单位社会保险净增缴费人数150人,城乡居民养老保险参保新增625人。办理居民医保561人,办理社保补贴500人50万元,落实大龄延长优惠政策通过50人,办理失业金申领510人,办理就业登记证1098人。完成为民服务项目201个,投入资金160万元,涉及小区绿化、道路整修、下水改造、增设楼梯扶手、养生教育等方面。办理低保户家庭住房保障33户、低收入家庭住房保障80户、中低收入家庭公租房保障40户。

【社区建设】 2017年,阅江楼街道党工委提出关于空间、功能和标准的"三区"融合发展目标,"打造高尚舒适社区、营造繁荣活力街区、建设生态人文景区"。街道借助技术、管理和手段的升级,建设智慧社区公共服务平台、区域经济发展信息平台、区域社会综合治理平台,探索物业公司在基层党建中作用。基于"三区"融合发展和"三平台"建设两方面支撑,形成滨江老城复兴典范。完成新民门社区阅生活综合服务体和盐大街道特色社区打造,特色社区服务用房累计新增面积800平方米。建成为老服务中心厨房1个、残疾人托养"残疾人之家"1所,实现养老服务覆盖60%以上,初步实现"细小服务不出楼幢,一般服务不出小区,重点服务不出社区"目标。全街道有公共文化设施面积1.12万平方米,全年开展群众性文化活动24场,举办"幸福鼓楼"社区文化艺术节系列活动60余场。将每月10日、20日定为居民"奉献日",把7月定为党员"活动月",形成"月月有活动,活动多主题"文化特色。全年组织开办社区工作者业务培训16期,推动专职社工队伍专业化发展。年末,街道与市信息化投资控股有限公司合作开发的"互联网+社区"互动式智慧社区管理平台上线,完成平台中各类公共服务项目开发运营。有在册社工73人,持证社工70%。

【平安建设】 2017年,阅江楼街道结合大整治大排查工作,清理违规群租房54家,整改23家,清理地下室住人16处,发放整改通知书168份。完成"平安江苏"APP平安志愿者注册676人。全年发放综治宣传品2万余份,开展普法讲座5次,张贴宣传画500余份,悬挂横幅100余幅,发放《致居民朋友一封信》6000余封。街道平安志愿者队伍为江苏发展大会、国际滑轮比赛、“南京马拉松暨全国马拉松锦标赛”等重大活动提供安全保障。打造多伦路社区“平安志愿者之家”基层志愿服务品牌，该品牌在7月全区“平安志愿者之家建设”交流会上发言，并作为区品牌向南京市平安志愿者联合会推荐。组织开展群众安全感调查测评，满意率95%。全年调解处理矛盾纠纷313起，成功率100%。建立司法行政服务站和法律公共服务群，每社区配备法律顾问，法治建设满意度96%。

【党建工作】 2017年，阅江楼街道定期举办机关干部学习报告会，先后邀请2名老同志传授工作经验，4名科长汇报科室工作和学习体会。4月，编印党员干部学习资料，人手一册，方便党员干部自学、自省、自警。开展党员干部“大走访”活动，全年走访居民1.98万户、企业544家，收集梳理450个问题，全部整改完毕。落实“社区党建红领计划”，与华侨路街道结为党建联盟。重点打造“党员魅力星屋”“书香新民”两个社区党建活动阵地。指导紫竹集团党委完成更名、升格、班子选举工作，多伦路社区成立“昕多多”社会公益组织支部，助推社区党委开展“三多”特色志愿服务。

链接：街道党建联盟

华侨路街道和阅江楼街道落实鼓楼区“社区党建红领计划”，率先成立党建片区联盟，共同开展青蓝结对、双挂双促、后备蓄力、精准培训等活动。7月底，联合华侨路街道承办第二期“鼓楼红领论坛”，邀请联盟内6名社区书记交流。组建社区书记导师团，聘请6名资深社区书记为导师，以片区微信、主题讲坛等形式为新书记答疑解惑。全年党建联盟开展党务知识、政策法规等培训12场，参加全区小班化教学3次，分专题对连任书记、新任书记、示范社区等社区书记进行示范培训4场，组织参加“鼓楼红领论坛”7次，邀请专家学者开设基层党建工作辅导讲座2场，邀请青蓝结对新任书记、挂职锻炼副书记、二级支部书记座谈交流2次。

【“阅江楼街道”更名为“下关街道”】 8月，鼓楼区11名人大代表提出《关于建议鼓楼区政府启动变更阅江楼街道名称工作的议案》，建议将“阅江楼街道”更名为“下关街道”，从而让“下关”名称得以留存，“下关”历史文化得到传承。阅江楼街道和区相关部门深入调研、广泛征求各方意见，报经区政府研究决定，提请市政府将“阅江楼街道”更名为“下关街道”。《市政府关于鼓楼区阅江楼街道更名为下关街道的批复》（宁政复〔2017〕93号），12月27日起，“阅江楼街道”正式更名为“下关街道”。

【国家公祭仪式区域分会场悼念活动】 12月13日，根据侵华日军南京大屠杀死难者国家公祭日丛葬地活动安排，区长刘军等区领导以及来自社会各界群众、学生、官兵、干部代表3000多人参加侵华日军南京大屠杀死难者中山码头丛葬地公祭仪式。区委区政府其他领导分别在挹江门、区煤炭港、下关电厂等侵华日军南京大屠杀死难者丛葬地参加悼念活动。

（李为洁）

建宁路街道

【基本情况】 建宁路街道地处南京长江大桥南端，东起中央门立交桥，与玄武区相临，南至护城河，与中央门街道、挹江门街道相邻，西至阅江楼景区建宁桥，与阅江楼街道相邻，北至沪宁铁路，与宝塔桥街道、小市街道相邻，面积2.32平方公里。下辖8个社区，有户籍居民2.47万户、常住人口5.66万人。街道办事处驻安乐村244号。

2017年，街道完成地区生产总值33.39亿元，增长9.2%；服务业增加值32.71亿元，增长10.7%；完成社会消费品零售总额100.1亿元，增长9.5%；完成公共财政预算收入1.77亿元，完成进度102.43%；完成全口径收入3.09亿元，完成进度106.01%；固定资产投入1.11亿元，人均可支配收入6.49万元，增长9%。是年，建宁路街道获全国红十字防灾减灾避险知识竞赛二等奖、南京市科协系统创新争先先进集体称号。

【经济发展】 2017年，建宁路街道新注册外资企业2家，完成新增到账千万元以上大项目12个，实际到账注册资金8.56亿元。实现外贸出口2831万美元，完成进度102.95%；完成服务外包执行额5129.4万美元，完成进度102.59%，其中服务外包离岸执行额2667万美元，完成进度106.68%。

【环境治理】 2017年，建宁路街道完成建宁路20号等6个老旧小区出新任务，完成仙鹿雅居、金川花苑二次供水设施改造。做好辖区内西北护城河、城北护城河、外金川河、张王庙沟6.7公里河道整治工作，完成57个排水达标区建设、34个排口整治任务，11家单位办理排水许可证；落实街道、社区"河长制"工作要求，专项整治河道沿岸环境，拆除违建1025平方米，清理垃圾死角65处，完成治理工作年度任务。全年拆除乱搭乱建近3万平方米，拆除楼顶违规广告15处，整治问题广告牌86块，整治出新陈旧破损门头店招57家；查处占道经营、倚门出摊、流动摊贩等现象1300余起，联合工商部门取缔无证餐饮店10家，新建、改建文化景观墙16处4000余平方米。施划停车位320处，张贴违停罚单2100余张，铁院路通过南京市停车示范道路达标验收。铺设路面、地坪、地面硬化4000余平方米。是年，街道城市治理长效考核成绩位居全区第四。

【民生保障】 2017年，建宁路街道新增城镇就业1768人，实现再就业910人，援助困难人员就业190人，培育自主创业254人，创业带动就业2182人，扶持青年大学生创业80人。在职职工培训1573人，再就业培训346人。城乡居民养老保险参保230人，居民医保缴费5801人，企业退休人员免费健康体检6013人，社会保障工作全区综合排名第一。落实优抚政策，完成"两参"退役人员慰问金发放申请登记初审。全年发放计生一次性奖励396人142万元，65名易肇事肇祸精神病人监护人纳入以奖代补工作。

【社区建设】 2017年，建宁路街道创建省社区教育示范中心，建成1个AAA社区居家养老服务站、1个助餐服务点，办理2182张老年人就餐卡，全年用餐9.23万人次，实现社区助餐服务全覆盖。建成0～3岁婴幼儿早期发展指导站2个，引进“苹果树”为小服务社会组织进驻社区，提供0～3岁早教亲子互动服务。推进既有住宅电梯增设工作，3部电梯安装运行，2部电梯施工，1部电梯规划审批，2部电梯申请通过初审。加强社工队伍建设和管理，街道持证社工24人，持证上岗率48%。1人当选南京市优秀社工。全年组织社区开展文化体育活动122场次。

【平安建设】 2017年，建宁路街道完成全国和省市区“两会”、清明节、“一带一路”高峰论坛、江苏发展大会及党的十九大时期维稳工作任务。在8个社区建立32支小喇叭巡逻队，中央门商贸区开展巡逻1200人次，案件发案率同比下降29.8%。组织综治平安创建集中宣传活动12次，在小区出入口摆摊设点宣传32次，制作标语牌120块、展板16块，上门走访群众4600多户，接待来访群众563人。开展法制宣传活动28场次，解答法律咨询560人次。安置帮教刑满释放人员84人，无一脱管、漏管和重新犯罪发生，辖区可防性侵财案件立案110起，同比下降44.4%。排查调处各类矛盾纠纷692件，涉及赔偿金120余万元，全部化解，调解成功率100%。街道司法所1人获南京市最美人民调解员称号。

【综合执法数字化指挥平台建设】 2017年，建宁路街道全面启动综合执法平台建设，率先在全区建成综合执法数字化指挥平台。投资约30万元，配备数字化大屏、电脑、打印机、操作台、空调以及文件柜等设施设备，并申请安装电信专线，满足平台日常运行。结合街情实际，科学化设计工作流程，信息化采集问题菜单，规范化处理整改问题，统一安装综合执法软件系统，完成综合执法平台组织框架和运作机制建设，形成快速化反应机制。该平台实现人员定位、行动轨迹、处置点位全程管理，案件处置全程监管，执法人员实时查看待处理事项，工作人员全程掌控案件处置情况，及时调整处理方法，对异常情况进行指导，实现人员效能、案件类型和重点区域科学研判，有效控制辖区问题菜单、“12345”“12319”热线投诉量。

【首个综合行政检查执法大队成立】 10月，建宁路街道针对城市基础建设相对薄弱和老旧小区较多情况，率先成立街道综合行政检查执法大队，将行政检查执法职能与行政处罚执法职能相对分离，通过行政执法制度改革解决街道“看得到、管不了”、部门“管得了、看不到”问题和街道行政执法力量不集中、区街执法边界不清晰、执法处置不及时等问题。

【建宁路商圈党建助企工程】 2017年，建宁路街道党工委抓住建宁路商圈商贸企业多、小微公司多、专业商会多特点，与商圈内各家党组织协商，实施建宁路商圈党建助企工程，破解非公企业和商会等小微支部党建工作难题，增强建宁路商圈企业竞争力。项目依托建宁路商圈党建群基本架构，由金盛集团党委牵头，统筹解决活动阵地、项目运营等问题。金盛集团党委在其新办公楼专门划出100平方米办公面积作为党员活动室,供党建群成员单位党员阅读、学习、开会和组织活动。配强党建工作人员,由金盛集团党委办公室负责商圈党建群日常工作,街道选派工作能力强、党建工作经验丰富的同志担任商圈党建群指导员,负责协调、指导商圈党建群开展活动。开展“联办论坛”活动,每半年组织一次党建论坛,由街道党工委牵头,金盛、金桥、玉桥和长客集团党委轮流与街道联办,传达学习党的路线方针政策,互通党建工作动态,分享党建工作经验,交流热难点问题。开展“联合党建”活动,由大的企业党委牵头,若干小微支部共同参与,实行“党务+业务”管理模式,为小企业提供信息、技术、培训、销售等服务,增强商圈企业抵抗市场风险能力,进而助推联合党建深入发展。

【街道安全生产监督管理办公室成立】 7月,建宁路街道经济发展服务科挂牌“安全生产管理科”正式更名为安全生产监督管理办公室。工作人员11人。全年走访商户和生产单位1300余家,发放安全生产宣传告知书1450份。联合区商务、市场监管和公安消防等部门召开联席会议8次,组成餐饮企业和高层建筑联合检查组16轮次,分别对346家餐饮小吃店、41幢高层楼宇、66家“三合一”(居住、销售、货物储藏)场所、87家群租(公寓)房、13家汽修厂和15家油漆经营部(涉及危化企业)进行消防安全检查,签订餐饮场所安全承诺书346份,及时排查和整改一般安全隐患600余起,安装燃气报警器282家,报警器正常使用率100%,全年未发生安全生产责任事故。 (沈思嘉)

宝塔桥街道

【基本情况】 宝塔桥街道位于长江南岸鼓楼区北部,东起五马渡,南以南京西站货场铁路为界,西至煤炭港,北临长江,面积7.48平方公里,其中陆地面积5.9平方公里。下辖12个社区以及金大农工商总公司,有户籍人口2.8万户7.38万人、常住人口3.92万户10.75万人。街道办事处驻燕江路58号。

2017年,街道完成生产总值58.63亿元,增长8.8%,其中服务业增加值25.4亿元,增长10%;实现社会消费品零售总额23.07亿元,增长10.3%;实现属地企业公共财政收入1.24亿元,较2016年增长47.1%。全年税收收入2.4亿元,税收同比增长47.58%。人均可支配收入4.45万元,增幅长8.75%。

【经济发展】 2017年,宝塔桥街道新引进企业319家,累计注册资本13.56亿元,较2016年增长10%,其中注册资本千万元以上企业52家,实际到账大项目4个,实际到账资金1亿元;新引进科技型企业54家,其中注册资本千万元以上企业14家。

【环境治理】 2017年,宝塔桥街道综合整治金陵小区农贸市场及周边环境,专项整治燕江路、金燕路、水关桥等重点路段和区域占道经营、流动摊点。出新金陵新一村、新二村、上元里等老旧小区 10 个，推进老虎山地质灾害及游园绿地建设，拆除违建 643 处近 5 万平方米，其中老旧小区综合整治拆违 358 处 9189.85 平方米，老虎山地质灾害拆违 165 处 3.42 万平方米，整治黑臭河拆违 22 处 1827.8 平方米，整治小餐饮拆违 28 处 2404 平方米，整治背街小巷拆违 34 处 1304 平方米，其他违建 36 处 978.54 平方米，共立案处罚 1062 件 3.64 万元(一般程序 112 起，罚款 1.66 万元；简易程序 950 起，罚款 1.98 万元；环卫执法类简易处罚 327 起，罚款 7290 元；环卫执法一般程序 39 起，罚款 5920 元)。结合“大走访”、文明城市创建工作，党群、民政、社区加强协作，发动部队等驻区单位和居民群众，开展清理楼道杂物等活动，共清理杂物 148 车，清楼道 1389 条。

【民生保障】 2017 年，宝塔桥街道投入 240 万元，追加项目 196 万元，落实年度为民办实事项目，包括环境类 85 个、活动类 49 个、管理类 42 个、公益类 42 个。年末，全街道最低生活保障户 805 户 1352 人，年内新进线 66 户、退线 92 户，全年发放保障金 865.3 万元。低保边缘 42 户 97 人，年内进线 11 户、退线 6 户，发放保障金 3.75 万元。发放残疾人“两项补贴”(重度残疾人一、二级护理补贴，无固定收入精神、智力三、四级残疾人生活补贴)233.79 万元。年内，办理特困家庭大重病医疗救助 47 人 13.72 万元，临时救助 18 人 7.96 万元，慈善救助 137 人 8.389 万元，尿毒症救助 16 人 4929.6 元，“圆梦行动”助学救助 3 人 1.5 万元，教育救助 28 人 3.46 万元，支出型贫困家庭 27 户 22.54 万元。办理低保户家庭住房保障 4 户、低收入家庭住房保障 100 户、中低收入家庭住房保障 81 户。是年，新增城镇就业 2319人，新增高技能人才 46 人，企业退休人员免费健康体检 8465 人。全年办理失业人员灵活就业社保补贴 1175 人，失业人员困难认证 312 人，举办再就业技能培训班8 期。

【社区建设】 2017 年，宝塔桥街道针对方家营、燕江路、金陵新四村、水关桥等社区办公服务用房老旧、民生服务资源匮乏、设施陈旧等情况，改造出新方家营、燕江路、金陵新四村 3 个社区办公服务用房，改造出新街道服务中心并改革管理办法，引进专业社会组织运作管理，提高办事效率，便利居民办事，提升群众满意度。在方家营社区大桥新村小区和水关桥社区金帆北苑小区分别建设 2 家 AAA 级标准居家养老服务中心并投入使用。新引进AAA级社会养老组织一个。完成水关桥社区金帆北苑、方家营社区大桥新村居家养老服务中心建设，配备设施并投入使用。全年为 80 周岁以上老人发放尊老金 168 万元，为 60 周岁以上老人办理老年卡 700 余张。

【平安建设】 2017 年，宝塔桥街道加大社区平安建设推进力度，在全国“两会”“一带一路”“江苏发展大会”“十九大”等期间，组织志愿者 1200 人次参加维稳活动，维护地区安全稳定。全年悬挂宣传横幅 98 条，发放宣传品 9000 余份，社区微信推送信息 9 条，召开警情通报会、警民恳谈会 130 余场。3 月，重点整治桥东街地区，各种矛盾纠纷得到控制，居民满意度提升。

通过平安志愿者举报，抓获1名长期在依山郡偷盗电动车惯偷，辖区内电动车被盗发案率大幅下降。《扬子晚报》进行宣传报道，街道也对举报者按见义勇为发放奖金。5月24日，在山水雅苑广场开展平安建设集中宣传日活动。6月，开展入户走访宣传，走访3183户，提高居民群众安全防范意识和自我保护能力。加强社会治安防控体系建设，在桥东街社区新安装监控探头9个。继续推行社区保安承包巡防责任制，结合辖区发案特点，及时灵活调整平安志愿者巡防力量，做到实效巡防，降低小区入室盗窃案件发案数。推进社区综治一体化实战化建设，抓好桥东街社区试点工作，以点带面实现社区综治工作组织指挥、力量整合、日常工作、网格管理、信息共享、检查考核“六个一体化”(推进组织指挥一体化、推进力量整合一体化、推进日常工作一体化、推进网格管理一体化、推进信息共享一体化、推进检查考核一体化)。桥东街社区发动辖区单位、驻军、社会组织和志愿者力量，组成“军、警、民”三位一体联防体系，在可防性案件预防及矛盾化解稳控等方面发挥作用。全街道可防性侵财案件立案96起，同比下降65%。重点地区、重点问题，重点排查梳理，及时处理，及时解决，确保平安。

【安全生产】 2017年，宝塔桥街道落实安全工作责任制，加强安全监管，创新安全措施，健全安全管理组织，成立餐饮场所、建设工地、人员密集场所、工业企业、高层建筑、危险化学品管理6个专项工作组，制订《宝塔桥街道安全生产大检查工作方案》和《宝塔桥街道百日执法专项行动方案》。城管、环保、公安、消防、住建、商务等多部门联合，利用3个月时间集中排查，出动900余人次，对餐饮场所、工业企业、危险化学品等隐患地区拉网式排查，查出安全隐患1242处，按照“一企一档”“一企一策”要求形成整改清单，限期整改到位。283家餐饮企业安装燃气报警装置，拆除餐饮场所后场违建，整改率97.3%。

【社区服务联盟】 2017年，宝塔桥街道社区服务联盟组织社区服务嘉年华巡回服务活动15场次，服务居民1.2万人次。活动开展不仅为社区居民带来便捷服务，同时还带动辖区企业、社团、个人参与社区志愿服务，形成“人人为我，我为人人”互助互信、关爱有加邻里生活圈。人口计生服务一束阳光俱乐部将活动融入家庭，以专业社会组织服务带动人口服务水平，联合辖区社区组织开展婴幼儿亲子体验活动40余场次，有效促进婴幼儿身心健康发展，增进家长与孩子之间情感交流。全年组织计划生育特殊家庭外出游玩、上门问候、节日慰问等活动240余人次。

【群众文化活动】 2017年，宝塔桥街道有各类健身团队20支，各类文艺团队40支，社会体育指导员近100人，街道涌现一批优秀文艺队伍，在市区比赛中表现出色。桥东美顺舞蹈队、幕府西路民乐团、心悦舞蹈队获鼓楼区“一星级团队”称号。幕府西路社区心悦舞蹈队获区第一届运动会广场舞比赛二等奖，并前往香港参加香港回归20周年文艺汇演。桥东社区合唱团获喜迎十九大放歌展风采合唱大赛优秀组织奖。

【"治家"文化特色社区打造】 2017年，宝塔桥街道注重社区文化建设，打造恒盛嘉园社区"治家"文化特色。该社区"治家"文化建设将《颜氏家训》《朱氏家训》等治家文化融入现代家庭教育、社区教育、社区治理、社区服务等方面，实现"传承好家训，传递正能量，达到正善治"目的。社区通过弘扬"治家"文化，发动多方力量参与社区治理，推进社区全面善治，探索出一条居民自治模式。

开展"五心"工程"五上"活动。所谓"五心"工程，即：红心工程，由辖区内的各行业先进分子、先进党员干部、劳模、优秀群众代表等组成红色讲师团，开展五红教育，读红色书籍、唱红色歌曲、看红色影视、讲红色故事、议红色经典，倡导积极进取思想；暖心工程，通过党员骨干带头，发动居民群众参与，组成暖心行动联盟，开展一帮一，众帮一公益慈善活动；开心工程，培育孵化社会组织开心俱乐部（包括开心花园、开心乐园、开心舞台、开心棋牌社等），开展以拓展社区居民兴趣爱好、促进人与人交流、丰富居民业余文化生活为目的各类文化活动，同时兼顾解决家庭老幼残日间临时托养困难；同心工程，社区发掘党员或志愿者领袖，发起同心共治号召，培育孵化"同心善治"协会，并在各小区成立分会，招募志愿者，以问题为导向，利用各种平台发动社区全体居民参与协商共治，同心同德，逐步改善小区面貌，并让小区管理步入有序轨道，提升社区党委、居委会向心力和凝聚力；连心工程，由社区党总支牵头发起并成立心连心互助服务社，开展社区户帮户，多户帮单户，或多户合作活动，形成与邻为善，以邻为伴氛围，达到互利共赢目标。

所谓"五上活动"即由社区居委会和党组织牵头共同发起，开展干部代表上台、党员模范上岗、社区社工上门、社会组织上位、居民群众上心活动。干部代表上台，在社工站设置机关干部、人大代表、政协委员轮值服务台，由社区预约时间，请干部和代表委员定期与居民开展面对面服务；党员模范上岗，发动驻区党员和各类模范挂牌上岗，带领群众参与社区公益、慈善、志愿服务等工作；社区社工上门，按照社区走访工作计划，落实社工上门走访制度，走进社区每户家庭；社会组织上位，培育引进专业社会组织接手社区居家养老、助残、早教日托等服务，让社区居委会从繁琐社区事务中解放出来；居民群众上心，落实社区民主自治制度，开展社区协商，做到社区一切事务发动群众，依靠群众，确保居民群众知情权和参与权。

（黄　河）

小市街道

【基本情况】 小市街道地处鼓楼区东北角，东与栖霞区、南与玄武区相接，紧邻南京火车站、小红山长途客运站，是南京城北"窗口"区域、鼓楼铁北核心片区，面积3.92平方公里。下辖9个社区，有户籍居民2.11万户5.6万人，有居住小区76个。街道办事处驻黄家圩路36号。

2017年，街道完成地区生产总值47.04亿元，同比增长9.6%，其中服务业增加值27.79亿元，同比增长11.3%；完成固定资产投资总额25.83亿元；社会消费品零售总额完成42.39亿元，同比增长9.1%；实现地区税收7.65亿元，同比增长23.45%，完成进度106.42%；实现公共收入4.02亿元，同比增长32.3%，完成进度114.05%；人均可支配收入5.30万元，同比增长8.95%。是年，街道获全省基层党员冬训工作示范街道称号。

【经济发展】 2017年，小市街道招商工作取得新进展，重大项目实现资本到账超过11亿元，占全区总到账数近1/4。先后引进南京昊玺能源科技有限公司、南京源恒医疗器械公司、集能鑫投资管理有限公司等知名企业，实现税收新增长点；引进南京松涛阁茶文化空间有限公司，经营面积2100平方米。对接20余名科技创业人才，组织14人申报省“333”（30名中青年首席科学家、300名中青年科技领军人才、3000名中青年科学技术带头人）人才培育计划、省双创人才、南京高层次人才引进计划等。完成专利申请85件、授权23件，其中发明专利10件。是年，地区重大项目进入建设阶段，火车站北广场融创都会商业综合体验收，招商工作稳步推进。中能建能源装备产业园项目、中储电子商务区一期（喜年中心）、二期项目均提前完成全年进度。

【环境治理】 2017年，小市街道组织拆除各类违建近5万平方米。完成欣之园小区、燕语华庭小区二次供水改造工程，出新和燕园、汽轮三村等7个老旧小区面积近10万平方米。推进张王庙沟、十里长沟和一支流3条黑臭河整治工程，落实“河长制”，完成20家企业排水达标工程。开展高标准市容整治行动，全年行动320余次，清理占道经营、流动摊贩物品575车，取缔和燕路“新疆麦图尔迪”烧烤摊位，规范停车管理秩序，取消289个设置不合理泊位，处理各类停车投诉78件，开具非收费路段违停处罚单1.15万张。

【民生保障】 2017年，小市街道有最低生活保障户366户554人、低收入保障边缘户27户66人，全年发放低收入保障金451.3万元、低收入保障边缘户补助金3.27万元。支出型贫困救助55户，救助低保在册家庭大中专院校学生28人次、尿毒症患者27人次。有低保内残疾人130人，发放生活补贴52.57万元，协助563名残疾人与小市社区卫生服务中心签订家庭医生上门服务协定。发放102名重点优抚对象、61名企业“两参”退休人员优抚金220余万元。全年新增社会化服务管理退休人员665人，组织8960人免费健康体检，慰问重病老人552人次，慰问死亡老人家属288人次。新增城镇就业2523人，实现再就业1305人，帮扶困难人员就业298人，培育自主创业者326人，创业带动就业2529人，扶持青年大学生创业79人，组织再就业培训332人，新增高技能人才59人，失业人员职业指导459人。

【社区建设】 2017年，小市街道加强社工队伍建设，开展社工文化素质和综合素质测评与拓展训练，出台《社区居委会工作分工意见》。完成道路维修、路灯安装、环境整治等各类为民办实事项目128项。在张王庙、河路道、小市新村3个社区试点“家门口的政务服务”，居民群众就近、就

4月2日，小市街道青柠艺术绘本馆开馆

便、自主选择社区办理服务事项，张王庙社区接待全区首个跨街道、跨社区申请"计划生育一次性奖励金申请"并现场办理相关手续。继续开展社区助餐点工作，与中国建设银行股份有限公司省分行营业部续签安怀村助老餐厅房屋使用合同。启动东井亭特色社区打造工程，初步完成项目立项和方案设计。以便民服务中心为基地，全方位开展社区事务、社区教育、居家养老等各类活动200余场，服务5万人次。

【平安建设】 2017年，小市街道强化安全生产监管，开展安全生产大项、重点专项排查整治行动9次，梳理餐饮场所319家，整治各类问题869个，协助安装燃气报警器333件，报警器正常使用率近100%。开展危化品专项排查，电器火灾、再生资源回收站(亭)专项调查，普查消防设施、停车棚分布情况等，完成9个社区微型消防站和一个消防示范小区建设。多举措开展平安创建活动，调解各种矛盾纠纷163件次，调解成功162件，制作调解协议书45份，调解成功率达98%。协助相关部门处理各种征收拆迁问题30件，接受法律咨询300人次，完成法律援助90件。开展广场法律宣传活动9次、法治讲座9场，送法进工地2场，发放法律宣传资料1500份。全年公众安全满意度97.1%。

【青柠艺术绘本馆开馆】 4月2日，小市街道青柠艺术绘本馆正式开馆。该馆由市青年联合会、金陵图书馆、小市街道共同打造，位于小市街道便民服务中心内。馆内藏书近2万册，其中1.5万册为青少年书籍。该馆为全市首家社区公益绘本馆，以开展阅读文化主题活动为主，举办"当泥塑遇上绘本""当剪纸遇上绘本""当水墨遇上绘本"集民俗特色文化于一体绘本活动。结合暑期夏令营开展"小小图书管理员"活动，模拟图书上架、借还书、办证等图书管理员基本工作，每周二、周六、周日固定活动时间，锻炼小学生自主工作能力。全年有130余名学生参与活动。

【社区自治模式创新】 2017年，小市街道组建由多方参与的小区院落协商自治组织，解决老旧小区安怀村环境卫生差、公共设施陈旧等问题。成员构成模式为"1+N+X"，1：为支部书记；N：为支部委员和自治会委员；X：为涉及利益相关主体(单位或居民)。制定《小区自治会服务居民流程拓扑图》，健全居民自治机制，以社区党组织为引领、自治组织为主导、相关利益方共同参与协商议事模式成功解决小区停车、邻里调解、燃气入户等问题。

【获全省基层党员冬训工作示范街道】 在2016~2017年党员冬训中，小市街道通过专题讲座学习、向身边典型学习、远程平台随时学习形式，结合党员志愿服务活动，提高党员素质与能力，取得实效，惠及党员群众5000余人。街道被省委组织部、宣传部评为2016年度全省基层党员冬训工作示范街道。

【市民“八个不”示范社区活动】 2017年，小市街道河路道社区多形式、多内容开展宣传推广南京市民规范“八个不”活动。利用微博、微信线上宣传平台开展宣传活动，开展“八个不”文明规范课堂，讲述好人故事、凡人善举等活动，以群众身边事迹教育群众，取得显著效果。是年，被市文明办评为“践行南京市民规范‘八个不’示范社区”。 （孙　静）

幕府山街道

【基本情况】 幕府山街道地处鼓楼区东北部，东与栖霞区交界，南至安怀村路、北崮山路、金碧路、孙家洼路，与小市街道交界；西与宝塔桥街道交界，北至永济大道，面临长江，面积7.4平方公里（含山体面积）。有户籍居民1.6万户4.66万人、流动人口3.3万人，实有常住人口近8万人。辖区内有驻军单位10家、小学2所、公办幼儿园2所、中学1所、在册企业单位1474家。街道办事处驻中央北路168号。

2017年，幕府山街道完成地区生产总值10.93亿元，同比增长9.5%；实现服务业增加值10.28亿元，同比增长11.2%；完成社会消费品零售总额8.23亿元，增长9.4%；城镇居民可支配收入4.24万元，增长8.8%；完成一般公共收入0.92亿元，增长18.59%，实现全年目标101.36%；完成税收1.79亿元，增长18.18%，实现全年目标101.01%；完成固定资产投资6.09亿元，实现全年目标101.17%。是年，街道获2015百县千乡万村无邪教创建示范工程活动创建无邪教示范街道、省妇联系统先进集体、江苏省档案工作四星级单位、南京市节水型单位、五塘村社区获评全国创建无邪教示范社区称号。

【经济发展】 2017年，幕府山街道新引进1000万元以上大项目6个，实际到账资金1.2亿元；完成服务外包执行额4000万美元，离岸执行额2000万美元，完成外贸出口2780万美元、服务贸易额100万美元。全年专利申请96件（其中发明专利申请16件），专利授权完成23件（其中发明专利授权7件）。完成全国首次海洋经济普查，完成五年一次人均可支配收入样本点轮换工作。申报创业南京人才6名，通过区级评审2人。重点项目建设进展迅速，华宏家纺科技创意产业园二期工程裙楼（1-4层）封顶，主楼（20层）施工至6层。

【环境治理】 2017年，幕府山街道做好日常新增违建管控，实施9个小区环境整治，累计拆除违建330处4516平方米。城管执法中队加大每日巡查力度，严格落实片区责任制，取缔流动摊点、占道经营户532家，整治倚门出摊、超范围经营户412

家，劝阻占道经营1653摊次，清除“牛皮癣”及街头小广告5500多处。集中开展环境综合整治会战，清理各类垃圾杂物1000余吨。排查辖区范围食品药品安全，出动执法人员120人次，登门检查食品小门店、小饭馆、小作坊、小摊贩189家，其中检查食品小门店62家、小饭馆68家、小作坊4家、小摊贩55家，检查其食品来源凭证，明确食品溯源要求，整治无证流动食品小摊贩100余起。在黑臭河整治和排水达标区创建工作中，按照时间节点推进，27个片区整治任务落实到位。指导小区物业管理工作，在3个小区开展业主接待日活动，讲解物业知识、化解物业矛盾纠纷58起。指导业主自治，成立2个物业管理委员会，指导帮助白云雅居小区业主完成物业企业选聘。

【民生保障】 2017年，幕府山街道低保在册245户371人，发放低保金314.85万元，新进20户24人，停发39户60人；发放低保人员苏果卡60.45万元；低保边缘在册19户45人，发放生活补贴2.33万元；残疾人“两项”补贴在册302人，发放补贴131.47万元；困境未成年人在册4人，发放生活补贴4.43万元；发放六一助孤生活补贴4人4000元，重病慈善救助5人5000元，因病贫困家庭困难救助4人8550元，医疗救助32人4.7万元，临时救助17人3.43万元，街道慈善救助185人次8.37万元。发放低保户垃圾费返还3132户次1.57万元、水费补贴260户1.3万元、重病人员免费牛奶290人次2.76万元、尿毒症患者血透补贴10人次2308.8元。春节慰问44.99万元，普惠现金8.16万元，普惠实物1.83万元，（普惠指无法纳入各类专项慰问），红会慰问1.5万元。开展“慈善一日捐”活动，募集资金10.31万元。办理公共租赁房60户、共有产权房25户、租赁补贴17户。

【社区建设】 2017年，幕府山街道总结云谷山庄社会事务受理中心改革试点经验，完善形式，改善服务，树立外包品牌。在五塘和园社区综合服务中心，优化街道社区两级便民服务机制，打造“和”文化特色服务，形成南北“双中心”服务格局。吸引社会组织参与社区服务项目，按照为民服务专项资金使用“四大类”规范要求申报项目，全年实施项目240项，投入资金319.09万元，解决黄方村42号小区无休闲广场、白云新寓小区无处晾晒衣物等一批群众生活问题。

【平安建设】 2017年，幕府山街道调解中心、公调对接调解室、8个社区调解委员会接待到访人员530批950人次，受理纠纷280件，调解纠纷270件，调解成功率95%以上。在调解纠纷中，劳动争议纠纷6件、消费纠纷3件、合同纠纷12件、物业纠纷18件、婚姻家庭纠纷9件、邻里纠纷112件、赔偿纠纷30件、其他纠纷50件，涉及赔偿金额80余万元。制作书面卷宗91卷、口头协议登记表164份。书面卷宗、口头协议材料全部录入司法所综合管理信息平台。做好房屋征收时期矛盾纠纷排查工作。调解小区出新中矛盾纠纷50余件。

【获省妇联先进集体】 2017年，幕府山街道以妇女儿童之家为阵地，以为民办实事、服务妇女群众为目的，开展形式多样宣传教育和文体活动。在“平安家庭”“幕府好人”“学习型家庭”评比活动基础上，评选“最美家庭”120户。全年举办600余场“母亲学堂”公益活动，提升辖区女性素质；开展“巾帼律师讲座进社区”“法律援助服务进家门”活动300余场，宣传《中华人民共和国反家庭暴力法》《中华人民共和国未成年人保护法》和《中华人民共和国妇女权益保障法》，不断提升居民法律维权意识，努力打造“零家庭暴力”社区。依托巾帼文明岗、巾帼创业明星创建活动，挖掘巾帼典型。街道妇联为辖区85%以上家庭提供家庭育儿、亲子活动、法律宣传、婚姻家庭矛盾调解、妇女儿童维权指导、心理疏导、健康养生咨询等帮扶服务。组织开展100多场次文体活动，妇女参与率80%以上，儿童参与率90%以上。8月25日，幕府山街道妇联被省妇联授予江苏省妇联系统先进集体称号。

【档案工作通过省四星级测评】 2017年，街道腾出2间总面积为50平方米办公室作为档案陈列室，加大资金投入，配备专用电脑、防盗报警装置、数码相机、打印机、空调、灭火器、复印机、办公座椅和专用档案柜等硬件设备。全年完成文书档案数字化建设，扫描、挂接文书档案3027件，其中永久档案1357件、30年期限753件、实物档案16件、设备档案5件、照片档案5册216张、档案资料6本。利用档案资源，为编纂《幕府山街道资料长编》《幕府山街道志》《幕府山街道年鉴》等十余种材料提供第一手资料。12月22日，市区专家组通过听取汇报、实地查看、查阅资料、专家评议、当场打分等程序，现场测评街道档案工作，以114分通过省四星级测评。

（易　凯）

鼓楼年鉴2018

附 录

FU LU

组织机构及负责人名录

中国共产党南京市鼓楼区委员会

书　　记：张一新
副 书 记：刘　军　董　伟
常　　委：董　伟　沈吉鸿　丁健生
赵小华　贾　慧　梁春燕
童晓佳　张　凯　翁俊军
许扬汶

南京市鼓楼区人民代表大会常务委员会

主　　任：王根宝（1月7日免）
陆　敏（1月7日任）
党组书记：陆　敏
党组副书记：华　峰（1月19日免）
副 主 任：华　峰（1月7日免）
刘　人（1月7日免）
蓝绍森（1月7日免）
张克勤（1月7日免）
王　红（1月7日任）
张晓燕
朱　滨（1月7日免）
沈文娟（1月7日免）
林　建（1月7日任）
李　艳（1月7日任）
正 区 级：华　峰

南京市鼓楼区人民政府

区　　长：刘　军
党组书记：刘　军
党组副书记：沈吉鸿
常务副区长：沈吉鸿
副 区 长：费丽明（1月7日免）
王　红（1月7日免）
童晓佳　陈　平　高军玲
冯　泉
倪一如（1月7日任）
蔡双根（1月7日任）
副巡视员：张发轩　耿效华
副 区 级：车道正（4月28日免）
徐　丽（10月30日退休）

中国人民政治协商会议南京市鼓楼区委员会

主　　席：王隆京（1月6日免）
周文中（1月6日任）
党组书记：周文中
副 主 席：陶顺生（1月6日任）
周越古
王开琳（1月6日免）
张尊建（1月6日免）
杨秀英（1月6日免）
沈桂明　甘卫华

中国共产党南京市鼓楼区纪律检查委员会

书　　记：赵小华
副 书 记：巢伟平　邵　玮
常　　委：毛文波　刘红军　张顺富
石　琳

南京市鼓楼区人民法院

院　　长：衡　阳
党组书记：衡　阳
党组副书记：邓向东（正处职）
副院长：邓向东　谈雪萍　徐　华
李仁军　孙展虹
夏　雯（5月任）　彭　静
王　东
机关党委书记：曹桂福（副处职）
政治处主任：夏　雯（5月免）
纪检组长：章海兴（2月任，8月免，
保留副处职）
审委会专职委员：纪步超
调研员：俞本美
正处级：何　蓉
副调研员：赵重菊　吴　苹　张梦青
罗　辑　傅春亮　谷　平
耿玉梅（4月退休）

执行局

民事执行局局长：李　宁（2月免）
李　杰（2月任）
行政执行局局长：张瑞强（副处级）

南京市鼓楼区人民检察院

检察长：朱　赫
党组书记：朱　赫
党组副书记：吴　艳（正处职）
副检察长：吴　艳　梅　琨（正处职）
黄　清（正处级）
徐明明（正处级）　曹莉莉
曹　立
纪检组长：李　宁（2月任，8月免）
政治处主任：胡　俊（8月免）
检委会专职委员：罗　玮
胡　俊（8月任）
吴德彪
副处职：姚　旭（12月任）
正处级：刘　红
副调研员：王洪生　马遇鸣（12月退休）
杨　利（6月退休）
李　华（8月退休）
高润秋（10月退休）
副处级：姬　玲

反贪污贿赂局

局　　长：赵　培（副处职）（12月免）

反渎职侵权局

局　　长：姚　旭（副处职）（12月免）

职务犯罪预防局

局　　长：顾丽娟（副处级）（12月免）

中国共产党南京市鼓楼区人民武装部委员会

第一书记：张一新
书　　记：翁俊军
副书记：李运海

中国共产党南京市鼓楼区委工作部门

区委办公室

主　　任：唐伯才
副主任：吴惠锋　马　蓉（2月免）

纪明敏　丁文静(2 月任)
督察办主任:吴惠锋
调　研　员:邵世芳

研究室

主　　　任:唐伯才(兼)
副　主　任:牛维祥　吴　宏
吴　娜(8 月任)

机要局

局　　　长:丁文静(2 月兼任)

保密委员会办公室

主　　　任:丁文静(2 月兼任)

信访局

局　　　长:蔡　新
督 查 专 员:周云宁(正处职)
岑继白(正处职)(2 月免)
副　局　长:兰朋明　曲战平
倪立业(2 月免)　丁朗如
罗　素(2 月任)
调　研　员:张晓春
正　处　级:贝维纲
副 调 研 员:胡一挺　潘桂明(5 月退休)
汪鸿刚　宋海鸥

组织部

部　　　长:贾　慧
常务副部长:陈福泉
副　部　长:刘　迎(2 月免)　徐金龙
张　莉　徐晓红(5 月任)
调　研　员:刘　迎(2 月任)

区委非公有制企业和社会组织工委

根据《关于同意调整鼓楼区委部分机构的批复》(宁编办字〔2016〕19 号),区委组织部挂区委非公有制企业和社会组织工作委员会牌子。

书　　　记:刘　迎(2 月免)
徐晓红(2 月任)
副　书　记:林正敏(8 月任)

组织员办公室

主　　　任:徐金龙
副　主　任:白　扬(2 月免)
俞栋铭(2 月免)
郝　雷(2 月任)
奉海涛(8 月任)

人才工作办公室

主　　　任:张　莉

直属工委

副　书　记:夏莉荔(2 月免)
纪工委书记:夏莉荔(2 月免)

党史工作办公室

主　　　任:金　群
副　主　任:胡峻敏
调　研　员:梁学勤(提前离岗退养,10 月退休)
副　处　级:潘良霞

老干部局(区委离退休干部工委)

根据 2017 年 7 月 14 日《关于区委老干部局机构编制有关事项调整的通知》(鼓编字〔2017〕9 号),区委老干部局增挂"区委离退休干部工作委员会"牌子,负责离退休干部党建工作。区委老干部局长兼区委离退休工委书记,另设专职副书记1名。

局　　　长:郑卫琴
党总支书记:赵志祥(正处职)(11月免)
工委书记:郑卫琴(11月任)
工委副书记:王拴柱(11月任)
副　局　长:张玉良　唐　宁(2月任)
调　研　员:程宗清(11月任)
　　　　　　赵志祥(11月任)
正　处　级:胡　琼
副调研员:郑志芬　唐永良(11月免)
　　　　　杜加好

关心下一代工作委员会

副秘书长:盛文煊(11月免)
　　　　　唐永良(11月任)

宣传部

部　　　长:梁春燕
常务副部长:陈　华(2月免)
副　部　长:张媛媛　曹　波(兼)
　　　　　　燕丽萍(2月免)
　　　　　　王　玮　冯智勇
副调研员:李世保

精神文明建设委员会办公室

主　　　任:张媛媛(兼)
副　主　任:吴爱玲(2月任)
调　研　员:叶扣林

文化创意产业发展服务办公室

主　　　任:曹　波
党总支书记:康世强(正处职)
副　主　任:祝　瑞　杨　春

统战部

部　　　长:丁健生
常务副部长:张晓艳
副　部　长:张　敏(2月免)　厉东芳
　　　　　　岑继白(2月任)
　　　　　　方立中(2月兼任)
调　研　员:笪远甦
正　处　级:杨书明
副调研员:王永康(12月退休)　童　萍

台湾工作办公室

主　　　任:厉东芳(兼)

工商业联合会

党组书记:张　敏(2月免)
　　　　　岑继白(2月兼任)

政法委员会

书　　　记:张　凯
副　书　记:李向红　谈国苹
正　处　级:李长鸣　沈志宏(8月退休)
副调研员:马文广(11月退休)
　　　　　吴迎宁(提前离岗退养,11月退休)
　　　　　张其林　姚冬梅(11月退休)
　　　　　胡　萍

综治办公室

主　　　任:李向红(兼)
副　主　任:谈国苹(兼)　许诗保
调　研　员:刘宗亮

维稳办

主　　　任:刘建元(11月免)
　　　　　　陈　矿(11月任)

副　主　任:赖宁生　芮有干
调　研　员:刘建元(11 月任)

国家安全办公室
主　　　任:邱林祥(11 月免)
丁高奎(11 月任)
副　主　任:缪　慧(正处职)(2 月免)
杨丽莉　徐　健
调　研　员:缪　慧(2 月任)
邱林祥(11 月任)

法学会
常务副会长:谈国苹(2 月兼任)
专职副会长:胡贻友

610 办公室
主　　　任:丁高奎(11 月免)
吴平顺(11 月任)
副　主　任:杜宏程　朱　军　钱绍杰
正　处　级:程东晓　丁元东
副 调 研 员:董世峰　范吉刚(提前离岗退养,8 月退休)

机构编制委员会办公室
主　　　任:肖锋力(11 月免)
王红丽(11 月任)
副　主　任:王红丽(11 月免)
马举国　陈　玲(2 月任)
调　研　员:肖锋力(11 月任)
副　处　级:吴雅文

机关工委
书　　　记:赵金玉
副　书　记:谢春生(正处职)(2 月免)
卢陵燕　孟国华
仲伟平(2 月任)
纪工委书记:卢陵燕(兼)
正　处　级:章丕红(12 月退休)
副 调 研 员:吴从康

党　校
常务副校长:单友方
副　校　长:李　翔　周宏丽
调　研　员:刘凤珍
正　处　级:王天喜(1 月退休)　王友谊
夏　远
副 调 研 员:高　滢　高发生　曹　英
杨文林　黄　宁

开发工委
书　　　记:姜　勇

老龄工作委员会办公室
主　　　任:喻宁艳(11 月免兼)
闫　航(11 月兼任)

南京市鼓楼区人民代表大会专门委员会、常务委员会办事机构和工作机构

区人大专门委员会

法制委员会
主 任 委 员:潘永吉(1 月任)
副主任委员:谈国富(1 月兼任,11 月免)
吴玉萍(11 月兼任)

财政经济委员会
主 任 委 员:黄　迎(1 月任)
副主任委员:张　珂(1 月兼任)

区人大常委会办事机构

办公室

主　　任：郭　磊
副 主 任：唐　坚（2月免兼）　曾晓慧
　　　　　肖朝晖（11月免）　花　放
正 处 级：汪振宇　沈伟进
副 处 级：赵莉蓉

研究室

主　　任：盛　捷（2月免）
　　　　　白　扬（2月任，11月免）
　　　　　肖朝晖（11月任）
副 主 任：陈　军（2月任）

区人大常委会工作机构

教育科学文化卫生委员会

主　　任：徐　军（11月免）
　　　　　杨　宸（11月任）
副 主 任：洪东其（11月任）
　　　　　路荣根（8月任）

环境资源城市建设委员会

主　　任：李国栋
副 主 任：尤习明（11月任）　张庆信
　　　　　李慎凯（2月任）

民族宗教侨务台湾事务委员会

主　　任：吴玉萍（11月免）
　　　　　白　扬（11月任）
副 主 任：石红珍（8月任）

人事代表联络委员会

主　　任：唐　坚
副 主 任：龚雪奎　孔　薇（2月任）

内务司法工作委员会

主　　任：谈国富（11月免）
　　　　　吴玉萍（11月任）
副 主 任：葛龙军　李文玲（2月任）

预算工作委员会

主　　任：张　珂

南京市鼓楼区人民政府工作部门

政府办公室

主　　任：林　建（2月免兼）
　　　　　梁卫国（2月任）
副 主 任：马　蓉（2月兼任）
　　　　　黄书田（11月免）
　　　　　田洪昊（11月任）
　　　　　佘　静（2月免）
　　　　　张红麟（11月任）
　　　　　戚晓菁（11月免）　张明华
副调研员：戴　华（1月退休）
　　　　　李锦荣（1月退休）

外事办公室

主　　任：黄书田（11月免）
　　　　　田洪昊（11月兼任）
副 主 任：佘　静（2月免）

机关事务管理局

局　　长：林　建（2月免兼）
　　　　　马　蓉（2月任）
副 局 长：李慎凯（8月兼任）
副调研员：随　永（11月任）

事业单位登记管理局

局　　长：王红丽（兼）

发展和改革局

局　　长:周瀚生
副 局 长:邓少华　段　艳
正 处 级:凌乔木(12 月退休)
副调研员:张成先　王葆华(5 月退休)
　　　　杨政平(3 月退休)　刘鄂兰

经济和信息化局

局　　长:吴　翔
副 局 长:尹鸿汉

建设房产和交通局

局　　长:徐淮舟
工委书记:徐晓华(2 月免)
　　　　吴更新(2 月任)
工委副书记:徐淮舟(兼)
纪工委书记:徐晓华(2 月免)
　　　　吴更新(2 月兼任,8 月免)
副 局 长:徐晓华(2 月免)
　　　　胥亚林　胡　敏　初　伟
　　　　蔡连瑞(11 月免)
　　　　睢建波(2 月免)
　　　　刘　园(2 月免)
　　　　夏敬录(11 月免)
　　　　石根林(2 月任)
　　　　丁　亮(11 月任)
调 研 员:胥亚林(11 月免兼)
正 处 级:吴　超
副调研员:蔡连瑞(11 月任)　沈代仲
　　　　陈　军　俞开武
　　　　张金枝　何　强(8 月任)
副 处 级:梅仁明

乌龙谭公园

主任、书记:吴　林(副处级)

房屋征收管理办公室

主　　任:梁卫国(2 月免)
　　　　林海滨(2 月任)
工委书记:林海滨(2 月兼任)
工委副书记:梁卫国(2 月免)
纪工委书记:何云鸿(4 月兼任,8 月免)
副 主 任:丰小兵(11 月免)　殷位栋
　　　　何云鸿　刘叮叮(11 月任)
　　　　王学志(12 月任)
正 处 级:施国平
副调研员:顾玉明　张永利

科学技术局

局　　长:向　卫
副 局 长:宋振宇(兼)
　　　　洪东其(11 月免)
　　　　郑　浩　杜　敏
　　　　葛　枫(11 月任)
调 研 员:许安秀　李智辉　端　军
正 处 级:顾　铭(11 月任)
副调研员:张雪男　汤　立
　　　　刘布克(1 月退休)

电子政务办公室

主　　任:宋振宇
副 主 任:蒲云尧
调 研 员:吴宝兴

教育局

局　　长:蔡双根(2 月免兼)
　　　　柴　耘(2 月任)
工委书记:柴　耘(8 月免)
　　　　陈春保(8 月任)
工委副书记:蔡双根(2 月免兼)
　　　　陈春保(2 月兼任,8 月免)

柴　耘(8 月兼任)
纪工委书记:柴　耘(2 月免兼)
陈春保(2 月兼任,8 月免兼)
副　局　长:周　斌(正处职)
谈雅萍(正处职)(11 月免)
陈春保　肖大明(8 月免)
侯正永(正处)(8 月任)
周东镇　谢晓富(8 月任)
调　研　员:王　强(提前离岗退养,6 月退休)
谢春生(2 月任)
谈雅萍(11 月任)
正　处　级:储　红(5 月退休)
张俊生(10 月退休)
副调研员:曹小平(3 月退休)

教育督导室

主　　　任:谈雅萍(11 月免)
周　斌(11 月兼任)
副　主　任:邬向飞(正校职)
闵志萍(正校职)(8 月免)
赵建强(正校职)(8 月任)
王　颖(8 月免)
吴　芳(8 月任)
李新春(8 月任)
督　　　学:郑　雁　闻建华(副校级)
李　斌(副校级)
李淑英(副校级)(8 月任)

监察局

局　　　长:巢伟平
副　局　长:邵　玮(2 月免兼)　石　琳
戚晓宁(2 月任,12 月免)

民政局

局　　　长:吴更新(2 月免)
闫　航(2月任)
工 委 书 记:喻宁艳(11 月免)
闫　航(11 月兼任)
工委副书记:吴更新(2 月免)
闫　航(2月兼任,11 月免)
纪工委书记:喻宁艳(8 月免)
副　局　长:王　影(2 月免)
李秀文　陈　昕
李　文(2 月任)
调　研　员:喻宁艳(11 月任)
许银虎　梁桂英
正　处　级:徐士锦(1 月退休)
蔡　伟(6 月退休)
副 调 研 员:吴赛法　郑　标　王福姐
周　宁　王晓阳
副　处　级:汪　宁　吴晓清

司法局

局　　　长:武　刚(2 月任)
党 委 书 记:凌　志(11 月免)
纪工委书记:凌　志(8 月免)
副　局　长:王　平(正处级)(11 月免)
刘　磊　王建明
施　军(11 月任)
调　研　员:杨庆勇
正　处　级:张建国　陈家宽(3 月退休)
副 调 研 员:范永军　程祝聪　储建安

财政局

局　　　长:尚东明
副　局　长:丁学农(11 月免)　吴海林
李　娟　赵颖洁
调　研　员:王绮明

副 调 研 员:王秀芬
副　处　级:丁学农(11 月任)　张红萍

人力资源和社会保障局

局　　　长:张国强(2 月免)
　　　　　 王　辉(2 月任)
工 委 书 记:盛　捷(2 月任)
工委副书记:张国强(2 月免)
　　　　　 王　辉(2 月兼任)
纪工委书记:盛　捷(2 月兼任,8 月免兼)
副　局　长:盛　捷(2 月兼任)　宋建忠
　　　　　 樊学燕　朱煜明(2 月免)
　　　　　 吴乾雄　冷　明
调　研　员:方立清
正　处　级:赵福生　王　岩
　　　　　 汤文艺(7 月退休)　陶万虎
　　　　　 樊晋安
副 调 研 员:钱永华　朱煜明(2 月任)
　　　　　 龚华东　张正罡

公务员局

局　　　长:王　辉(2 月兼任)
副　局　长:宋建忠(兼)

社保中心

主　　　任:吴敏鸿(8 月任)

环境保护局

局　　　长:巢　璐(2 月任)
　　　　　 王　辉(2 月免)
工 委 书 记:巢　璐(兼)
工委副书记:王　辉(2 月免)
　　　　　 刘玉龙(11 月兼任)
纪工委书记:巢　璐(4 月免兼)
　　　　　 刘玉龙(4 月兼任,8 月免兼)
副　局　长:巢　璐(2 月免)
　　　　　 刘玉龙　谢　蕾
　　　　　 俞寿生(2 月任)
　　　　　 韦建华(11 月任)
调　研　员:郑树良　王卫东(11 月任)
正　处　级:陈康娟(1 月退休)　卞爱平
　　　　　 李　力
副 调 研 员:俞寿生(2 月免)　倪　坚
　　　　　 金礼明(6 月退休)
　　　　　 吴运淮(12 月任)

审计局

局　　　长:田伟民
副　局　长:刘龙伟　王海峰　丁玲晔
正　处　级:周恩情
副 调 研 员:吴德南

统计局

局　　　长:谢秋平
副　局　长:赵　欣　赵　园
　　　　　 吉　添(2 月免)
副 调 研 员:夏　岩　李明福

物价局

局　　　长:张长青
副　局　长:刘　莉　卢　英
　　　　　 李金锤(11 月免)
调　研　员:姚　彤　满在理　张　雯
正　处　级:王雪琴
副 调 研 员:胡志堂(2 月退休)
　　　　　 李金锤(11月任)　胡新春
　　　　　 梁　晨　陈春翊

市场监督管理局

局　　　长:丁卫泽

工 委 书 记:董永平(2 月任)
工委副书记:丁卫泽
董永平(正处职)(2月免)
纪工委书记:陈卫彬(正处级)(8 月免)
副 局 长:杨克明 薛春华(2 月免)
闫俊仁 吴 俊(2 月免)
汪盛齐 戴恩庆
朱晓晨(11 月任)
调 研 员:胡 华 李长浩 吴馨南
正 处 级:丁铁武(8 月退休) 丁昌盛
副调研员:史学广 巢卫东(11 月退休)
周林华 李灯余 徐建宁
薛春华(2 月任)
吴 俊(2 月任)
褚燕萍(8 月退休)
丁 梅(2 月退休)
许成庄(8 月退休)
曾庆宁(12 月退休)

食品药品监督管理局

局 长:丁卫泽(8 月兼任)

安全生产监督管理局

局 长:王 伟(11 月免)
李晓明(11 月任)
副 局 长:叶 红(2 月免)
周建平 陈 峰
刘 伟(2 月任)
调 研 员:马 进(11 月退休)
正 处 级:龚 颖 季习平
副调研员:叶 红(2 月任) 杨万名

金融发展办公室

主 任:周小明
副 主 任:陆丽君 张鸣明(2 月任)

城市管理局(城市管理行政执法局)

局 长:徐桓峰
工 委 书 记:李国民(2 月免)
徐晓华(2 月任,11 月免)
徐桓峰(11 月兼任)
工委副书记:徐桓峰(11 月免兼)
吴蒙龙(11 月任)
纪工委书记:李国民(2 月免)
徐晓华(2 月兼任,4 月免)
张守虎(4 月兼任,8 月免兼)
副 局 长:李国民(2 月免)
吴蒙龙(兼) 张 俊
王永仁 张立安 张守虎
尤习明(11 月免)
葛 勇(11 月任)
吴 峻(12 月任)
调 研 员:祝建华
正 处 级:苏有林 臧宝陵(9 月退休)
吴建宁(9 月退休) 彭如志
于根宝 田富合
副调研员:张庆友 朱建平 孙宏伟
周乃之 朱志荣(8 月任)

水务局

局 长:徐桓峰(2 月免兼)
徐晓华(2 月任)
副 局 长:睢建波(2 月任)
副总工程师:朱志荣(副处级)(8 月任)
何 强(副处级)(8 月任)

商务局

局 长:李 艳(2 月免兼)
倪娅红(2 月任)
工 委 书 记:陈庆贵(11 月免)
倪娅红(11 月兼任)

工委副书记:倪娅红(2 月兼任,11 月免兼)
曹　琳(11 月兼任)
纪工委书记:陈庆贵(8 月免)
副　局　长:陈庆贵(11 月免)
徐松林(2月免)　曹　琳
唐　娜　田　园(2 月免)
张　兵　徐国富　周晓慧
张鸣明(2 月免)
调　研　员:陈庆贵(11 月任)
正　处　级:陈技明　李　军(3 月退休)
高建军(8 月去世)
副调研员:李自来　周修忠　庞文静
严有德　郑天寿(1 月退休)
杨　莉　成宝根　季进德

旅游局

局　　长:李　民
副　局　长:张立军　张红麟(11 月免)
陆　静(2 月任)
正　处　级:耿　旻(10 月退休)
副调研员:刘中华
副　处　级:王振荣

文化局

局　　长:李国蓉
党委书记:张　永(11 月免)
党委副书记:任明璋(11 月免)
纪工委书记:张　永(8 月免)
副　局　长:任明璋　张　骏(8 月免)
管　磊　张　楠(11 月任)
正　处　级:姜东林　孙　威　朱冬梅
副调研员:张殿亮

卫生和计划生育局

局　　长:王宗源
工委书记:徐　昕
工委副书记:王宗源(兼)
纪工委书记:徐　昕(8 月免兼)
副　局　长:宋志坚　安冬梅　庄永忠
徐　蓉(11 月任)
调　研　员:张国防(提前离岗退养,8 月退休)
徐　军(11 月任)
正　处　级:陈玉林(12 月退休)
副　处　级:施秀红
副调研员:王晓凤(提前离岗退养)
郑金玲　陶新梅　严世增
杨永斌　蒋燕民　陶建华
戴正凤

爱国卫生运动委员会

主任委员:蔡双根(3 月兼任)
副主任委员:王宗源(兼)
马　蓉(3 月兼任)
安冬梅(兼)
办公室主任:安冬梅(兼)

民族宗教事务局

局　　长:方立中(2 月任)
副　局　长:方立中(2 月免)
金亚琴(2 月任)
调　研　员:廖建华

台湾事务办公室

主　　任:厉东芳(兼)

侨务办公室

主　　任:厉东芳(兼)

人民防空办公室

主　　　任:夏建权(2 月免)
　　　　　李本武(2月任)
正　处　职:黄京奇
副　主　任:资京义　茆长林
调　研　员:夏建权(2 月任)　任国健
副调研员:胡全夫　成苏建

法制办公室

主　　　任:王　丽(2 月任)
副　主　任:俞忠东(2 月免)
　　　　　桑邱枫(2月任)
　　　　　邱筱颖(2 月任)
　　　　　戚晓宁(12 月任
正　处　级:鲁昌贵

国有资产监督管理办公室(党委)

主　　　任:陶相中
党委书记:徐劲松
党委副书记:蔡文明
纪工委书记:蔡文明(8 月免兼)
副　主　任:喻泳宇　梁　璟

国税局

局　　　长:陈雁青
党组书记:陈雁青
副　局　长:张建国　徐　健　严维国
　　　　　尹　婧(4 月任)
纪检组长:邹　勇
副调研员:李昌华
　　　　　王大震(8 月任,10 月退休)

地税分局

局　　　长:马学民
副　局　长:尤　克　陈卓兵
　　　　　周　妍(6 月免)
　　　　　周　密(6 月任)
调　研　员:周　斌
副调研员:吴　兵　夏　莉　潘祥云
　　　　　柳　峰　颜月平　鲁世君
　　　　　周卫国(7 月任)
　　　　　祁　峰(12 月任)

公安分局

局　　　长:蒋　浩
政　　　委:薛宏森
监察室主任:吴平顺
副　局　长:陈　矿　陈　辉
　　　　　黄祥胜(9 月免)
　　　　　姜国文(10 月任)
调　研　员:王先进　肖建荣　包立红
　　　　　徐家强　郭传真(3 月退休)
　　　　　黄　梁(8 月退休)
　　　　　朱　明(4 月退休)　杨卫民
　　　　　彭兴明(3 月退休)
　　　　　严　杰(7 月任)
　　　　　李天欣(7 月任)
　　　　　朱元海(7 月任)
　　　　　李　强(7 月任)

体育局

局　　　长:杨　杨
党总支书记:徐　磊(正处职)(11 月免)
副　局　长:李万红　张海燕(2 月免)
　　　　　袁　春
正　处　级:刘　云　李宝金(1 月退休)
　　　　　徐　磊(11 月任)
副调研员:娄小枫　黄振球　尹保顺

档案局(馆)

局　　长:张云霞
副 局 长:史丽宁　吴向松
正 处 级:肖崇厚(11 月退休)
副调研员:彭　辉　徐　梅　陈胜国
馆　　长:赵　琳
副 馆 长:史丽宁(兼)

地方志编纂委员会办公室

主　　任:王　蔚(8 月免)
　　　　肖大明(8 月任)
副 主 任:肖　兴(2 月免)
　　　　乔咏梅(2 月任)
副调研员:陈　鹏　祁金燕

南京鼓楼国家大学科技园管理委员会(党工委)

党工委书记:许小卫
副 书 记:滕献忠(兼)　姜　涛
主　　任:滕献忠
副 主 任:徐　丽(2016 年 10 月免)
纪工委书记:姜　涛(2 月免兼)
　　　　俞忠东(2 月任)

综合处

处　　长:沈晓蕾
副 处 长:阚加力(2 月免)
　　　　杨晓芳(11月免)
　　　　朱晓萍(11 月免)
　　　　王　韬(11 月任)

江东软件城管理办公室

主　　任:吴素芹
副 主 任:裘　希(2 月任)

幕府创新小镇管理办公室

主　　任:薛超美
副 主 任:左文芳

模范路创新街区管理办公室

主　　任:田洪昊(11 月免)
　　　　冯　磊(11 月任)
副 主 任:于建民(11 月任)

高校园区联络处

处　　长:周　兵
副 处 长:张玉琦　杨晓芳(11 月任)
副调研员:李柯柯　盛友军(12 月任)

发展规划处

处　　长:闫　刚(2 月免)
　　　　刘　园(2月任)
副 处 长:田　园(2 月任)

南京市下关滨江商务区管理委员会

党工委书记:王　前(8 月去世)
主　　任:何　建
副 书 记:何　建　李国民(2 月任)
纪工委书记:熊　斌(2 月任)

综合处

处　　长:李　辉
副 处 长:石　群(正处职)　蔡　健
　　　　刘南华(2 月任)

发展规划处

处　　长:刘之浩
副 处 长:梁　冬　郑庆举(2 月任)

附录

建设管理处

处　　　长：刘公勤
副　处　长：禹克荣（11 月免）
　　　　　　夏敬录（11 月任）
副调研员：禹克荣（11 月任）

招商与产业发展处

处　　　长：张海燕（2 月任）
副　处　长：曹　宁

滨江风光带建设管理办公室

主　　　任：孙建武（11 月免）
副　主　任：徐海林（2 月任）
　　　　　　朱松华（11月任）
调　研　员：孙建武（11 月任）
副调研员：童　珑　宋　鉴

历史文化街区保护利用管理办公室

主　　　任：卢怀道

政务服务管理办公室

主　　　任：周　彤
副　主　任：徐　方　滕云峰
　　　　　　吕　成（2 月任）
副调研员：陈俊伟

湖南路山西路地区管理委员会

主　　　任：曹　伟
工委书记：邹汉宁
纪工委书记：邹汉宁（8 月免兼）
副　主　任：张兴月　姚志江（2 月任）
正　处　级：王桂荣
副调研员：刘新忠　鲍跃华

中央门商贸区管理委员会

主　　　任：林海滨（2 月免）
　　　　　　吕燮纲（2 月任）
工委书记：尹伟勋
工委副书记：林海滨（2 月免）
　　　　　　吕燮纲（2 月兼任）　周耸宁
纪工委书记：周耸宁（8 月免兼）
副　主　任：周耸宁　张　阳　李　康
副　处　级：兰敦华

阅江楼风景区管理委员会

主　　　任：陈　华（2 月任）
工委书记：程宗清（11 月免）
　　　　　　胥亚林（11 月任）
工委副书记：陈　华（2 月兼任）
　　　　　　刘　翔（11 月兼任）
纪工委书记：程宗清（8 月免）
副　主　任：曹　军　王富强　刘　翔
　　　　　　孙学全　李建国　卞广宏
　　　　　　王　韬（11 月免）
正　处　级：邱　民

中国人民政治协商会议南京市鼓楼区委员会工作部门

根据《中共南京市委、南京市人民政府关于印发〈南京市鼓楼区党政机构设置方案〉的通知》（宁委〔2013〕154 号）、《中共南京市委关于印发〈南京市鼓楼区人大、政协机构设置方案〉的通知》（宁委〔2013〕158 号）的规定，区政协机关设办公室（研究室）和 6 个专门委员会。

秘　书　长：李增平
副秘书长：万贵祥（正处）（2 月免）
　　　　　　李晶晶（正处）（11 月免）

张　敏(正处)(2 月任,11 月免)
范利云(正处)(2 月免)
彭广军(正处职)
谌　菲(11 月兼任)

办公室

主　　任:李增平
副 主 任:谌　菲(11 月免)
刘　坤(2 月免)
王　征(2 月任)
调 研 员:万贵祥(2 月任)
罗　瑛(11月任)
正 处 级:陈　卫(10 月退休)
副调研员:汤印河

研究室

主　　任:李增平(11 月免兼)
谌　菲(11 月任)

提案委员会

主　　任:王卫东(11 月免)
黄书田(11 月任)
副 主 任:沈　燕

经济科技委员会

主　　任:顾　铭(11 月免)
张　敏(11 月任)
副 主 任:韩正宏

人口资源环境(城市建设)委员会

主　　任:韩剑峰
副 主 任:高　庆

教卫文体(文史)委员会

主　　任:罗　瑛(11 月免)
王启伦(11 月任)
副 主 任:周丽平(2 月免)

社会法制(民族宗教)委员会

主　　任:周德刚(11 月免)
张　永(11 月任)
副 主 任:张　骏(8 月任)　杨建国

委员工作委员会

主　　任:周颖秋(2 月免)
范利云(2 月任)
副 主 任:周丽平(2 月任,12 月免)

中国共产党南京市鼓楼区纪律检查委员会工作部门

根据 2017 年 8 月 18 日《关于 < 区纪委派驻机构编制调整方案 > 和 < 区纪委派驻机构职数配备方案》的批复 >》(鼓编字〔2017〕13 号),调整后,区纪委派驻第一到第八纪检组设组长 8 名 (其中正处职 4 名、副处职 4 名)。原 4 个纪检监察工作室撤销。

根据 2017 年 12 月 5 日《关于推进监察体制改革试点工作调整机构编制事项的通知》(鼓编字〔2017〕33 号),核增区纪委机关 3 个内设机构,分别为纪检监察三室、纪检监察四室、纪检监察五室。撤销区人民检察院反贪污贿赂局、反渎职侵权局、职务犯罪预防局。

办公室

主　　任:张顺富(2 月免)
侯绍东(2 月任)

附录

纪检监察干部管理监督室

主　　　任:阮　莉(8 月任)

宣传教育室

主　　　任:桂　峰(2 月免)
　　　　　　桑圣琴(8月任)

党风政风监督室

主　　　任:桂　峰(2 月任,8 月免)

信访室

主　　　任:姜　涛(2 月任,8 月免)

案件监督管理室

主　　　任:毛文波(11 月免)
　　　　　　顾　扬(11 月任)

纪检监察一室

主　　　任:叶　凯(2 月任)

纪检监察二室

主　　　任:顾　扬(11 月免)

纪检监察三室

主　　　任:赵　培(12 月任)

案件审理室

主　　　任:杜伟生(2 月任)
正处级纪检员:熊　斌(2 月免)
副处级干部:叶　凯(2 月免)
调　研　员:王鸣清　姜　倩(2 月任)
　　　　　　朱建宁(11 月任)
　　　　　　谈国富(11 月任)
正　处　级:孙　宁　王红军　汪家圣
　　　　　　梁　华　高　明
副调研员:王荣辉　刘向宇　孟　群
　　　　　　王建庭　成春荣
　　　　　　江国兴(2 月任)
副　处　级:李　松　龚锡民(11 月退休)
　　　　　　张和生(2 月退休)
　　　　　　顾丽娟(12 月任)

区纪委、监察局纪检监察工作室

区纪委、监察局纪监工作二室

主　　　任:姜　倩(2 月免)
　　　　　　张顺富(2 月任,8 月免)

区纪委、监察局纪监工作三室

主　　　任:任志刚(8 月免)
副　主　任:徐　靖(8 月免)

区纪委、监察局纪监工作四室

主　　　任:李银忠(8 月免)
副　主　任:姜　涛(2 月免)

区委巡察机构

区委巡察办公室

主　　　任:朱建宁(11 月免)
　　　　　　张顺富(11 月任)
副　主　任:刘红军(8 月免)
　　　　　　李　俊(8 月任)

区委巡察一组

组　　　长:刘红军(8 月任)
副　组　长:江国兴(2 月免)
　　　　　　许燕青(2月任)

区委巡察二组

组　　　长:任志刚(8 月任)
副 组 长:袁受美(8 月免)
　　　　　王　维(8月任)

区委巡察三组

组　　　长:朱　江(8 月任)
副 组 长:徐　辉

区委巡察四组

组　　　长:罗有进(8 月任)
副 组 长:钱　军(8 月免)
　　　　　袁受美(8月任)

区纪委派驻纪检组

区纪委派驻第一纪检组

组　　　长:王　蔚(正处职)(8 月任)

区纪委派驻第二纪检组

组　　　长:陈卫彬(正处职)(8 月任)

区纪委派驻第三纪检组

组　　　长:李银忠(正处职)(8 月任)

区纪委派驻第四纪检组

组　　　长:张顺富(正处职)(8 月任, 11 月免)
　　　　　毛文波(正处职)(11 月任)

区纪委派驻第五纪检组

组　　　长:姜　涛(8 月任)

区纪委派驻第六纪检组

组　　　长:徐　靖(8 月任)

区纪委派驻第七纪检组

组　　　长:钱　军(8 月任)

区纪委派驻第八纪检组

组　　　长:李　宁(8 月任)

南京市鼓楼区各群众团体

总工会

主　　　席:陶顺生(2 月免兼)
　　　　　王　红(2 月兼任)
常务副主席:吴霁宁
副 主 席:王以华(正处职)(11 月免)
　　　　　汪　华(正处职)
　　　　　王祝山　戚晓菁(11 月任)
调 研 员:王以华(11 月任)
正 处 级:陈靖秋　张伟明(11 月退休)
　　　　　汤海鸿　戴　华
副调研员:刘建永(提前离岗退养, 9 月退休)
　　　　　林　江　王致鸣(2 月退休)
　　　　　许亚琳

团　委

书　　　记:邵　睿(11 月免)
副 书 记:戴　石(11 月主持工作)
　　　　　肖　晓

妇女联合会

主　　　席:祁　敏(11 月免)
　　　　　阙晶晶(11 月任)
副 主 席:卢羽红　卢是玥　吴兆兰
调 研 员:祁　敏(11 月任)
　　　　　李晶晶(11 月任)　王小菲
正 处 级:赵　虹　刘　洁

余　浚(7月退休)
副调研员:辛桂兰

残疾人联合会执行理事会

理事长:王　影(2月任)
副理事长:毛惠英　毕　兵
调研员:王燕萍
副调研员:张爱芬

红十字会

常务副会长:陈　珺(2月免)
燕丽萍(2月任)
副会长:薛文友　王　雁(11月任)
调研员:陈　珺(2月任)
副处级:孙春风
科协主席:金　晔(11月免)
凌　志(11月任)
专职副主席:许启明　刘晨平
调研员:金　晔(11月任)

南京市鼓楼区各街道

华侨路街道

工委书记:王　媛(2月免)
刘东生(2月任)
工委副书记:樊向前(10月免)
马兴松(11月兼任)
胡　宇(2月免)
佘　静(2月任)
纪工委书记:李　璐
宣传委员:董　芳(8月任)
统战委员:董　芳(8月免)
王海兵(8月兼任)
人大工委主任:孙焰艳
办事处主任:樊向前(10月免)
马兴松(11月任)
办事处副主任:马兴松(11月免)
徐祥华　吉　添(2月任)
费晓晴　潘世干(2月任)
周　勇(兼)
政协工委主任:袁　榕(11月免)
王　伟(11月任)
人武部部长:王海兵
综治办主任:周　勇
正处级:邵　娟
副调研员:朱宝明　王树富
梁继红　程沂蒙
李贞梅(2月退休)
副处级:孙广明　郑爱华

宁海路街道

工委书记:倪一如(2月免兼)
陈海涛(2月任)
工委副书记:白清泉(2月免)
胡　宇(2月兼任)
罗有进(8月免)
程国庆(8月任)
纪工委书记:华　岚
宣传委员:李雅婕(8月兼任)
统战委员:唐　坤(兼)
人大工委主任:唐　涛
办事处主任:白清泉(2月免)
胡　宇(2月任)
办事处副主任:傅　越　程国庆(8月免)
李雅婕
朱元海(8月免)
黄　艳(2月任)
陈金伟(2月任)
戴忠桥(8月任)
杨达忠(8月兼任)

政协工委主任:王冬丽
人武部部长:唐　坤
综治办主任:朱元海(8 月免)
　杨达忠(8 月任)
正　处　级:曹爱萍(7 月退休)　于爱珍
副 调 研 员:何亚斌　宋春芳(1 月退休)
　陈建申
副　处　级:郑建英

湖南路街道

工 委 书 记:李本武(2 月免)
　王　媛(2 月任)
工委副书记:仇建军(2 月免)
　阚加力(2月兼任)
　冯　磊(11 月免)
　朱　江(8 月免)
　桂　峰(8 月任)
纪工委书记:梁全民
宣 传 委 员:成志方(8 月任)
统 战 委 员:周汝干(副处级)(5 月退休)
　成志方(8 月兼任)
人大工委主任:白建栋(11 月免)
　史　国(11 月任)
办事处主任:仇建军(2 月免)
　阚加力(2月任)
办事处副主任:冯　磊(11 月免)
　许燕青(2 月免)　苏　治
　张立群(2 月任)
　张雪斌(2 月任)
　孙　建(11 月任)
　陈铭谊(兼)
政协工委主任:徐晓红(2 月免)
　肖　兴(2 月任)
人武部部长:朱加庆
综治办主任:陈铭谊
调　研　员:刘翠萍　袁　榕(11 月任)
　周德刚(11 月任)
　白建栋(11 月任)
正　处　级:张新霞　孙淮宁(2 月退休)
副 调 研 员:成志方(8 月免)　安宗钊
　李正见　王海滨(12 月任)
副　处　级:郑长林

中央门街道

工 委 书 记:翁晓泳
工委副书记:周新萍(兼)
　史　国(11 月免)
　张　红(11 月任)
纪工委书记:徐兴国(11 月免)
　王　昊(11 月任)
宣 传 委 员:曹　杰(8 月任)
统 战 委 员:曹　杰(兼)
人大工委主任:刘晓军
办事处主任:周新萍
办事处副主任:张　红(11 月免)
　吴志强　李亚舒
　沈　涛
　季祥国(2 月任)
　王传辉(兼)
政协工委主任:孙　仲
人武部部长:章荣保
综治办主任:王传辉
调　研　员:徐兴国
正　处　级:潘京潮　李玉生
副 调 研 员:袁黎光(10 月退休)
　胡向阳　封祺翔
　吴长青
　曾庆贵(8 月退休)
副　处　级:秦余珠(12 月退休)　杨　健

挹江门街道

工委书记：石　英
工委副书记：闫　航（2月免）
　　夏莉荔（2月兼任）
　　肖　立（2月免）
　　刘　坤（2月任）
纪工委书记：张　健
宣传委员：叶　芸（8月任）
统战委员：叶　芸（兼）
人大工委主任：马巧令
办事处主任：闫　航（2月免）
　　夏莉荔（2月任）
办事处副主任：匡　猛　易从霞
　　张国庆　戴坤星（2月任）
　　王文炜（兼）
政协工委主任：刘开福
人武部部长：王永国（11月免）
综治办主任：王文炜
正处级：刘尊坤
副调研员：乔增斌　李春阳
　　唐吉林　赵守江
　　陈海滨　宋晓军
　　王永国（11月任）
副处级：岳梦吟（8月退休）

江东街道

工委书记：陈海涛（2月免）
　　倪　锐（2月任）
工委副书记：倪　锐（2月免兼）
　　浦　健（2月兼任）
纪工委书记：林　莉
人大工委主任：杨　宸（11月免）
　　王　平（11月任）
宣传委员：董　强（8月任）
统战委员：何国安（副处级，8月明确为副处职，11月免）
　　董　强（11月兼任）
办事处主任：倪　锐（2月免）
　　浦　健（2月任）
办事处副主任：王　伟　王爱兵
　　陶善满
　　夏志芳（2月任）
　　黄年俊（8月任）
　　桂健民（兼）
政协工委主任：孙良毅
人武部部长：黄永刚
综治办主任：桂健民
调研员：刘　艳　王英俊
正处级：武业胜（9月退休）　张跃进
副调研员：顾国民　黄年俊（8月免）
　　王忠云　丁永清
　　何国安（11月任）
　　经　宁（12月任）
副处级：李春宁

凤凰街道

工委书记：李志平
工委副书记：梁　平　王　辉（11月免）
　　石红珍（8月免）
　　赵铁军（8月任）
纪工委书记：朱爱冬
宣传委员：章蔷丽（8月任）
统战委员：章蔷丽（兼）
人大工委主任：汤忠胜
办事处主任：梁　平
办事处副主任：王　征（2月免）　吴海明
　　赵铁军（8月免）
　　陈　峻　蔡海泉（8月任）
　　王　银（8月任）
　　陈从邦（兼）

政协工委主任:李　军
人武部部长:朱成亮
综治办主任:陈从邦
调　研　员:张　军　周颖秋(2月任)
正　处　级:郑　峰　倪慧敏
马　平　黄建新
副调研员:石尧明　姚　敏(9月退休)
唐为民　刘　兰

热河南路街道

工委书记:陈爱华
工委副书记:倪娅红(2月免)
徐松林(2月任)
王启伦(2月免)
俞栋铭(2月任)
纪工委书记:杨锡强
宣传委员:岳　晖(8月任)
统战委员:汪立斌(兼)
人大工委主任:刘国青
人大工委副主任:束长青
办事处主任:倪娅红(2月免)
徐松林(2月任)
办事处副主任:李亚萍　张雯娟
汪立斌　王　艺
李　强(8月免)
周志斌(8月兼任)
政协工委主任:刘宝港(2月免)
王启伦(2月任,11月免)
盛文煊(11月任)
人武部部长:汪立斌(兼)
综治办主任:李　强(8月免)
周志斌(8月任)
调　研　员:刘宝港(2月任)
正　处　级:徐亚坤(2月退休)　薛玉虎
副调研员:王　宁　周海东

阅江楼街道

工委书记:刘东生(2月免)
仇建军(2月任)
工委副书记:王可可(兼)　王宁平(兼)
纪工委书记:隋　芳
宣传委员:曹　溶(8月任)
统战委员:曹　兵(兼)
人大工委主任:傅豫梅
办事处主任:王可可
办事处副主任:范宇容　浦　健(2月免)
马志忠　李金国
鄢　剑　刘安胜(兼)
政协工委主任:王宁平
政协工委副主任:曹　兵
人武部部长:徐　祥(11月免)
综治办主任:刘安胜
调　研　员:邵统明　陈　兵
正　处　级:黄　民(5月退休)
副调研员:刘建东　袁　倩(3月免)
杨家坤　孙银圣
王青梅　金　鹏
副　处　级:黄翠凤　徐　祥(11月任)

建宁路街道

工委书记:成　静
工委副书记:吕　扬(2月免)
肖　立(2月任)　刘　雅
纪工委书记:韩永红
宣传委员:戴红军(8月兼任)
统战委员:杨秋明(11月免)
施　武(副处职)(11月任)
人大工委主任:许　杰
办事处主任:吕　扬(2月免)
肖　立(2月任)

办事处副主任:张　斌　许正兵
李晓明(11 月免)　戴红军
俞同辉　王永强(8 月任)
蔡　松(11 月任)
政协工委主任:胡文军
政协工委副主任:杨秋明(11 月免)
人武部部长:杨秋明(11 月免)
综治办主任:俞同辉
副调研员:杨秋明(11 月任)　陈信如
苏道良(7 月退休)
魏　新　殷　俊
副处级:郑　静

宝塔桥街道

工委书记:疏新生
工委副书记:阙晶晶(11 月免)
王　辉(11 月兼任)　王庭梅
纪工委书记:施　武(11 月免)
王若舜(11 月任)
宣传委员:洪　亮(8 月兼任)
统战委员:徐志鸿(兼)
人大工委主任:田志荣
人大工委副主任:高云燕
办事处主任:阙晶晶(11 月免)
王　辉(11 月任)
办事处副主任:姚志江(2 月免)　吴恒林
徐志鸿　洪　亮
章向雷(2 月任)
魏金林(8 月任)
曹成建(兼)
政协工委主任:王祥果
人武部部长:徐志鸿(兼)
综治办主任:曹成建
正处级:张放鸣(6 月退休)　黄晓庭
副调研员:蔡东飞　何　红

小市街道

工委书记:吕燮纲(2 月免)
吕　扬(2 月任)
工委副书记:金学春(兼)
程立鹏(2 月免)
倪立业(2 月任)
纪工委书记:花伟星
宣传委员:倪立业(8 月兼任)
统战委员:王　亚(兼)
人大工委主任:陈方方(11 月免)
丰小兵(11 月任)
人大工委副主任:朱国祥
办事处主任:金学春
办事处副主任:尹雪莲　李　文(2 月免)
朱照兵　万　伟
王翠凤(2 月任)
诸抢顺(兼)
政协工委主任:康　强
人武部部长:王　亚
综治办主任:诸抢顺
调研员:陈方方(11 月任)　王新民
副调研员:孟庆玲(提前离岗退养)
程立鹏(2 月任)
裘贤富 (2 月退休)　肖祥华
于丰喜　潘日波

幕府山街道

工委书记:赵　耀
工委副书记:周　刚(10 月免)
邵　睿(11 月兼任)　姜晓薏
纪工委书记:徐　楠
宣传委员:张开生(8 月兼任)
统战委员:王采喜(兼)
人大工委主任:周自堂

办事处主任：周　刚(10 月免)
邵　睿(11 月任)
办事处副主任：王采喜　陈　晨
张开生　狄文兵
李立增(2 月任)
许　浒(8 月任)
吴　涌(兼)
政协工委主任：周　捷
人武部部长：王采喜(兼)
综治办主任：吴　涌
正处级：徐正华(3 月退休)
副调研员：彭　健　张　俊
严云龙　景雪森
刘世勇　郭延坡(12 月任)
副处级：张道明

(区委组织部　张泽烨)

新任区级领导

林　建

男，汉族，1966 年 5 月出生，福建连江人，1989 年 2 月参加工作，1994 年 9 月加入中国共产党，党校研究生学历。1985 年9 月江苏广播电视大学图书馆学专业学习；1989 年 2 月下关区人民法院见习书记员、书记员；1991 年 9 月全国法院干部业余法律大学法律专业学习；1994 年 10 月下关区人民法院助理审判员；1996 年 1 月下关区人民法院办公室主任助理；1996 年8 月下关区拆迁安置办公室挂职；1997 年3 月下关区人民法院执行庭副庭长；2000年 7 月下关区人民法院院长助理、党组成员；2000 年 9 月中央广播电视大学法学专业大学学习；2001 年 12 月下关区人民法院副院长；2003 年 9 月江苏省委党校科学社会主义专业研究生学习；2006 年 5 月下关区人民法院副院长、党组成员；2006 年 12 月下关区司法局局长；2010 年 11 月下关区委热河南路街道工委书记、人大工委主任；2012 年 4 月下关区政府办主任、外事办主任；2013 年 4 月鼓楼区政府办公室主任；2016 年 1 月鼓楼区政府办公室主任、机关事务管理局局长；2017 年 1 月鼓楼区人大常委会副主任。

李　艳

女，汉族，1972 年 6 月出生，安徽界首人，1995 年 8 月参加工作，无党派，大学学历、硕士学位。1991 年 9 月华东政法学院经济法系经济法专业学习；1995 年 8 月下关区人民检察院干部；1996 年 8 月下关区人民检察院书记员、科员；1997 年 9 月下关区人民检察院助理检察员；2002 年 8 月下关区人民检察院公诉科副科长；2003 年9 月下关区人民检察院检察员；2004 年 9 月南京大学

法律硕士专业学习；2006年1月下关区人民检察院公诉科科长；2006年3月下关区人民检察院检察委员会委员；2010年7月下关区人民检察院副检察长；2010年10月江苏省人民检察院公诉二处挂职处长助理；2012年4月下关区政府办副主任、法制办主任；2012年11月下关区商务局（投资促进局）局长；2013年4月鼓楼区商务局局长；2017年1月鼓楼区人大常委会副主任。

倪一如

女，汉族，1967年12月出生，江苏常州人，1988年8月参加工作，1995年8月加入中国共产党，党校研究生学历。1986年9月南京师范大学中文系文秘专业学习；1988年8月鼓楼区挹江门办事处科员；1997年7月南京理工大学思政专业大学学习；1997年11月中共鼓楼区委办公室综合科副科长；1999年6月中共鼓楼区委办公室综合科科长；2000年1月鼓楼区江东街道工委副书记；2002年8月江苏省委党校政治经济学专业研究生学习；2005年1鼓楼区政府办公室副主任；2005年7月鼓楼区宁海路街道工委副书记、办事处主任；2006年8月鼓楼区湖南路街道工委副书记、办事处主任；2011年5月鼓楼区湖南路街道工委书记；2011年12月鼓楼区宁海路街道工委书记；2017年1月鼓楼区政府副区长。

蔡双根

男，汉族，1966年8月出生，江苏句容人，1988年8月参加工作，1999年9月加入中国共产党，研究生学历、硕士学位。1984年9月南京师范大学中文系学习；1988年8月江苏省句容市高级中学教师、校长办公室秘书；1997年9月南京师范大学新闻学专业研究生学习；2000年8月中共鼓楼区委宣传部干部；2001年8月中共鼓楼区委宣传部副主任科员；2002年7月中共鼓楼区委宣传部科长；2003年3月中共鼓楼区委办公室副主任；2003年9月中共鼓楼区委宣传部副部长；2007年8月中共鼓楼区委办公室副主任、研究室主任；2010年10月鼓楼区江东街道工委副书记、办事处主任；2012年4月鼓楼区政府办公室主任；2013年4月鼓楼区教育局局长、工委副书记；2017年1月鼓楼区政府副区长。

文献选编

全面贯彻落实党的十九大精神 坚定不移走“自主创新、科学发展”之路

——在区委二届四次全体(扩大)会议上的报告

市人大常委会副主任、区委书记　张一新

2017 年 12 月 30 日

同志们：

这次全会的主要任务是，高举习近平新时代中国特色社会主义思想伟大旗帜，深入贯彻党的十九大和省市委全会精神，回顾总结 2017 年工作，研究部署 2018 年主要任务，动员全区各级党组织和广大党员干部群众，坚定不移走“自主创新、科学发展”之路，开创“首善之区、幸福鼓楼”建设新局面。

下面，我代表区委常委会向全会报告工作。

一、2017 年“自主创新、科学发展”成效初显，迈出坚实步伐

今年以来，区委常委会在省市委的坚强领导下，坚持以习近平新时代中国特色社会主义思想为指导，团结带领全区干部群众聚焦经纬两线，狠抓执行落实，坚定不移走“自主创新、科学发展”之路，经济社会发展稳中有进、稳中向好、稳中提质。预计全年完成地区生产总值 1270 亿元，增长 9%，其中服务业增加值 1190 亿元，增长 10.5%，占地区生产总值比重达92.5%以上；实现一般公共预算收入 101.8 亿元，首次突破百亿，增长 8.2%；完成固定资产投资 265 亿元；完成社会消费品零售总额 973 亿元，增长 10%。

三大产业发展成效明显。出台商务商贸、软件互联网、文创旅游三大产业发展政策意见，强化激励引导，抬高发展标杆，狠抓项目建设，三大产业快速增长。江苏省港口集团、博西家电采购中心、毕马威研发中心等 28 个重大项目落户鼓楼，总投资额达 462 亿元，预计全年规模(限上)商务商贸服务业收入 3760 亿元、增长 16%左右；基石数据、小众网络等知名软件企业成功引进，平安普惠等龙头企业迅猛增长，软件互联网业收入 555 亿元、增长 25%左右；环南艺文化创意产业功能区建设深入推进，荣获“中国文化产业学院奖”“2017 年度中国文化产业园区——最佳协同创新奖”，文创旅游产业收入 470 亿元、增长 15%左右。总部经济持续健康增长，预计 39 家总部企业完成税收 40 亿元，占全区税收总量的 20%。

创新发展动能加速形成。全面实施创新驱动战略，深入推进科技创新，以创新

赢得未来。“两落地、一融合”工作扎实推进。成立南京鼓楼高新技术产业开发区，组建鼓楼科技创新投资发展有限公司，构建“一区多园”的园区发展格局，有力有序推进16个重点跟踪项目。新型研发机构“低轨卫星宽带通信系统研究院”落户鼓楼。创新载体建设取得较大进展。建成江苏南中医健康产业研究院、南京物联网应用研究院等新型研发机构，新增国家级众创空间5家，市级以上众创空间比例达76%。创新能力进一步提升。全年新增高新技术企业、创新型企业18家，新增产学研合作项目53个，引进高层次人才57名，完成创新型企业家申报17人，5人进入现场考察。创成国家知识产权强县工程示范区。科技投融资体系更加完善。拓宽融资渠道，成立天使投资机构联盟，探索科技金融服务新模式，持续做好科技贷款服务工作，打通优质项目与金融机构之间的对接通道。全年科技创业投资达8.2亿元，增长15%。

“干净整洁”鼓楼建设成效初显。深入实施城市精细化建设管理十项行动，扎实开展“两减六治三提升”专项行动，城市功能显著提升，人居环境明显改善。出台铁北发展指导意见，组建工作班子，基本完成片区大型棚户区改造，正式拉开铁北片区改造帷幕。加强环境综合整治，高标准启动宁海路片区整治提升工程，扎实推进黑臭河道整治提升、主次干道街巷综合整治，统筹推进老旧小区出新、二次供水改造、“厕所革命”，建成下关火车主题公园、大庙沟、二仙沟等游园绿地，城市功能形象明显改观。滨江商务区建设有序推进，长江国际航运中心一期工程基本竣工，尧化门新建货场完工。圆满完成第五届全国文明城市创建复审工作。推进环卫保洁市场化，实现数字城管系统全覆盖，全面落实“门前三包”责任制，城市治理工作连续13个月荣获全市城区组前三名。

“聚焦富民”行动有力推进。持续提升就业创业、教育、卫生、文化、社会保障等各项社会事业发展水平，不断满足人民日益增长的美好生活需要。坚持创业带动就业，预计全年新增城镇就业人数3.3万人，培育自主创业4200人，城镇登记失业率控制在2.1%，人均可支配收入达5.96万元，增长8.8%。坚持教育优先，推动中小学校长教师交流轮岗，校际骨干教师交流比例达15.9%；完成三牌楼小学改造等项目建设，教育惠民力度不断加大，各类教育协调发展，教育现代化水平有效提升。深化医疗卫生体制改革，持续扩大“医联体”阵容，建宁路、中央门社区卫生服务中心荣获“全国优质服务示范中心”称号。坚持文体惠民，组织开展群众文化活动2260场，文化惠民达112万人次，新建25家综合性公共文化服务中心，获评全市首批“书香建设”示范区；圆满完成世界轮滑锦标赛保障工作。坚持社保兜底，扩大社保覆盖面，社会保障“稳定器”“安全网”作用进一步强化。养老事业健康发展，全年新增床位800张，新增3A级以上居家养老综合护理中心18家，累计建成社区助餐点达115个。

民主法治建设深入开展。人大和政协视察、调研、监督、议政工作富有成效，爱国统一战线进一步巩固发展。依法治区进程明显加快，法治政府建设成效显著。大排查大整治工作切实有效开展，信访积案攻坚化解行动成效明显，成功化解市交办信访积案33件，化解率名列全市前茅，全区信访总量明显下降；圆满完成党的十九大、国家公祭活动等重大安保维稳任务。司法体制改革有序推进，政法机关职能作用充分发挥，群众安全感测评达98%，名列全市前茅，荣获“全省平安县(区)”荣誉称号。街道体制改革形成初步方案，城管环卫体制改革稳步开展，各项改革任务有序推进。工会、共青团、妇联、红十字会、残联、科协等群众团体的桥梁纽带作用不断增强，人武、双拥、老干部、关心下一代、档案、史志、民族宗教等工作取得新成绩。

全面从严治党向纵深发展。深入学习贯彻党的十九大精神，举办区管干部轮训班，成立宣讲团，广泛开展宣讲活动200余场，推动党的十九大精神进企业、进机关、进校园、进社区、进网络。深入推进“两学一做”学习教育常态化制度化，举办区委中心组(扩大)学习会21场。扎实开展大走访活动，走访发现的7710个问题全部办结，打通了工作落实的“最后一公里”。积极开展干部调配工作，选优配强领导班子，干部队伍活力进一步增强。加强基层党组织建设，开展“党建示范社区”创建活动，建立“三定三可”的社区党建工作科学评价机制；实施“社区党建红领计划”，全面提升社区党组织带头人能力素质；出台《鼓楼区基层党建工作创新项目化管理办法》，建立“鼓楼党建智慧平台”，探索新形势下基层党建工作运行机制和有效途径。意识形态工作责任制层层落实，纳入区委巡察内容，与党风廉政建设责任制同部署、同推进、同考核。党风廉政建设“两个责任”有效落实，“一案双查”领导干部8人、党组织7个。加强区委巡察机构和区纪委派驻机构建设，先后4轮对32家单位开展巡察，实现对全区51家机关部门监督全覆盖。保持从严执纪高压态势，切实把纪律和规矩立起来、严起来，查办各类违规违纪案件195件，给予党纪政纪处分123人。

这些成绩的取得，是市委坚强领导、关心支持的结果，是区四套班子团结一心、务实奋斗的结果，是全区上下攻坚克难、担当奉献的结果，是社会各界广泛参与、和衷共济的结果。在此，我谨代表区委向全区各级党组织、广大党员干部群众，向各民主党派、人民团体，向全体老领导、老同志和所有关心支持鼓楼发展的社会各界人士，表示衷心的感谢和崇高的敬意！

在看到成绩的同时，我们也清醒地认识到当前鼓楼发展还存在一些薄弱环节。一是主导产业升级缓慢、贡献率不高的问题依然存在，亟需进一步完善政策机制，强化项目把控，找准突破口，重塑产业竞争优势。二是城市形态不平衡的问题依然存在，高端社区与老旧小区同时并存，干净整洁的城市主干道与脏乱差的背街小巷同时并存。三是城市管理不严、标准不高的问题依然存在，严重影响省会功能核心区形象。四是干部队伍解放思想、转变理念、创新方法、解决问题仍显不足，干事成事的能力还有欠缺。对此，我们必须坚持问题导向，切实加以解决。

二、全面贯彻落实党的十九大精神坚定不移走“自主创新、科学发展”之路

党的十九大是在全面建成小康社会决胜阶段、中国特色社会主义进入新时代

的关键时期召开的一次十分重要的大会，是一次在新的历史起点上开启党和国家事业新征程的大会，是一次不忘初心、牢记使命、高举旗帜、团结奋进的大会。

当前和今后一个时期，全区的首要政治任务就是在习近平新时代中国特色社会主义思想指导下，深入学习宣传贯彻党的十九大精神，切实按照“学懂、弄通、做实”的要求，深刻领会大会精神，贯彻落实决策部署，把思想统一到党的十九大精神上来，把力量凝聚到实现党的十九大确定的各项任务上来。

一是要学深悟透，在学懂上下功夫。站在讲政治的高度，采取理论和实践、历史和现实、当前和未来相结合的方法，学深悟透中国特色社会主义进入新时代的重大判断，学深悟透习近平新时代中国特色社会主义思想核心要义，学深悟透中国社会主要矛盾发生的历史性变化，学深悟透新时代中国特色社会主义发展的战略安排，学深悟透新时代党的建设总要求，充分认清十九大重大的政治意义、理论意义、历史意义和实践意义，切实增强思想和行动上的自觉。

二是要融会贯通，在弄通上下功夫。在学懂的基础上融会贯通，做到联系地而不是孤立地、系统地而不是零散地、全部地而不是局部地理解党的十九大精神，深刻认识十九大作出的各项战略部署的整体性、关联性、协同性。同时，要把学习宣传贯彻十九大精神与深入领会贯彻习总书记视察江苏重要讲话要求紧密结合起来，要把学习宣传贯彻十九大精神与贯彻落实中央经济工作会议和省市委全会部署要求紧密结合起来，融会贯通，真知笃行，努力实现高质量发展。

三是要真抓实干，在做实上下功夫。一分部署，九分落实。做实，就是要结合鼓楼实际，把十九大提出的战略部署和各项目标任务，转化为本地的工作任务，明确时间表、路线图；做实，就是要拿出实实在在的举措，真抓实干，埋头苦干，一个时间节点一个时间节点往前推进，以钉钉子精神全面抓紧抓实、抓出成效，让党的十九大精神在鼓楼落地生根、开花结果，转化为鼓楼发展的生动实践。

“学懂、弄通、做实”，具体到鼓楼而言，就是要做到四个“深刻领会、准确把握”：

深刻领会、准确把握大会主题，争创首善之区再发力，建设幸福鼓楼再出发。党的十九大的主题是不忘初心，牢记使命，高举中国特色社会主义伟大旗帜，决胜全面建成小康社会，夺取新时代中国特色社会主义伟大胜利，为实现中华民族伟大复兴的中国梦不懈奋斗。中国共产党人的初心和使命，就是为中国人民谋幸福，为中华民族谋复兴。学习贯彻十九大精神，就是要进一步强化为人民服务的宗旨意识，进一步强化走在前列的使命担当，不断把“首善之区、幸福鼓楼”建设引向深入。

十八年前，鼓楼区第八次党代会提出争创首善之区。这一极具感召力的口号，激励了全区干部群众，点燃了一段“激情燃烧的岁月”，开启了一个干事创业的火红时代，创造了一个经济社会发展黄金期。然而随着城市化进程的加快，兄弟区县间竞争日益加剧，鼓楼在全市全省的相对位次有所波动，首善之区的形象有所减弱。贯彻落实党的十九大精神，就是要把“首善”的要求、“第一”的标准贯穿于经济社会发展各领域、全过程，扛起省会功能核心区的担当，负重攀登，敢为人先，奋力走在全市、全省发展前列，奋力走在长三角、珠三角同类城区发展前列，奋力走在全国同类城区发展前列，完成我们这一代鼓楼人的历史使命。

六年前，鼓楼区第十次党代会提出建设幸福鼓楼。这一饱含民生情怀的追求，感染了很多干部群众。学习贯彻党的十九大精神，就是要常有原点思维，进一步擦亮为人民谋幸福的初心，始终带着对人民的感情去工作，始终带着对人民的感情去干事，始终带着对人民的感情去服务，出发再远也不忘记当初为什么要出发。

深刻领会、准确把握习近平新时代中国特色社会主义思想，进一步强化“创新、协调、绿色、开放、共享”五大发展理念。习近平新时代中国特色社会主义思想是十九大的灵魂，是全党奋斗的精神旗帜。全区上下务必深入学习领会，全面贯彻落实，用以武装头脑、统一思想、指导实践。“五大发展理念”是新思想的重要组成部分，对未来发展具有重要的指导意义。我们必须切实学习贯彻，掌握精髓要义，坚定不移走“自主创新、科学发展”之路。在观念层面，摒弃计划的、行政的、经验的、传统的思维，树立科学的、理性的、市场的、法治的思维，培养“自主创新、科学发展”的“头脑”；在制度层面，制定出台并全面贯彻产业发展、片区建设管理、社会事业提升等各项实施意见，浇注“自主创新、科学发展”的“筋骨”；在操作层面，积极组建国资、科技、城建、文旅、铁北发展等开发建设运作平台，用市场化、法治化的方式推动工作，塑造“自主创新、科学发展”的“抓手”；在效果层面，学会思考、学会做事、学会算账、学会运作，不断提升科技园区、商务楼宇单位面积产出率，不断提升城市功能品质，不断提升人民群众获得感、满意度，彰显“自主创新、科学发展”的“实效”。四个层面层层递进，是“自主创新、科学发展”的一个正循环。如此循环往复、螺旋上升，“自主创新、科学发展”的意识必将越来越强烈，“自主创新、科学发展”的行动必将越来越有力，“自主创新、科学发展”的实效必将越来越彰显，“自主创新、科学发展”的道路必将越走越宽阔。

深刻领会、准确把握社会主要矛盾的变化，进一步聚焦区委中心工作。党的十九大提出，我国社会的主要矛盾已经转化为人民日益增长的美好生活需要和不平衡不充分的发展之间的矛盾。具体到鼓楼而言，不平衡主要表现在经济、社会、生态等领域发展不平衡，四大片区发展不平衡，优质公共资源分布不平衡；不充分主要表现在产业发展不充分、创新发展不充分、精细化建设管理不充分。学习贯彻十九大精神，就是要进一步聚焦区委中心工作，大力发展高端商务商贸、软件互联网、文创旅游、航运服务等主导产业，精细化建设管理老城、河西、滨江、铁北四大片区，持续提升就业创业、文化、教育、卫生、社会保障五项社会事业，切实解决发展不平衡不充分的问题，满足鼓楼人民日益增长的美好生活需要。

深刻领会、准确把握党的建设新要求，进一步营造风清气正、干事创业的良好氛围。党的十九大从党和国家事业发展全局出发，提出了新时代党的建设总要求，对推动全面从严治党向纵深发展作出新部署。学习贯彻十九大精神，就是要坚持党对一切工作的领导，把党的政治建设摆在首位，始终保持“永远在路上”的定力，将严的要求、严的标准、严的措施落实到管党治党的各方面；就是要正确认识、着力解决干部思想理念、精神状态、纪律作风方面存在的突出问题，多措并举调动党员干部的积极性主动性，大力营造“风清气正、干事创业”的浓厚氛围，为“争创首善之区、建设幸福鼓楼”提供坚强有力的组织保障。

三、切实做好 2018 年各项工作，努力取得“自主创新、科学发展”突破性进展

2018 年是贯彻党的十九大精神的开局之年，是改革开放 40 周年，是“十三五”规划实施的关键之年。全区工作的指导思想是：全面贯彻党的十九大精神，以习近平新时代中国特色社会主义思想为指导，按照总书记视察江苏重要讲话要求和中央经济工作会议、省市委全会部署安排，落实高质量发展的要求，进一步解放思想、转变理念，对标找差、创新实干，大力发展主导产业，协调建管四大片区，优质均衡发展五项社会事业，全面从严管党治党，努力走在高质量发展的前列。

2018 年工作的主要目标是：地区生产总值增长 9%，一般公共预算收入增长9%，全社会固定资产投资 278 亿元，社会消费品零售总额增长 10%。

做好全年工作，要着力推动高质量发展。切实贯彻落实高质量发展要求，以“自主创新、科学发展”为重要支撑，推动质量变革、效率变革、动力变革，努力在各个领域取得突破性进展，不断提升发展质量。

1.深入推进高新区（国家大学科技园）建设，努力在创新发展上取得突破性进展。坚持把创新摆在全局的核心位置，全面落实市委“121”战略，以创新引领发展动能转换和产业结构调整。

全面提升高新区（国家大学科技园）建设运营水平。科学设置高新区组织架构，明确处室工作职责，加快创投公司实体化运作步伐，形成党工委统一领导、管委会负责行政管理、平台公司负责经营事务，责任明确、运转高效的园区发展格局。以产业化、项目化思维抓科技创新，深入开展“两落地、一融合”工作，加快推进“低轨卫星宽带通信系统研究院”等一批在手项目建设，努力形成“签约一批、催熟一批、储备一批”的良性循环，确保全年新增产学研合作项目 36 个，新增新型研发机构 1 家；确保高新技术企业达 88 家，高新技术企业产值达 120 亿元，年专利申请量 3840 件、授权量 2129 件。制定务实管用的高新区管理制度、考核制度，列出任务清单、项目清单，实施硬任务、硬考核、硬问责，激发全体干部职工的干劲，努力打造全市高新区中的样板区、示范区。

狠抓创新载体建设。开工建设中国（南京）电力自动化工业园等科技创新项目，全力推进鼓楼创新广场、幕府创新小镇、南邮科创中心等在建项目，全面推进众创空间提档升级。实施科技企业孵化器“跃升”和“孵鹰”计划，力争新增孵化器在孵企业 90 家、毕业企业 10 家。

培育引进更多创新主体。通过优惠政策，着力扶持一批知名科技服务机构，加快培育一批龙头企业，构建以高新技术企业为主体的企业创新集群，力争全区实现高新技术企业总数142家，新认定科技创业企业85家。加强高层次人才引进和培育，深入实施“创业南京”英才计划，引进市级高层次创业人才14人、科技顶尖专家1人、创新型企业家3人。

打造一流创新生态。出台加快发展科技服务业实施意见，充分发挥各类创投融资平台作用，促进投融资渠道多元化，引导更多社会资本投向科技创业创新，“双创”企业获天使轮以上融资额增长15%。持续深化“放管服”改革，加强知识产权运用与保护，营造良好发展环境。

2.聚焦主导产业，努力在产业发展上取得突破性进展。产业强则城市强，产业发展事关鼓楼未来，必须紧紧扭住主导产业这个“牛鼻子”，筑牢鼓楼经济发展的“四梁八柱”。

大力发展商务商贸产业。贯彻落实商务商贸产业发展实施意见，制定出台专项扶持政策，科学编制产业布局规划。湖南路商圈要紧盯湖南路在建商业项目，加强招商介入，严控分割出让，提高自持比例，着力引入顶级商业企业，发展主题型商业、体验式经济和夜间经济，力争新增项目每平方米税收贡献度不低于5000元，重振湖南路雄风。新街口商圈要以慈悲社片区为切入点，深入挖掘周边民国建筑资源，改造南大苏富特园区，打造文商旅体验街区和民国特色企业公馆区。中央门商圈要引导现有专业市场创新商业业态、提升发展水平，切实加强企业管理，提升单位面积贡献度。确保年产业收入增长15%、税收增长15%，力争商务商贸业2020年形成5000亿级产业规模。

坚持以“亿元楼宇”“特色楼宇”建设为抓手，实施腾笼换凤工程，以“产业、规模、产出”为导向，改造一批老旧楼宇，做好产业定向招商，着力提升规模楼宇单位面积贡献度。锁定亚太商务楼、中南国际大厦、紫峰大厦等高端楼宇，力争建成3个十亿级总部楼宇。

大力发展软件互联网产业。紧紧围绕江东软件城、模范路科技创新街区、幕府创新小镇“一城一街一镇”产业规划布局，坚持“精、专、特”发展导向，加快提升产业集聚度。强化产业招商，加大软件互联网龙头企业引进力度，引进一批全球软件500强企业、国内软件百强企业，吸引一批国内外大型优秀软件互联网企业在我区设立总部或区域总部、营运总部。集中力量支持华讯方舟、南大苏富特等重点软件企业持续高速发展，全力推动浪潮集团江苏区域总部等重点项目早日投产见效，不断发掘区内有发展潜力的中小企业，助力其加速成长。确保年产业收入增长20%、税收增长15%，力争2020年形成千亿级软件互联网产业集群。

大力发展文创旅游产业。以“文创+”“旅游+”为切入点，加快产业互融，发展全域旅游。优化全区文创产业空间功能布局，深入推进环南艺文化创意产业功能区建设。实施文创产业“123”计划，重点培育新媒体技术与应用、创意设计、数字传媒出版、数字影音娱乐、文化艺术服务与培训、文化休闲等六大新兴产业，逐步实现产业特色化、差异化、集群化发展。打造“畅游鼓楼”品牌，加快推动清凉山、国防园4A级景区申报、阅江楼风景区扩容升级工作，开发一批具有深度文化价值的特色旅游产品，创建全域旅游示范区。确保年产业收入增长 15%、税收增长 12%，未来三年内形成 700 亿级产业规模。

培育壮大区域特色产业。做大航运服务业。充分发挥江苏省港口集团龙头作用，围绕航运总部、航运贸易服务、口岸通关服务等领域，大力招引一批领军型企业，高标准打造下关长江国际航运物流服务集聚区。做优健康服务业。继续推进五台山健康服务集聚区规划建设，实现医疗机构、医药研发机构、健康管理机构间的良性互动，完善和延伸健康服务产业链。做精智力服务业。充分整合资源，通过培育、引进、扶持等综合手段，大力发展规划设计、会计审计、法律服务、专业中介、咨询信息等产业，打造鼓楼区现代服务业新亮点。

3.建管四大片区，努力在美丽鼓楼打造上取得突破性进展。牢固树立现代城市发展理念，充分认识和遵循城市建设管理规律，进一步在规划、建设、管理等重点环节上求突破，让山为脉、水为源、城为魂、林为裳的风貌更加凸显，让全区百姓拥有更加美好的生活家园。

以铁北片区改造为龙头，打造品质鼓楼。树立长远眼光，确立先进理念，高标准编制铁北片区各专项规划，高水平编制城市设计，以科学合理的规划设计引领铁北改造。通过政府采购程序优选有理念、有实力、有经验的合作方，引入社会资本，成立混合所有制公司，通过科学的股权设置监管公司运行，以先进合理的 PPP 合作模式推进铁北改造。明确铁北改造时间表，三年完成征收拆迁，六年完成基础设施建设和城市形态改善，十年初步构建产业体系，二十年形成高端产业集聚的“产城融合示范片区”。明年，铁北指挥部驻地办公、实体运作，全力推进征收、融资、保障房建设等各项工作，全年征收 35 万平方米，融资 50 亿元，开工建设保障性住房 30 万平方米，全面打响铁北改造攻坚战。

统筹做好道路建设、保障房建设、小区出新、危旧房改造等各项工作，保护老城、提升河西、开发滨江。精心实施水佐岗－颐和路核心片区改造工程，整体提升宁海路、湖南路等窗口区域城市面貌。加强公共配套设施建设，改善河西片区人居品质。加大征收扫尾攻坚力度，加快项目载体建设进度，推动路网体系建设，精心保护利用民国文化资源，完善滨江城市功能。

大力实施精细化管理，打造宜居鼓楼。管理是城市工作的永恒主题。加强城市立面空间管理，开展店招店牌专项整治，统一规划、集中设置标识标牌。全面实施“路长制”，精心整治 100 条街巷，打造精致街巷环境。加大投入力度，稳步推进环卫保洁市场化工作，实行智能化监管，落实“墙到墙”精细化保洁责任。积极推进垃圾分类工作，创建华侨路、江苏路等 4 条垃圾分类示范道路。

大力实施生态保护，打造绿色鼓楼。牢固树立“绿水青山就是金山银山”的发展理念，打造显山露水、增绿添彩的“全域生态空间”。继续实施“两减六治三提升”行动计划，进一步巩固中央和省环保督察交办问题整改成果，对重点问题适时组织开展“回头看”。继续实施黑臭河道整治工作，提升西北护城河、乌龙潭、清江河、方家营大塘等水体水质，改善整体水环境。

继续做好大气、扬尘等污染防控工作,打造天蓝地绿水清的宜居鼓楼。

4.持续提升五项社会事业,努力在幸福鼓楼建设上取得突破性进展。民生无小事,枝叶总关情。我们要始终坚持以人民为中心的发展思想,常谋民生之利,善解民生之忧,以优质提高满意度,以均衡提升幸福感。

强化就业创业。加强就业保障,完善就业援助,推动更高质量就业,努力让每一个劳动者在鼓楼都能公平就业、体面就业。鼓励创业带动就业,落实创业优惠政策,增强创业服务的针对性和实效性,确保人均可支配收入增长8.5%,城镇登记失业率控制在2.7%以内。

发展优质均衡的社会事业。优先发展教育事业,办好每一所学校,发展好每一名教师,教育好每一名学生,进一步提升教育水平和教育质量;完成区教师发展中心、方兴小学等项目建设,深入推进“江苏省基础教育装备示范区”“江苏省依法治教改革试点区”创建工作,提升教育现代化水平,打造“江苏最好、全国一流”的教育强区。完善公共卫生服务体系,推进紧密型医联体建设,扩大家庭医生签约服务覆盖面,优化计划生育服务,创造更多“健康红利”。深入挖掘区域历史文化资源,加强公共文化设施建设,办好文化体育活动,培育有特色、有价值、有底蕴的鼓楼文化品牌。

编密织牢民生保障安全网。完善社会救助体系,加大救助资金投入,着力构建困难群众综合保障长效机制。针对因病因残、低保户、低保边缘户等不同贫困群体,实行“按需帮扶、按型输血”,用细绢绣花的功夫,切实筑牢社会保障底线。推进养老服务规范化建设,全面建成以居家为基础、社区为依托、机构为补充、医养相结合的养老服务体系,实现养老机构护理型床位达80%、医疗服务覆盖率达100%。

5.攻坚克难,努力在改革推进、法治建设上取得突破性进展。改革和法治相互联系、相辅相成,要全面深化改革,全面依法治区,激发发展活力,增强发展保障。

统筹推进改革任务。认真贯彻中央、省市委改革要求,压茬推进各项改革任务。聚焦区情特征,强化工作举措,全面推进区级重点领域改革进入“施工期”。加快推动国资平台改革。针对区属国资平台数量多、资源分散、效益不高、风险较大的问题,改革整合现有区属国有企业,积极组建国资、科技、城建、文旅、铁北发展五大平台;完善现代企业制度,健全公司法人治理结构,推进混合所有制改革,加强监督管理考核,促进廉洁、高效发展。深化街道管理体制改革。制定出台街道体制改革实施意见,以“强街”为核心,以权力下放、重心下移、资源下沉为重点,进一步推进人财物向街道倾斜,大力提升街道工作水平,构建“责权利相统一、党政经全覆盖、属地内全兜底”的街道运行机制。

深化民主法治建设。支持和保证区人大常委会依法行使监督权、决定权、任免权,坚持和完善中国共产党领导的多党合作和政治协商制度,促进协商民主广泛多层制度化发展。继续巩固和壮大爱国统一战线,深入开展新的社会阶层人士统战工作,切实做好新形势下民族宗教工作,凝聚团结奋进的强大力量。认真落实全面依法治区各项举措,加快建设法治政府,深化司法体制改革，深入推进“七五普法”工作。持续深入开展大排查大整治行动，积极推进网格化社会治理机制创新，加强征地拆迁、城市建设、医患纠纷、非法集资等重点领域矛盾纠纷排查化解，乘胜攻克难中之难、坚中之坚，再化解一批信访积案；牢固树立安全发展理念，加强安全生产工作，压紧部门监管责任，压实企业主体责任，强化危化品、消防、交通、餐饮场所燃气、建筑施工五个重点领域监管工作，全力维护安全稳定。

6.加强党的建设，推动全面从严治党向纵深发展。党政军民学，东西南北中，党是领导一切的。全区各级党组织要切实增强“四个意识”，自觉维护党中央权威和集中统一领导，在思想上政治上行动上同以习近平同志为核心的党中央保持高度一致，坚决拥戴核心、维护核心、紧跟核心。

突出政治建设。党的政治建设是党的根本性建设，旗帜鲜明讲政治是马克思主义政党的根本要求。突出抓好思想教育，创新方式方法，深入推进党的十九大精神宣讲工作，深入推进“两学一做”学习教育常态化制度化，以处级以上领导干部为重点，在全区开展“不忘初心、牢记使命”主题教育，用党的创新理论武装头脑、指导实践、推动工作。严格执行新形势下党内政治生活若干准则，严守政治纪律和政治规矩，营造风清气正的良好政治生态。严格落实意识形态工作责任制，牢牢掌握意识形态工作领导权，培育和践行社会主义核心价值观。

加强干部人才工作。政治路线确定之后，干部就是决定因素。要全面贯彻党的十九大对干部队伍建设提出的新要求，坚持把 20 字好干部标准落到实处，坚持德才兼备、以德为先，坚持事业为上，鼓励干事创业，选好“帅才”，配好“将才”，用好“良才”，大力选拔推动鼓楼“自主创新、科学发展”的干部。探索年轻干部培养选拔机制，选派优秀年轻干部到“四个一线”墩苗历练，统筹做好女干部和党外干部工作，拓宽选人用人视野，充分调动各层次干部积极性。加强干部教育培训，着力培养领导干部专业能力、专业精神，持续提高干部队伍能力素质。落实容错纠错制度，为作风正派、敢于担当、勇于负责的干部撑腰鼓劲。坚持党管人才原则，进一步创新人才政策体系，拓宽人才招引渠道，用数据网络精准引才，用创业环境拴心留才，吸引更多精英人才向鼓楼聚集。

加强基层组织建设。以提升组织力为重点，突出政治功能，制定城市基层党建工作实施办法，构建城市基层党建工作长效运行机制。配齐配强街道、社区、“两新”组织等基层党务工作力量，全面开展党务工作者能力培训。按照“四有”要求，标准化建设街道、园区、商圈、社区党群服务阵地，突显党建引领功能。调整“两新”党组织设置，建立社会组织党组织服务中心。健全社区党建网格化管理制度，突出党建引领，深入打造符合社会治理体系要求的区域化党建格局。出台加强党员管理的实施办法，运用移动互联技术加强党员教育管理。

加强党风廉政建设。深化党风廉政建设责任制，全面签订党风廉政建设责任书，健全考核评价方法，落实“一案双查”，落细落实“两个责任”。精心组织开展四轮巡察，探索试点机动式巡察，用好巡视巡察成果。深化纪检监察体制改革成果，充分发挥派驻监督“探头”作用，强化监督执纪问责，督促推动各党(工)委、党组主体责任落实见效。高压推进执纪审查，严格落实中央八项规定实施细则及省市有关规定，深化专项整治行动，坚决防止“四风”隐身变异反弹，推动纪律作风持续好转。继续深化监察体制改革试点工作，构建集中统一、权威高效的监察体系，实现对行使公权力的公职人员监察全覆盖。

同志们！新时代要有新气象，新使命呼唤新作为。让我们在习近平新时代中国特色社会主义思想指导下，深入学习贯彻党的十九大精神，负重攀登、敢为人先，自主创新、科学发展，风清气正、干事创业，全力开启“首善之区、幸福鼓楼”建设新征程！

政府工作报告

——在区第二届人民代表大会第二次会议上

区人民政府区长　刘　军

2018 年 1 月 2 日

各位代表：

现在，我代表鼓楼区人民政府向大会报告工作，请予审议，并请区政协委员和其他列席会议的同志提出意见。

一、2017 年工作回顾

2017 年是党的十九大胜利召开之年，也是贯彻落实省市区党代会精神的开局之年。一年来，我们在市委市政府和区委的正确领导下，在区人大、政协的监督支持下，围绕“争创首善之区、建设幸福鼓楼”奋斗目标，以供给侧结构性改革为主线，统筹做好改革发展稳定各项工作，较好地完成了区二届人大一次会议确定的各项目标任务，实现了经济社会平稳有序发展。预计全年完成地区生产总值 1270 亿元，增长 9%；其中，服务业增加值 1190 亿元，增长 10.5%，占 GDP 比重达 92.5% 以上；完成税收收入 188.54 亿元，增长 16.7%；一般公共预算收入 101.83 亿元，首次突破百亿，增长 8.2%；完成全社会固定资产投资 265 亿元，增长 5.4%；实现社会消费品零售总额 973 亿元，增长 10%。

一年来，我们重点抓了以下五个方面工作：

(一)突出转型升级，经济质效实现新提升

进一步理清产业发展思路，明确空间功能布局，聚焦重点领域、突破关键环节，推进经济结构调整和产业平台建设，全区经济发展质量和效益实现“双提升”。

三大产业加快发展。紧扣商务商贸、软件互联网、文创旅游等重点产业，高标准制定产业规划及实施方案，形成了《鼓楼区关于促进重点产业发展的若干政策意见》。预计全年规模(限上)以上商务商贸服务业收入3760亿元,增长16%左右;软件互联网产业收入555亿元,增长25%左右;文创旅游产业收入470亿元,增长15%左右。环南艺文化创意产业功能区获“中国文化产业学院奖”、“2017年度中国文化产业园区——最佳协同创新奖”。

重大项目加快建设。完善运行机制,加大协调力度,重大项目推进达序时进度。南京新城吾悦广场、绿地缤纷广场、莱蒙都会等竣工交付;小粉桥地块、地铁3号线小市站地块、南京国际服务外包产业园A06、A07地块,三汊河新河村地块成功实现出让。南京长江国际航运服务中心(一期),中冶、证大、恒大、龙湖等项目建设提速。中储电子商务区、湖南路地下商业街、湖南路现代服务业总部城、华能南京滨江总部基地、南京港总部基地等项目稳步推进。

高端资源加快集聚。成功举办金洽会、软博会鼓楼专场等招商活动,江苏省港口集团、博西全球采购中心、浪潮集团江苏区域总部、毕马威研发中心等重大项目顺利签约。全年引进地区性总部、行业龙头企业10家,新增亿元楼宇1幢、特色楼宇2幢,规模楼宇税收预计达70亿元。新增到账千万元以上大项目160个,实际到账注册资本金44亿元。进一步加强与欧盟商会、美国旧金山湾区委员会等境外投资促进机构合作,预计实际利用外资2.6亿美元,完成外贸出口29.5亿美元,服务外包执行额20亿美元,离岸执行额10.5亿美元。

(二)突出创新创业,区域发展释放新活力

坚持创新驱动,加快发展动能转换,通过推进载体建设、招才引智和产学研合作,进一步营造创新创业氛围,地区发展活力持续增强。

创新格局加速形成。扎实推进“两落地、一融合”,以鼓楼高新区建设为引领,整合全区科创载体资源,加快“一区多园”发展。组建鼓楼科技创新投资发展有限公司,专门引导、扶持、参与高校科创类项目。与南理工合作的低轨卫星宽带通信系统研究院项目成功签约,南京审计大学、河海大学科技园等省级大学科技园建设稳步推进,积极对接东南大学生物医学重点实验室等专业团队和各类研发机构,校地融合进一步深化。

创新活力持续增强。始终把创新摆在全区发展的核心位置,全年新增高新技术企业18家,市级以上工程技术研究中心6家;新增孵化器在孵企业90家,毕业企业10家,独立研究与开发机构研发经费支出达10亿元。创成国家知识产权强县工程示范区、江苏省知识产权战略示范区,全年新增发明专利授权1300件,每万人发明专利拥有量达51件。拥有经备案的众创空间29家,其中市级以上22家,占比达76%;华讯方舟军民融合创客中心、模范路青创空间等5家孵化机构获批国家级众创空间。

创新环境不断优化。加大对中小微企业的金融扶持力度,新增科技创业投资8.2亿元,增长15%。为符合条件的25家上市、挂牌企业发放补贴1780万元。大千生态在国内主板上市,南京沃阁酒店管理股份有限公司、南京银城建设发展股份有限公司等7家企业在新三板成功挂牌。贯彻落实省40条、市36条科技创新政策，2个省双创团队进入公示，4人入选省双创人才。

（三）突出绿色发展，城市面貌展现新魅力

进一步优化城市空间布局，扎实推进精细化建设管理，通过集中开展“263”等系列专项行动，地区环境面貌和功能品质持续提升。

基础设施不断完善。新建哈尔滨路南段、北祥路一期等4条道路，红山南路西延、方家营南路一期等8条道路贯通；建成证大大拇指广场、石头城等停车场。扎实推进棚户区改造，全面完成老庙地块、安怀村汽轮电机厂周边地块等20个项目征收，累计搬迁居民1075户、工企单位47家、面积13万平方米。加快保障房建设，金达花园二期部分封顶，全年竣工房屋面积9万平方米。加大城建惠民力度，实施70台既有住宅电梯增设和40台老旧电梯安全预诊预警；完成71处老旧小区二次供水设施改造，实现了应改尽改。

专项行动强力推进。集中开展城市精细化建设管理十项行动，完成中央北路、华侨路等5条主干道和11条支路街巷综合整治；累计实施老旧小区整治107个，建成小桃园二期、老虎山东侧北侧等游园绿地6个；开展“厕所革命”，改建、出新公厕110座。完成中央和省环保督察交办问题整改，夹江水源地环境隐患彻底消除。实施12条黑臭河道整治，全面消除黑臭水体。全年清淤38.05万立方米、整治排口384个，开展730个排水达标区建设。落实河长制，建成大庙沟、二仙沟等4个沿河整治项目。大力开展扬尘、餐饮污染治理，全年空气优良天数238天，PM2.5均值同比下降19.8%。

重点片区改造加快。深化全区控制性详细规划修编，老城、河西、滨江、铁北四大片区控详实现全覆盖。制定水佐岗－颐和路片区总体提升计划，江苏路、水佐岗等3条街巷和6个小区综合整治全面启动。着力完善铁北地区开发建设组织架构，进一步明确片区定位、功能设施及城市形态；建成滨江风光带火车主题公园，实现滨江岸线全线贯通；西站地区铁路迁建工作取得阶段性成果，新建尧化门铁路货场完成竣工验收。

城市面貌有效改善。围绕干净整洁目标，相继开展背街小巷、门前三包、户外广告、违法建设等8个专项整治行动，累计拆除违建40万平方米。推行不间断巡查执法，主次干道环卫作业机扫率达90%以上。全年新增广州路、江苏路等4条垃圾分类示范道路和89个垃圾分类示范小区。实施哈尔滨路、复地新都段、校门口3处积淹水点改造和68处夜景亮化设施升级改造。进一步加强停车管理，新增停车泊位1339个。完成“智慧城管”平台建设，各街道数字城管系统实现全覆盖。顺利通过第五届全国文明城市创建复审，城市管理工作在全市城区组考核排名始终保持前列。

（四）突出优质均衡，民生事业取得新成效

以增进民生福祉为出发点和落脚点，扎实推进社会保障、社会救助、社会福利体系建设，进一步优化社会治理格局，各项社会事业取得积极进展。

社会保障覆盖更广。实施积极的就业创业政策，推动实现更加充分、更高质量就业，预计全年新增城镇就业3.3万人，实现再就业1.66万人，扶持大学生创业926人，城镇登记失业率控制在2.1%以内；城镇居民人均可支配收入达5.96万元，增长8.8%。全年发放各类救助资金1.37亿元，减免低保户医疗费用1832.4万元，实现困难群体家庭子女入学资助覆盖率100%。为585户困难残疾人家庭配发家用电器，建成标准化母婴室15个、社区老年人助餐中心厨房13个、助餐点115个。全省首家养老综合服务样本"朗诗常青藤颐和苑"睿城社区站建成开业。全年新增养老床位800张，养老机构医疗服务覆盖率100%，护理型床位占养老机构床位比例100%，实现60周岁以上独居老人紧急呼叫系统免费安装全覆盖。

社会事业发展更优。教育基础设施建设加快，完成三牌楼小学改造；中、高考成绩继续保持全市领先，38人获评市青年优秀教师。深入推进"医联体"建设，建宁路、中央门社区卫生服务中心获评"全国优质服务示范社区卫生服务中心"。深入实施文化惠民工程，建成南秀村等5家社区24小时自助借还图书室，组织开展各类群众文化活动2260场，全区每万人拥有公共文化设施面积1400平方米。加快全域旅游发展，长江游轮码头等旅游重点项目有序推进。成功保障世界全项目轮滑锦标赛、2017南京马拉松等大型赛事。民族、宗教、档案、史志、人防、妇女儿童、侨台事务等各项社会事业稳步推进。

社会环境更趋和谐。顺利通过民政部"全国社区治理和服务创新实验区"中期评估，"六化协商"模式在全国推广。优化调整社工待遇编制，建成蓝天园社区综合服务中心。推进军民融合发展，省级双拥模范区考评全市第一。设立"区长质量奖"，新建4家农副产品平价直销站和11家农贸市场食品安全快检室。深入实施大排查大整治行动，启用《责令整改消防治安隐患告知书》四联单。全年安装燃气报警器4400个，开展华阳佳园地下室群租房等重点安全隐患整治，累计排查隐患3.2万处。完成四所村、江东派出所等警务用房建设改造，新增智能技防小区150个。进一步加大矛盾调处力度，打击非法集资，成功化解市交办信访积案33件，圆满完成党的十九大、国家公祭日活动等重大安保维稳任务。

（五）突出职能转变，政府自身建设得到新加强

以各类改革为突破口，扎实推进职能转变、作风改进、反腐倡廉等各项工作，政府自身建设和行政能力进一步加强。

重点改革深入推进。制定《南京市鼓楼区不见面审批（服务）改革实施方案》，出台全省首张社区政务服务清单，推进"网上办、集中批、联合审、区域评、代办制、不见面"的审批服务。启动全程电子化登记，进一步优化审批流程，压缩办理时限，"3550"得到有效落实。统筹推进区属国有企业产权体制改革和综合行政执法体制改革，成立各街道综合行政检查执法大队，下放检查事项共计1378项。着力加强地方政府债务风险管控，有效防范债务风险。

依法行政不断加强。制定了《鼓楼区法治政府建设实施方案（2016-2020年）》，将所有行政权力事项纳入江苏省政务服

务网，向社会公开。建成鼓楼区行政复议受理中心，公开听证率大幅提升。在全市率先出台行政执法公示制度，全面推进“双随机一公开”，强化事中事后监管。认真落实区人大及其常委会的相关决议决定，支持区政协更好地履行职能，按时办结人大代表议案和建议143件、政协委员提案192件。严格落实政务热线“马上就办”和“限时办结”清单，“12345”“96180”热线服务功能得到新加强，按时办结率分别达100%和99.34%，综合满意率居全市前列。

作风建设更加扎实。坚决落实党风廉政建设“两个责任”，深入开展党员干部“走千企入万户、助发展促富民”大走访活动，推进“两学一做”学习教育制度化常态化。加大重点领域审计力度，依法完成财政预算执行、专项资金、政府投资、经济责任等审计项目95个。扎实开展“防隐身防变异防反弹”等专项治理行动，通过部门自查、上门检查等方式，进一步加强办公用房管理，规范公务接待活动，严控“三公”经费支出，“四风”问题整治有效落实，保持了良好的干事创业氛围。

各位代表，过去一年，全区上下团结协作、奋力拼搏，取得了来之不易的成绩。在此，我代表鼓楼区人民政府，向在各个领域和岗位上无私奉献的建设者们，向给予政府工作支持和监督的人大代表、政协委员，向各民主党派、工商联和无党派人士、各人民团体以及社会各界人士致以崇高的敬意！向积极参加鼓楼建设发展的中央和省市属单位、驻军部队、武警官兵、民兵预备役人员表示衷心的感谢！

在总结成绩的同时，我们也清醒地看到，全区经济社会发展还存在一些困难和问题，主要表现在：主导产业升级缓慢，经济发展后劲不足，面临总量与质量、速度与结构的多重考验；城市建设和管理呈现二元不平衡特征，生态环境保护亟待加强，污染防治任务艰巨；民生投入虽然逐年加大，但优质公共服务资源供给不平衡不充分问题仍然存在；社会治理方面，利益多元、诉求多样、矛盾多发的趋势明显，地区稳定的任务依然繁重。对于这些问题，我们将采取更加有力的措施切实予以解决，把为人民造福的事情真正办好办实，把老百姓的安危冷暖时刻放在心上；想群众之所想，急群众之所急，努力让全区人民感受到更多实实在在的变化和成效。

二、2018年总体思路和工作安排

2018年是贯彻党的十九大精神的开局之年，也是决胜全面建成小康社会、实施“十三五”规划承上启下的关键一年。根据中央和省市区委的最新决策部署，今年政府工作的总体思路是：全面贯彻党的十九大精神，坚持以习近平新时代中国特色社会主义思想为指导，按照总书记视察江苏重要讲话要求和中央经济工作会议、省市区委全会部署安排，坚持稳中求进工作总基调，落实高质量发展要求，进一步解放思想、转变理念，对标找差、创新实干，大力发展主导产业，协调建管四大片区，持续改善生态环境，切实办好民生实事，推动鼓楼各项事业走在全市、全省，乃至全国同类城区发展前列。

今年全区国民经济和社会发展的主要预期目标为：

——地区生产总值增长9%左右，其中服务业增加值增长10%，占GDP比重达93%；

——一般公共预算收入增长8%以上；

——社会消费品零售总额增长10%；

——全社会固定资产投资完成278亿元；

——城镇居民人均可支配收入增长8.5%；

——城镇登记失业率控制在2.7%以内。

围绕上述目标，着重推进六个方面工作：

（一）以改革创新为引擎，推动活力鼓楼再出发

始终把创新作为引领发展的第一动力和建立现代化经济体系的战略支撑，深入推进"两落地、一融合"；通过加快各重点领域的改革工作，努力开创地区发展新局面。

聚焦创新平台整合，增强发展动力。大力实施"121"战略，按照《南京市科技园区整合设立工作方案》要求，加快各类科技园区整合，切实推动高新区建设和实体化运作。在"一区多园"模式下，进一步细化组织架构，明确工作职责和运作模式，实现各园区品牌、政策、招商、服务、考核五统一。全面深化与高校院所的战略合作，加快南京医科大学等3所省级大学科技园建设，稳步推进低轨卫星宽带通信系统研究院融合发展。力争实现高新技术产业规模160亿元，高新技术企业总数142家；新增新型研发机构1家，新认定科技创业企业85家、产学研合作项目50个、市级工程技术研究中心3家。进一步强化知识产权创造和服务工作，实现年专利申请量6400件。

打造一流创新生态，增强发展活力。加大科技创新投入，在政策端强化引导，进一步整合科技、产业、金融等相关政策，落实《关于在金融领域扶持中小微企业加快发展的若干意见》。通过搭建银企对接合作平台、引入产业基金等渠道，降低企业发展成本。在服务端精准发力，建立信息共享平台和定期互动走访机制，为企业提供"订制服务"、"靶向服务"，做到成熟型项目积极推进、培育型项目统筹运作、储备型项目长期跟踪。着力优化人才服务环境，全年引进"创业南京"高层次人才14名，新培育创新型企业家3人。

立足重点领域改革，增强发展后劲。深入推进行政审批制度改革，深化"家门口的政务服务"，力促"互联网＋政务服务"向基层延伸。积极推进财政管理体制改革，建立预算编制与执行挂钩机制，加强采购预算及行政事业单位国有资产管理。完成街道综合执法体制改革，统一服装标识，有效衔接执法层级，提升工作效能。积极探索环卫保洁市场化运作机制，推行保洁"墙到墙"责任制改革，着力解决环卫作业效能低、成本高等突出问题。通过各项改革，努力探索鼓楼转型发展的新路径。

（二）以高端集聚为导向，推动品质鼓楼再发力

坚持目标引领，加速高端产业集聚和工作机制创新，加快产业转型升级步伐，推动重点项目建设和招商引资引企，持续增强经济实力。

推进重点产业集聚。坚持科学规划、合理布局，进一步做大做强高端商务商

贸、软件互联网和文创旅游产业,落实好相关配套政策。积极整合各类平台载体资源,推进江东软件城、模范路科技创新街区、幕府创新小镇建设,确保软件互联网产业收入增长20%。加速湖南路、中央门等重点商圈转型升级,确保商务商贸业收入增长15%。全力推进环南艺文化创意产业功能区规划建设,探索“商－文－旅”联动发展新模式,积极打造大马路民国风情街区、颐和路民国精品街区等重点区域,实现文化创意和旅游产业收入增长15%。做大做强航运服务业,统筹推进科技、金融、健康服务等特色产业发展。

加速重点项目建设。以项目建设为抓手,拓展转型升级新空间。进一步健全区领导挂钩联系、各部门联动推进等制度,加强项目分类管理,严格督察考核。积极推进绿宝金轮文化商业广场等项目开工建设,全力推动南京长江国际航运服务中心(一期)、中能建南京能源科技产业园、恒大滨江商业综合体、证大大拇指广场等项目建设;鼓楼创新广场、龙湖－紫都城、南京港总部基地实现主体封顶;湖南路地下商业街、中储电子商务区(一期)、南京华宏家纺科技创意产业园(二期)竣工交付。

强化重点领域招商。以产业发展为导向,综合运用“互联网+”、委托招商等新型方式,提升招商活动的信息化、专业化、体系化水平。精心组织好软博会、金洽会等重大活动,全年新增到账千万元以上大项目140个,实际到账注册资本金45亿元,新增地区性总部或行业龙头项目11个,新增亿元楼宇1幢、特色楼宇2幢。大力开展国际交流与合作,引导企业参与“一带一路”建设,力争全年完成实际使用外资2.5亿美元,外贸出口198亿元,服务贸易进出口总额6.2亿美元。

(三)以有机更新为抓手,推动美丽鼓楼再攻坚

坚持区域协调发展,以加速铁北改造、推进主城核心区精细化管理为抓手,进一步提升城市功能形象;深入落实环境保护责任,推动生态鼓楼建设取得新成效。

加快铁北战略开发。按照“分类实施、分片推进”的总体思路,统筹老城、河西、滨江、铁北四大片区建设,加快实施铁北地区战略开发。高标准编制片区规划,高水平开展城市设计,通过政府采购程序优选社会资本合作方,搭建运作平台,以规范的PPP模式推进铁北开发。根据三年完成拆迁征收、六年完成基础设施建设和城市形态改造、十年初步构建产业体系、二十年形成“产城融合示范片区”的总体进度安排,全力推动拆迁、保障房建设等各项工作,力争全年征收35万平方米、开工保障性住房30万平方米。

推动精细化建设管理。以水佐岗—颐和路核心片区作为精细化建设和环境综合整治的示范标杆,以点带面,带动全区精细化建设管理向纵深推进。实施山西路、江苏路等4条主干道和28条支路街巷及沿街立面整治,完成宁夏路13～17号等82个老旧小区整治,实现出新小区物业管理全覆盖。进一步统筹全区基础设施建设,启动小市东门街(一期)、金燕路西侧等8个地块征收工作,完成地铁5号线下关站、虹桥站等20个项目征收,以及安怀村250号等3块绿地建设,实施金源大

厦南侧等3个地质灾害点治理，充分展现主城核心区的形象面貌。

着力提升市容管理水平。坚持对标找差，借鉴国内先进地区的管理经验和做法，着力推进标准化、精细化、智能化、市场化和法治化管理。围绕打造精致街巷环境，实施“清洁家园”工程，整治背街小巷100条；通过开展城市立面空间管理、店招店牌、工地围挡等专项整治，提升区域空间景观秩序。强化停车管理，探索多元化机动车缴费方式，全年新增停车泊位1000个，完成5处积淹水片区整治和3个泵站改扩建工程。开展“垃圾不落地、鼓楼更美丽”环卫专项行动，实施精细化保洁和垃圾分类处理。大力推进环卫作业市场化，进一步降低管理成本、提升服务质量。

全面推进生态环境保护。牢固树立“绿水青山就是金山银山”理念，扎实推进“263”专项行动，大力开展城市生态环境保护修复。进一步巩固中央和省环保督察交办问题整改成果，举一反三，建立长效管控机制。按照“三年任务两年完成”的攻坚计划，新建排水达标区378个，回头看247个，开展29条街巷污水支管建设，确保雨污分流全面完成。继续推进河道生态治理，开展清江河、方家营大塘等水质提升工程，确保金川河宝塔桥、外秦淮河三汊河口断面水质达标。同步实施城北护城河、外金川河沿线绿化景观提升等工程。加强建设工地污染防治，重点围绕餐饮油烟、噪音扰民等突出环境问题，开展集中整治行动，确保常态长效。

（四）以民生改善为根本，推动幸福鼓楼再提升

切实办好民生实事，顺应新期盼、解决新问题，不断促进社会公平正义，使人民获得感、幸福感、安全感更加充实、更可持续。

突出全面共享，推进保障安民。千方百计稳定和扩大就业，全年新增城镇就业2.59万人，实现再就业1.13万人，扶持大学生创业700人。进一步做好社会保险扩面征缴，确保应缴尽缴。完善社会救助体系，加大救助资金投入，构建困难群众综合保障长效机制。积极打造智慧养老平台，推进嵌入式养老机构、日间照料中心和助餐点建设；加快医养融合，全年新增养老床位660张，实现社区居家养老服务、养老机构医疗服务全覆盖。加大住房保障力度，竣工交付文景花园三期、金达花园保障房共计13.6万平方米；继续做好既有住宅电梯增设工作，完成70台电梯安装或许可手续办理。

突出优质均衡，推进教育惠民。优先发展教育事业，全力打造“江苏最好，全国首善”的教育现代化强区。进一步优化布局，推动优质教育资源向铁北及滨江地区倾斜。完成银城小学浦江路校区、区教师发展中心等项目建设，推进名校办新校工程，以及教育集团化办学和校际结对联盟等工作，促进教育优质均衡发展。加大教学改革力度，形成一批有区域特色的精品课程。加强教师队伍建设，培养、选拔、引进名特优教师不低于200人，校际骨干教师交流比例不低于15%。

突出高效便捷，推进健康利民。进一步完善公共卫生服务体系，深化“医联体”、家庭医生、智慧医疗建设，努力提升社区卫生服务中心技术水平和整体服务能力，为群众提供更加便捷的医疗服务。

完善妇幼保障体系，全面推进妇保所和基层医疗卫生机构妇儿保门诊标准化建设和规范化管理，进一步做好0～3岁婴幼儿早期发展工作。围绕全面两孩政策实施，加强孕产期保健服务、出生缺陷综合防治，进一步提高计划生育服务管理水平。

突出均等服务，推进文化为民。充分挖掘和整合地区文化资源，优化发展平台，确保万人拥有公共文化设施面积1500平方米。着力加大区－街－社区三级文化活动载体的公益开放力度，全年开展各项群众文化活动2000场以上。围绕海上丝绸之路保护和申遗工作，做好龙江船厂遗址展示及周边环境整治，确保各级文物巡查率、完好率100%。组织各类文化宣传活动，推进文明城市创建常态化。加快鼓楼特色全域旅游发展，围绕体育惠民，为3000名以上社区群众开展免费体质监测。

（五）以协同共治为重点，推动和谐鼓楼再优化

以打造共建共治共享的社会治理格局为目标，完善政府负责、社会协同、公众参与、法治保障的治理体制；通过强化监管和排查整治，进一步铸牢安全防线，确保地区平安稳定。

深化和谐社区建设。以完成全国社区治理和服务创新实验区创建为契机，加快硬件环境提档升级，重点打造1～2家街道社区综合服务中心。进一步巩固社区减负增效成果，落实准入清单，推进全科社工建设，实现社区“返本、赋能、归位”。健全政府向社会力量购买服务机制，加大社会组织专业人才培育和引进力度。建成区级社会组织发展中心并交付使用，引导和支持社会组织参与民生服务。

铸牢公共安全防线。从严从细落实安全责任，建立健全安全隐患排查、整治、报备的长效机制；强化公共场所火灾隐患整治和危险化学品安全管控；统筹做好电梯、压力容器等特种设备安全监管。严把食品生产经营准入关，强化全过程监管，加快推进“餐饮业明厨亮灶”和“学校食堂提升”两大工程，建设市民满意的食品安全示范城区。切实加强应急值守，严格执行领导干部带班、关键岗位24小时值班和事故信息报告制度，着力提高应急处置能力。

保障地区和谐稳定。进一步健全立体化、现代化社会治安防控体系，围绕征地拆迁、医患纠纷、非法集资等重点领域，加快完善矛盾纠纷多元化解机制，实现调解成功率95%以上。全面推进网格化社会治理，加快二板桥派出所等公安基层基础设施建设；实施“雪亮工程”，推进全区公共安全视频监控建设及联网应用，实现视频监控资源全覆盖。加快区－街－社区三级综治中心标准化建设，力争街道和社区综治中心合格率分别达100%和95%。

（六）以效能提升为目标，推动法治鼓楼再加强

坚决落实习近平总书记关于全面从严治党的要求，牢固树立“四个意识”，加快推进法治政府、廉洁政府和服务型政府建设。

更加注重依法行政。强化法治思维，坚持法定职责必须为、法无授权不可为，切实履行好公共服务、市场监管、环境保护等职责。自觉接受区人大及其常委会的法律监督和工作监督，主动接受区政协的

民主监督，切实提高人大代表议案、建议和政协委员提案的办理质量。全面推进基层政务公开标准化、规范化建设，进一步规范行政复议、应诉案件办理。制定《鼓楼区重大行政决策目录管理办法》，努力在探索依法、科学、民主决策方面迈出实质性步伐。

更加注重服务提升。高标准建设一体化区级政务服务中心，实现行政审批和服务事项全部进驻实体大厅，各类事项集中办理、一站办结。大力弘扬“马上就办”作风，进一步提升执行力，坚持项目化推进各项工作，为企业和群众提供全方位、全时制的“店小二”服务。加快城市管理综合平台建设，整合综合执法、数字化城管、政法综治、政务服务等系统数据资源，努力把智慧鼓楼建设向纵深推进。

更加注重廉政建设。坚持旗帜鲜明讲政治、纠正“四风”不止步，将全面从严治党要求贯穿到政府工作全过程、各方面。认真落实中央八项规定，严格执行准则条例，深入推进“两学一做”学习教育常态化制度化。坚决贯彻落实党风廉政建设责任制，推进审计监督全覆盖，严查群众身边的腐败问题。进一步加强政府支出管理，严控“三公”经费和一般性支出规模，大力营造风清气正的干事创业氛围，保持政府的廉洁本色和良好形象。

各位代表，面对新形势、新任务，让我们更加紧密地团结在以习近平同志为核心的党中央周围，在市委市政府和区委的坚强领导下，紧紧依靠全区人民，不辱使命，砥砺前行，以更加坚定的信心、更加昂扬的激情、更加务实的作风，携手同心，积极进取，努力开创鼓楼经济社会发展新局面，为高水平全面建成小康社会，夺取新时代中国特色社会主义伟大胜利做出应有的贡献！

先进集体先进个人名录

2017年鼓楼区获市级及以上表彰的先进集体统计表

表49

单位名称	荣誉称号	授予部门	授予时间
区法院	全国优秀法院	最高人民法院	2017年1月
区法院	全国案件繁简分流机制改革示范法院	最高人民法院	2017年5月
区法院	区法院未成年人及家事案件审判庭最高人民法院通报表扬集体。	最高人民法院	2017年5月
区检察院	全国检察宣传工作先进单位	最高人民检察院	2017年8月
公安分局湖南路派出所	全国优秀公安基层单位	公安部	2017年5月
区医患纠纷人民调解委员会	全国模范人民调解委员会	司法部	2017年5月
区工商联	全国"五好"县级工商联	全国工商联	2017年
挹江门街道	《中华人民共和国红十字会法》暨全国红十字应急救护知识竞赛活动最佳组织奖二等奖	中国红十字总会办公室	2017年8月
江东街道	红十字会法应急救助知识竞赛二等奖	中国红十字总会	2017年8月22日
区凤凰街道	《中华人民共和国红十字会法》暨全国红十字应急救护知识竞赛二等奖	中国红十字会总会	2017年8月
建宁路街道	《中华人民共和国红十字会法》暨全国红十字应急救护知识竞赛最佳组织奖二等奖	中国红十字会总会办公室	2017年8月
鼓楼区	2016年度平安县(市、区)	省综治委(苏综治〔2017〕7号)	2017年7月
鼓楼区	2016年度平安铁路县(市、区)	省综治委铁路护路联防工作组(苏护路〔2017〕3号)	2017年6月

续表 49

单位名称	荣誉称号	授予部门	授予时间
区纪委	江苏省纪检监察系统先进集体	省纪委办公厅	2017 年 9 月
	全省纪检监察系统信访举报工作先进单位	省纪委办公厅	2017 年 9 月
区委办公室	全省党委信息工作先进单位	省委办公厅	2017 年 1 月
区委机要局	2016 年度市县机要密码工作先进单位	省委机要局	2017 年 1 月
	《人民与权力》杂志通联先进集体	省人大研究室	2017 年 12 月
区政府办公室	2016 年度全省政务信息工作先进单位	省政府办公厅	2017 年 2 月
区政府办公室	2016 年度政务信息工作先进集体	市政府办公厅	2017 年 2 月
区机关事务管理局	公共机构节能基础信息核查优秀地区	省机关事务管理局、省经信委、省教育厅、省卫计委	2017 年 12 月
区工商联	2016 年度江苏省工商联先进集体	省工商联	2017 年
区侨联	全省侨办系统先进单位	省侨办	2017 年
区委区级机关工委	2017 年全省机关党建工作先进集体	省级机关工委、省人力资源和社会保障厅	2017 年 12 月
	2017 年全省机关工委系统市、县(市、区)党建信息工作二等奖	省委省级机关工委	2017 年 12 月
区检察院	2016 年省院信息直报先进单位	省人民检察院	2017 年 1 月
公安鼓楼分局	2017 年省厅、市局科技强警奖科技基层技术革新类一等奖	省公安厅	2017 年 5 月
公安国保大队	江苏省优秀公安基层单位	省人社厅	2017 年 5 月
公安出入境窗口(定淮门)	江苏省巾帼文明岗	省妇联	2017 年 5 月
公安交管局五大队	全省集体二等功	省公安厅	2017 年 11 月

续表 49

单位名称	荣誉称号	授予部门	授予时间
区妇联	江苏省妇女儿童工作先进集体	省妇联	2017 年
区民政局	全省老龄宣传工作先进单位	省老龄委办公室	2017 年 8 月
区司法局	司法行政绩效评价优秀单位	省司法厅	2017 年 2 月
区审计局	江苏省数字档案室AAAAA级	省档案局	2017 年 12 月
区物价局	2012—2015 年全省价格系统先进集体	省人社厅	2017 年 2 月
	2016 年全省价格系统先进单位	省物价局	2017 年 2 月
	2016 年全省价格系统价格认定奖	省物价局	2017 年 2 月
区市场监管局	全省商事制度改革工作集体三等功	省工商局	2017 年 7 月
区卫计局	2016 年度国家基本公共卫生服务项目省级优秀单位	省卫计委、省财政厅	2017 年 5 月
区人防办	民防工作先进单位	省民防局	2017 年 2 月
宁海路街道三步两桥社区	2016 年江苏省健康社区	省爱国卫生运动委员会	2017 年 3 月
挹江门街道察哈尔路社区	江苏省和谐社区建设示范社区	省民政厅	2017 年 1 月
挹江门街道戴家巷社区	第一批省级创业型社区	省人力资源和社会保障厅	2017 年 12 月
挹江门街道钟阜路社区	2016 年度江苏省健康社区	省爱国卫生运动委员会	2017 年 3 月
江东街道	江苏省统计规范化建设百佳单位(2016 年度)	省统计局	2017 年 1 月
江东街道	江苏省级创业型街道	省人力资源和社会保障厅	2017 年 12 月
江东街道	江苏开放大学“学习苑”2017 年度立项单位	省社会教育服务指导中心	2017 年 9 月
江东街道	江苏省先进单位	省社会教育服务指导中心	2017 年 12 月

续表 49

单位名称	荣誉称号	授予部门	授予时间
凤凰街道	江苏省AAAA级数字档案室	省档案局	2017年9月
热河南路街道小桃园社区	江苏省创业社区	省人力资源和社会保障厅	2017年12月
小市街道	2016年度全省基层党员冬训工作示范乡(镇、街道)	省委组织部、省委宣传部	2017年7月
幕府山街道	2015“百县千乡万村无邪教创建示范工程”活动创建无邪教示范街道	省610办公室	2017年5月
幕府山街道妇联	江苏省妇联系统先进集体	省人力资源和社会保障厅、省妇联	2017年8月
幕府山街道五塘村社区	2015“百县千乡万村无邪教创建示范工程”活动创建无邪教示范社区	省610办公室	2017年5月
幕府山社区卫生服务中心	江苏省示范基层医疗卫生机构妇幼健康规范化门诊	省卫计委	2017年12月

2017 年鼓楼区获市级及以上表彰的先进个人统计表

表 50

工作单位	姓　名	性别	荣誉称号	授予部门	授予时间
区纪委	桑圣琴	女	全国纪检监察系统“好评论”	中央纪委宣传部、中央网信办网络评论工作局	2017 年 12 月
武警南京市消防支队方家营中队	丁良浩	男	全国优秀人民警察	公安部	2017 年 5 月
区民政局	郝苏民	男	全国老龄系统先进工作者	人力资源社会保障部、全国老龄工作委员会	2017 年 9 月
区委办公室	邵世芳	女	2016 年度市县机要密码工作先进个人	省委机要局	2017 年 1 月
	张　璐	男	全省党委信息工作先进个人	省委办公厅	2017 年 1 月
区政府办公室	李　亮	男	2016 年度全省政务信息工作先进个人	省政府办公厅	2017 年 2 月
区检察院	赵晓乐	女	全省检查机关优秀信息	省人民检察院	2017 年 1 月
	孙长庆	男	“网信建设标兵”个人二等功	省人民检察院	2017 年 7 月
	刘　滨	男	“网信建设标兵”个人三等功	省人民检察院	2017 年 7 月
公安交管局五大队	李兴海	男	全省优秀人民警察	省公安厅	2017 年 5 月
区市场监管局	黄必成	男	全省商事制度改革工作先进个人	省工商局	2017 年 7 月
	钱　宏	女	全省商事制度改革工作先进个人	省工商局	2017 年 7 月
区卫计局	戴正凤	女	省爱国卫生工作先进个人	省爱国卫生委员会、省卫生和计划生育委员会	2017 年 10 月
	邱　勇	男	省爱国卫生工作先进个人	省爱国卫生委员会、省卫生和计划生育委员会	2017 年 10 月
华侨路街道	王海兵	男	2017 年新任职专武部长集训优秀学员	省军区、省委组织部、省人社厅	2017 年 11 月
	沈　丹	女	江苏省最美司法行政社工	省司法厅	2017 年 3 月
区检察院	王　品	男	三等功	伊犁哈萨克自治区检察院	2017 年 5 月

人　物

·新闻人物·

丁良浩

武警南京市消防支队方家营中队中队长助理，2017年，作为公安英模代表受到习近平总书记亲切接见。

丁良浩，男，江苏金坛人，1982年10月出生，2000年12月入伍，中共党员，现任江苏省公安消防总队南京市支队鼓楼区大队方家营中队中队长助理，武警三级警士长警衔。入伍以来，他先后荣立个人一等功2次，二等功1次，三等功8次。多次被评为“公安现役部队优秀共产党员”“公安现役部队优秀人才一等奖”“公安消防部队优秀士官”“抗震救灾先进个人”。2017年，作为公安英模代表受到习近平总书记亲切接见。

作为一名老兵，丁良浩视火场如战场，挽救国家和人民生命财产于危难之中，屡立战功。2007年7月15日，南京最大的集贸市场金桥市场发生火灾。丁良浩率救援小组进入浓烟区搜救，当发现3名接近昏迷的群众时，他迅速将自己的空气呼吸器面罩取下给被困者轮流呼吸，自己则用毛巾捂住口鼻，冒着浓烟成功将他们救出。2008年汶川大地震，丁良浩随江苏救援队赶赴灾区救援。在蓥华镇营中化工厂的一处废墟，搜救队利用生命探测仪发现一名被困人员，丁良浩冒着二次坍塌的危险进入洞口，徒手将碎石、混凝土一块一块搬出，为成功营救赢得了宝贵时间。随后，他们徒步70多公里驰援北川，在废墟中营救出39名群众，搜寻遇难者遗体36具，疏散群众600余人，被灾区百姓誉为“最勇敢的消防救援队”。2016年4月22日靖江德桥仓储有限公司火灾他随增援部队赶赴靖江。火灾现场浓烟高达几十米，流淌火面积更是达到了2000多平方米，距离火场不远的二氯乙烷储罐一旦被引燃，释放出的有毒气危及在场的每一名官兵。关键时刻，丁良浩领受指挥部任务，在后方官兵水流的掩护下，和3名突击队员两次深入火海关阀，为扑灭大火赢得宝贵战机。直到完成任务，他才发现灭火救援头盔已经被烤得变了形。

他无愧为新时代的青年楷模，先后被评为省、市“十大杰出青年”“道德模范”“好市民”等荣誉称号，作为公安消防部队唯一代表先后担任了第2届亚洲青年运动会和第2届青年奥运会火炬手；先后被授予“江苏最美警察”和“全国优秀人民警察”荣誉称号，先进事迹被中央、省市多家新闻媒体大篇幅广为报道。

·逝世人物·

董万瑞　2月9日，原南京军区副司令员,中将,2月9日南京逝世,享年76岁。

向守志　9月2日，原南京军区司令员,上将,9月2日在南京逝世,享年100岁。

李素芬　南京大屠杀幸存者,1月19日在南京逝世,享年94岁。

佘子清　南京大屠杀幸存者,11月15日在南京逝世,享年83岁。

统计资料

·经济指标·

2017年鼓楼区区级财政税收完成情况

表51　　单位:亿元

指标名称	本期止累计	同比(±%)
国税局	124.84	26.6
地税局	68.96	1.2
财政局	3.22	-45.4
税收收入	188.62	16.8
非税收入	8.40	-24.3
财政总收入	197.02	14.1
一般预算收入	101.91	8.3

2017年鼓楼区地区生产总值完成情况

表52　　单位:亿元

指标名称	现　价	可比价
	本期止累计	同比(±%)
地区生产总值	1279.54	9.20
第二产业	81.69	-11.70
工业	44.23	2.25
建筑业	37.61	-25.00

续表 52

指标名称	现　价	可比价
	本期止累计	同比(±%)
第三产业	1197.85	11.0
交通运输仓储业	47.53	5.3
批发和零售业	270.68	7.7
住宿和餐饮业	22.95	2.6
金融业	128.09	18.0
房地产业	91.14	9.9
其他服务业	637.31	12.0
其中:信息传输、计算机服务和软件业	112.95	18.0

2017 年鼓楼区开放型经济目标完成情况

表 53　　单位:亿美元

指标名称	本期止累计	区目标完成率(%)
服务外包执行额	14.3	116.3
服务外包离岸执行额	7.0	116.8
对外承包劳务营业额	10.9	131.3
实际使用外资	2.6	104.0
外贸出口(亿元)	204.4	103.2

2017 年鼓楼区固定资产投资基本建设项目完成情况

表 54　　单位:亿元

指标名称	本期累计	同比(%)
全社会固定资产投资	266.28	7.9
基本建设投资	109.02	-8.3
其中:工业投资	0.20	-76.3
教育	13.31	-37.9
城市建设投资	33.87	59.4
新开工项目(个)	63	28.6
全年施工项目面积(平方米)	522697	-0.8

2017年鼓楼区房地产开发投资完成情况

表55

指标名称	本期累计	同比(%)
1.房地产开发投资额(亿元)	157.26	18.6
其中:土地购置费	89.73	54.9
按工程用途分		
住宅	104.79	49.8
办公楼	14.86	-31.2
商业用房	25.06	-20.1
其他	12.55	29.7
2.房屋建筑面积(平方米)		
施工面积	4328220	13.4
其中:住宅	2243656	18.4
新开工面积	938683	35.0
其中:住宅	517286	-9.4
竣工面积	201885	-34.9
其中:住宅	159503	17.4
3.商品房销售面积(平方米)	619060	22.4
其中:住宅	459915	9.0
4.商品房销售额(亿元)	191.06	55.1
其中:住宅	140.28	31.0
5.待售面积(平方米)	69836	-58.8
其中:住宅	912	-98.5

2017年鼓楼区社会消费品零售额完成情况

表56　　单位:亿元

指标名称	本期累计	同比(%)
社会消费品零售总额	973.32	10.0
一、限额以上批发和零售业	395.04	-1.2
批发业	101.23	-17.2
零售业	293.81	5.8
二、限额以上住宿和餐饮业	27.60	6.6
住宿业	14.86	6.0
餐饮业	12.74	7.3

2017 年鼓楼区各街道一般预算收入完成情况

表 57

街道	一般预算收入		街道	一般预算收入	
	金额(万元)	同比(%)		金额(万元)	同比(%)
全区合计	1019092	8.3	凤　凰	54430	21.9
华侨路	152670	22.4	热河南路	17642	-4.4
宁海路	79338	-22.3	阅江楼(下关)	28264	-13.6
湖南路	185951	6.8	建宁路	17702	19.8
中央门	39571	-0.4	宝塔桥	12373	47.1
挹江门	55127	30.1	小　市	40194	32.3
江　东	51123	-2.1	幕府山	9293	18.6

2017 年鼓楼区各街道主要经济指标完成情况(一)

表 58　　单位:亿元

街道	地区生产总值		服务业增加值	
	本期止累计	同比(±%)	本期止累计	同比(±%)
华侨路	178.72	9.3	174.63	10.9
宁海路	171.39	9.1	170.50	10.3
湖南路	138.17	9.2	130.50	10.9
中央门	93.79	9.0	75.96	10.1
挹江门	68.84	9.0	61.51	10.2
江　东	45.70	9.1	40.79	10.2
凤　凰	24.57	9.1	23.56	10.5
热河南路	36.85	9.4	36.27	11.1
阅江楼(下关)	103.83	9.3	94.48	11.0
建宁路	33.39	9.2	32.71	10.7
宝塔桥	58.63	8.8	25.40	10.0
小　市	47.04	9.6	27.79	11.3
幕府山	10.93	9.5	10.28	11.2

2017年鼓楼区各街道主要经济指标完成情况(二)

表59

街道	固定资产投资额(亿元)		社会消费品零售额(亿元)		城镇居民人均可支配收入(元)	
	本期止累计	完成率(%)	本期止累计	同比(±%)	本期止累计	同比(±%)
华侨路	5.87	117.44	115.63	10.4	66473	9.30
宁海路	7.52	75.20	62.15	9.7	58758	9.05
湖南路	4.49	81.69	124.20	10.0	71925	8.70
中央门	3.84	76.83	51.04	10.1	46752	9.25
挹江门	1.38	27.60	47.86	10.3	52623	9.20
江东	7.88	105.07	61.74	10.2	69501	9.15
凤凰	1.50	50.06	34.18	9.8	77125	8.90
热河南路	34.14	170.72	63.10	9.4	65796	8.85
阅江楼(下关)	4.20	93.26	65.93	10.0	67443	9.10
建宁路	1.11	74.29	100.10	9.5	64939	9.00
宝塔桥	7.82	92.06	23.07	10.3	44543	8.75
小市	25.83	101.28	42.39	9.1	53044	8.95
幕府山	6.09	101.56	8.23	9.4	42357	8.80

2017年鼓楼区城镇住户调查主要指标情况

表60

指标名称	单位	实绩	去年同期	同比(±%)
家用汽车	辆/百户	43.4	42.1	3.1
家用电脑	台/百户	114.6	112.1	2.2
固定电话	部/百户	75.3	78.0	-3.5
移动电话	部/百户	213.6	209.8	1.8
现住房总建筑面积	平方米/人	39.0	37.7	3.4
恩格尔系数	%	25.0	25.8	-0.8
教育文化娱乐支出占消费支出比重	%	18.2	16.8	1.4
居民可支配收入	元/人	59722.2	54791.0	9.0
其中:消费支出	元/人	34652.6	33035.7	4.9
1.食品	元/人	8663.2	8519.6	1.7
2.衣着	元/人	2839.1	2753.7	3.1
3.居住	元/人	6426.2	6187.1	3.9
4.家庭设备用品及服务	元/人	2265.3	2159.5	4.9

续表 60

指标名称	单位	实绩	去年同期	同比(±%)
5.医疗保健	元/人	1980.6	1904.4	4.0
6.交通和通信	元/人	5070.4	4914.8	3.2
7.育文化娱乐服务	元/人	6306.8	5543.6	8.8
8.其他商品和服务	元/人	1101.1	1053.0	4.6

·人　　口·

2017 年鼓楼区土地面积与户籍人口密度

表 61

年份	土地面积(平方公里)	人口密度(人/平方公里)
2017 年	53	17461

2014~2017 年鼓楼区户数与户籍人口一览表

表 62

年份	年末户数(户)	年末人口(人)			性别比(%)
		合计	男	女	
2014 年	311046	935336	468590	466746	100.40
2015 年	312772	930524	464951	465573	99.87
2016 年	314488	924870	461218	463652	99.48
2017 年	318547	925435	460613	464822	99.09

2017 年鼓楼区户籍人口机械变动情况

表 63　　单位:人

指标名称	总人数	男	女
出生	8675	4445	4230
死亡	6012	3434	2578
省外迁入	7277	—	—
省内移入	9366	—	—
迁往省外	5734	—	—
迁往省内	6398	—	—

2014~2017 年鼓楼区户籍人口自然变动一览表

表 64

年 份	出 生		死 亡		自然增长	
	人数(人)	出生率(‰)	人数(人)	死亡率(‰)	人数(人)	增长率(‰)
2014	7697	8.20	5203	5.60	2493	2.70
2015	6971	7.47	5396	5.75	1602	1.72
2016	7906	8.55	4991	5.40	2915	3.15
2017	8675	9.37	6012	6.50	2663	2.87

新闻报道题录(摘要)

《人民日报》

各地举行第四个南京大屠杀死难者国家公祭日活动　以史为鉴,走好未来的路　12 月 14 日　04 版

《新华日报》

服务发展献良策,集智聚力谱新篇——南京市鼓楼区一届政协履职回望　1 月 3 日　08 版

以民为本,尽心履职——南京市鼓楼区人大代表履职风采记　1 月 5 日　16 版

2100 场演出,南京鼓楼在歌声和欢笑中成长　1 月 5 日　09 版

“六化协商”,助推城市社区新善治　1 月 11 日　09 版

瞄准社区“需求端”,推进服务供给侧改革　1 月 13 日　06 版

听民声聚共识　全覆盖严督查　南京鼓楼:党员干部大走访助发展促富民　2 月 17 日　04 版

南京市鼓楼区:深入落实“两聚一高”构筑“首善幸福”新鼓楼　3 月 7 日　17 版

南京知识产权案高校开庭　4 月 9 日　A02

南京外滩新添“火车主题园”　5 月 3 日　02 版

南京鼓楼警方创新警务巡防机制　街面巡逻即时出警成常态　5 月 4 日　07 版

南京市鼓楼区大走访重塑干群关系——从“互不需要”走向“互相依靠”　5 月 25 日　头版

南京市鼓楼区委统战部开创工作新格局之一:找准着力点,做新媒体从业人员的贴心娘家人　6 月 12 日　06 版

朗坤:“一带一路”上的“超级智慧管家”　6 月 21 日　A07

南京头条,凭什么始终占据自媒体头条　7 月 5 日　A05

送外卖小哥路过南京市定淮门 6 号的免费茶水摊,取茶水解暑　7 月 15 日　头版

南京市山西路和中山北路交叉路口,地铁 5 号线山西路站建设开工　7 月 19 日　10 版

百岁老将军讲述清廉故事　8月1日　02版

空间受限、企业外迁，南京鼓楼区这样应对挑战——城区突围，理念比土地更宝贵　8月15日　02版

"江苏好人榜"小市街道徐雷　8月15日　03版

省人民医院等携手助公益1650名环卫工免费接受体检　8月16日　07版

南京最大规模老城更新全面启动——织补更新，打造产城融合典范　8月23日　03版

南京市鼓楼区推动高新技术产业跨越式发展　筑巢引凤栖　花香蝶自来　9月7日　08版

南京鼓楼：聚焦三大产业，开创服务经济时代新格局　9月11日　08版

追踪南京鼓楼区一项首创之举——公务自行车，一骑整九年　9月12日　08版

以"喜迎十九大　传颂文明风"为主题的文艺展演暨南京市鼓楼区第三届好人节开幕　9月21日　18版

近千家知名企业入驻苏宁睿城　城市升级利好南京综合体建设　9月22日　09版

南京十二中迎百年校庆　10月19日　20版

南京鼓楼：迈向"首善之区"新起点新征程　10月20日　27版

南京鼓楼区四级人大代表交流调研成果——聚焦环境品质　献计宜居幸福鼓楼建设　10月25日　15版

南京鼓楼区　以解决百姓身边问题为行动指南　11月29日　09版

南京市鼓楼区委统战部心系企业办实事促进地区经济发展　创新融资渠道，缓解中小微企业融资难　12月7日　06版

《光明日报》

南京：万名党员干部"大走访"办实事　5月8日　03版

《南京日报》

聚焦鼓楼"两会"——心系民生无小事　一言一行总关情　鼓楼区政协委员履职为民活动侧记　1月3日　A04

聚焦鼓楼区"两会"——创业创新富民惠民　高标准打造首善之区建设幸福鼓楼　1月6日　A05

医护条件比家里好　子女们赶来陪伴　养老院九成老人留在院里过年　2月4日　A03

新增科技贷款3.8亿扶持科创产业　鼓楼区新建扩容九大科创平台　2月5日　头版

下关滨江带打造30万平方米人文旅游休闲聚集地　百年和记洋行将变身商业街区　2月14日　头版

颐和路6个民国主题馆开馆　2月24日　A03

"幸福鼓楼　文明先行"年度行动拉开序幕　鼓楼区建200个爱心驿站温暖环卫工　3月2日　A03

民工子女入学"红色文化讲堂"鼓楼NGO组织联手社区做公益　3月6日　A06

全速起航！建设"首善之区，幸福鼓楼"　3月10日　A04

鼓楼和南财大联手打造知识产权服务业集聚区 “小服务集群”助力大企业发展 3月13日 A07

“幕府绿色小镇”扶持绿色环保产业，引来国际级专家——三老外助力，小公司成跨国企业 3月14日 A07

干净整洁争创首善之区——鼓楼城管实施精细长效管理亮点盘点 3月17日 A05

鼓楼区新增一批非遗项目“话访南京”展馆教小朋友“南京吆喝” 3月27日 A04

6个老旧小区一周拆违80余处 江东街道帮被拆违商户“找出路” 3月30日 A03

鼓楼区108家苏果便利店成“爱心驿站” 3月31日 A05

鼓楼区大走访出发点和落脚点都是居民——把居民的幸福指数提上来 4月1日 头版

你行动不便，我送体检上门——家庭医生入户记 4月1日 A05

湖南路昨双向通车 4月2日 头版

鼓楼区入户引导逝者家庭文明办丧事 4月3日 A02

我市首家社区公益绘本馆——小市青柠绘本艺术馆开馆 4月4日 A02

鼓楼检方驻鼓楼警方检察室成立 4月6日 A08

校园响起法槌声，不少大学生首次旁听 鼓楼法院走进大学开庭审案 4月7日 A06

“公益少年”金珈颖：以友善之心温暖人间 4月7日 A11

街道网格化定责，解决问题不过夜 4月11日 A03

港区工业遗存变景点，白云石矿建旅游公园 幕燕滨江风光带扩容800亩 4月12日 A05

从警11年为群众找回1600辆被盗非机动车“鹰眼”陈国富 4月13日 A09

政府给政策，社区让空间，机构来服务 鼓楼120个社区建养老服务站 4月14日 A04

我市首批核心价值观创新案例揭晓 4月17日 A09

主城唯一庙会昨在天妃宫举行“妈祖文化”成纽带 闽台商人来投资 4月20日 A03

老将军讲革命故事 4月24日 A02

“立德树人大讲堂”扎实抓德育 4月25日 A05

缪瑞林调研环南艺文创产业功能区建设时要求 放大资源优势打造文创产业发展新平台 4月28日 头版

鼓楼国、地税在“Youth space 青创空间”联合举办青年创业专题培训会，并成立全省首家“青年创业国地税联合服务站” 5月2日 A07

传播红色文化，小场馆有大能量——31家社区场馆助“德行鼓楼”建设 5月2日 头版

“幸福鼓楼 文明先行”系列报道之一：打造趣味学习核心价值观新模式 “立德树人”教育覆盖鼓楼全部社区 5月3日 A08

幸福鼓楼 文明先行系列报道之二 青青芳草园 助力“阳光下的成长” 5月5日 A05

居民家门口就有专家坐诊 三甲医院进驻鼓楼17个社区中心 5月14日

A02

幸福鼓楼　文明先行系列报道之三　29中"儒学教育"留住文化之根　5月15日　A07

幸福鼓楼　文明先行系列报道之四　致远初中开设"最是习惯能致远"课程　九个"好习惯"　践行核心价值观　5月17日　A06

幸福鼓楼　文明先行系列报道之五　社区将军馆,传递正能量　5月18日　A03

创新鼓楼　活力中心　5月19日　江苏发展大会特刊"创新之城"08版

宁台两所"金陵中学"携手合作　5月19日　A14

文脉鼓楼　首善之区　5月19日　江苏发展大会特刊"文化之城"10版

全国公安系统英雄模范立功集体表彰大会在京举行　南京公安3个单位和7名民警获表彰　5月20日　A07

幸福鼓楼　文明先行系列报道之六　在红色电影馆,找回"文化记忆"　5月22日　A06

鼓楼联手海外华人落地科创企业　19名专家带来19个高科技项目　5月23日　A04

龙舟竞渡迎端午　5月27日　头版

诵读诗词品新茶　阅江楼上颂端午　5月29日　A02

社区"微心愿",为困难儿童圆梦　5月31日　A05

鼓楼成立长江生态环保联盟　6月6日　A03

政府部门尝试社区服务项目外包　一社会组织40万元中标社区外包服务　6月6日 A06

千余警力护考　暖心故事频现——鼓楼民警:连夜寻找离家出走考生　6月8日　A03

鼓楼拿出500万奖励"好专利"　奖励对象有企业和个人，还有中小学　6月9日　A03

香港大学生"寻根之旅"来到南京　影印《南京条约》捐赠静海寺　6月10日A02

主城首现24小时社区书房　正常开放至晚10点，之后需刷卡进门　6月12日　A03

鼓楼区大走访制作近30种社区文创小产品　一枚冰箱贴解决八旬老人大麻烦　6月13日　A03

鼓楼:落实"放管服"　当好"店小二"　商事制度改革促新增注册资本同比增长80%　6月15日　头版

市人社局解基层难题,推动"家庭病床"项目获批　老人在家享受住院同等医保优惠　6月19日　头版

鼓楼15名人大代表联名提议变现实　生态停车场终结石头城路停车乱象　6月20日　A04

消防战士丁良浩——"水深火热"中顶着烈焰前行　6月26日　A06

社区书记上讲坛　窍门妙招齐分享　鼓楼"红领计划"助力120个社区　6月30日　A06

蓝天园社区美术馆揭牌　7月4日　A12

居民身边事就在"家门口"办　鼓楼将46项政务服务事项下放到社区办理　7月5日　A05

南邮12科研项目与资本对接　7月5日　A05

鼓楼成立全省首家一级消保委　六项新职能保护消费者权益　7月7日　A04

线下网格会，线上微信群，群主轮流当——新门口社区"好大的一个家"　7月11日　A05

鼓楼区和南审共建科技园　位于莫愁湖畔，占地102亩，总投资4亿元　7月12日　A03

"领头医院"增加，合作病床受欢迎　鼓楼推医联体"扩容下沉"新服务　7月14日　A04

党建引领、社会协同、公众参与——睿城社区联手社会组织服务居民　7月17日　A03

区委书记主讲"旗帜鲜明讲政治"　鼓楼开"两学一做"专题党课　7月20日　A07

鼓楼区创新医患纠纷调解机制——群体性医患纠纷下降47%的背后　7月21日　A06

鼓楼5名海归获省留创计划资助　7月23日　A03

鼓楼团区委立足青岛路社区打造品牌项目——"青春·志部落"的公益情怀　7月24日　A04

张敬华在鼓楼区调研时强调深化改革　挖潜提质　以首善标准建设幸福鼓楼　7月25日　头版

建宁路街道构建商圈党建群助企业发展——让更多的小老板加入党组织　7月26日　A07

19名老将军　集体创作巨画庆八一　7月26日　B04

鼓楼区纪委推出"将军说廉"微视频　张玉华彭勃甄申等老将军的清廉故事让人动容　8月1日　A07

鼓楼打造双拥特色品牌　推进军民深度融合　8月1日　T05

"环南艺文创带"新添产业园"乐创81"众创空间尚未开园入驻率已达80%　8月4日　A04

鼓楼120个社区实现"六化协商"全覆盖　社区大事小事　居民商量着办　8月7日　A03　8月7日　A04

福建路社区举办抗战史料展　展出79年前出《今日之南京》等珍贵展品　8月9日　A06

动脑筋、想办法，真心实意为群众解难事　鼓楼区大走访，"实"字当头"做"为先　8月16日　A02

"学生河长"张智行获"美德少年"　8月16日　A09

张敬华在调研滨江发展时强调　彰显滨江特色新风貌　拓展拥江发展新空间　8月17日　头版

鼓楼建私营个体经济法律服务中心　帮扶小微企业　法律服务送上门　8月17日　A04

昔日"城中村"，今成江东软件城　现已吸引700家软件企业入驻　8月18日　头版

鼓楼打造南京素质教育新样本　47所小学启动"教娃学会如何学"　8月19日　A02

张敬华在调研河长制落实情况时强调　全面落实河长制　坚决打赢治水攻坚战　8月21日　头版

政府购买服务　聘请专职律师　鼓楼八类人群可获免费法律援助　8月22

日　A04

鼓楼实现新区成立后“双过半”最高增幅　8月23日　A05

鼓楼区建立物业纠纷多元化解机制　8月24日　A06

半年投资95亿，鼓楼150个项目全速推进　8月25日　A05

鼓楼33个部门、13个街道聚力创建文明城市　8月28日　A07

鼓楼建市民督导团全年无休“挑刺”忙　10个好市民，一起来找茬　8月30日　A07

鼓楼区4000党员干部“走”出实效“访”出温度　面对面，心贴心！共建“首善之区，幸福鼓楼”　8月31日　T5

鼓楼区“金洽会”力推“核心产业投资发展”　华贸中心等27个项目将签约　9月5日　A06

创新开放，互联共享　鼓楼区软件互联网产业再提速　9月7日　A07

聚焦资源显特色，鼓楼争创科技创新核心区　9月7日　A08

华讯方舟军品新技术亮相　9月8日　A04

浪潮集团江苏总部落户鼓楼　9月8日　A04

砥砺奋进的五年　南京故事·社区行：百姓成警务改革创新受益者　“民意110”：32万次回访问民意　9月9日　头版

厚植优势，创新未来　鼓楼区全速发展三大核心产业　9月11日　A04

“四区”联动　幸福鼓楼加速旅游业发展　9月11日　A06

鼓楼公布三大核心产业发展规划　9月12日　A07

鼓楼区打造“一轴一带三街区多网点”商贸新格局　重现美食宁海路夜市马台街　9月14日　A03

商务商贸业成鼓楼经济发展“最强带动力”　9月15日　A02

守护绿水青山　留住蓝天白云“下关火车主题园”基本建成　9月21日　A07

华讯方舟军民融合双创基地开园落户模范路科创街区，打造国家级产业园　9月21日　A10

百岁将军人已逝　家人继续送爱心　15户居民收到特殊节礼　9月26日　A09

鼓楼高标准推进城市精细化建设管理　9月29日　A04

首届“环南艺”创新创意大赛开幕　20余万元奖金奖励文创金点子　9月30日　A10

砥砺奋进　争创首善之区；不忘初心建设幸福鼓楼　10月13日　头版

新四军建军80周年纪念大会举行　10月13日　A02

推进“两落地、一融合”深化校地融合　鼓楼与南审南邮南中医共建科创项目　10月24日　A06

鼓楼四级人大代表联席会服务区域建设　130余代表提交28份环境整治建议　10月25日　A09

鼓楼年斥资800万扶持大学生创业　创业企业已逾430家　市级优秀项目133个　10月31日　A05

鼓楼公园修缮中发现大量明代柱础　再现古建筑之美的“新鼓楼”春节前开放　11月6日　A04

市人大常委会副主任、鼓楼区委书记张一新：昂首迈入新时代　开启鼓楼新征

程　11月8日　头版

鼓楼持续推进“聚力暖橙”行动　两千余环卫工可享“三大关爱”　11月8日　A05

鼓楼区:出台帮扶政策促专利产业化　11月11日　A07

沿河单位积极参与黑臭河整治行动　鼓楼发出全市首张“企业河长证”　11月13日　A07

“三区两带一轴”串联山水城林　鼓楼打造“开放式城市景区”　11月14日　A05

全方位陪护引导困境未成年人　南京首现“专业社工服务进校园”　11月16日　A06

省委宣讲团走进鼓楼区及金陵科技学院　推动基层更透彻领悟党的十九大精神　11月18日　A02

投资7282万元、清淤24.5万立方米　西北护城河改造一新水清岸绿　11月21日　A05

鼓楼区向区管干部宣讲十九大精神　形成“只争朝夕干事创业”氛围　11月22日　A02

鼓楼设2000万元创业扶持基金　科技及文创类中小微企业将获优先资助　11月22日　A06

法治社区行走进鼓楼　11月22日　A08

300多位中外人士冬日徒步　寻访80年前国际安全区路线　11月26日　头版

鼓楼区社会福利院建院31年头一回　百岁老寿星福利院里过生日　11月26日　A02

鼓楼推精准康复暨家庭医生签约服务,已惠及7000多人　服务残疾人,医生“常上门看看”　11月27日　A10

小学生自录课文音频网络分享　两个月不到播放次数达267万　11月28日　A10

空关多年、封闭3年多　原荷兰使馆变身“民国地图馆”　11月29日　A11

阅江楼街道将更名为下关街道　12月4日　A03

鼓楼河道清淤用水力冲挖,率先建立水务执法中队　“新技术+新管养”,有效整治黑臭河　12月11日　A05

鼓楼区各界群众在侵华日军南京大屠杀中山码头遇难同胞纪念碑前悼念遇难同胞　12月14日　A05

十年开拓　圆融无碍——写在琅琊路小学教育集团成立十周年之际　12月15日　A11

为南京大屠杀幸存者免费装助听器　12月18日　A02

鼓楼区城管执法大队渣土中队指导员孙顺丽——刚柔并济,

推动经济适用房小区营造和睦家风氛围　社区里有座“治家文化”主题馆　12月20日　A03

“爷爷奶奶一堂课”开课了　九旬老兵给孩子们讲述抗战故事　12月22日　A05

鼓楼新增3家国家级众创空间　12月27日　A02

鼓楼区召开区委全会贯彻落实市委全会精神　开创“首善之区　幸福鼓楼”建设新局面　12月31日　02版

索引

SUO YIN

说　明

1.本索引采用内容分析法，兼选关键词。

2.依据首字汉语拼音字母顺序排列，首字音调相同按第二字音序排列，依次类推。

3.类目、分目、副分目标题作索引词均以黑体字标明。标引词后的数字表示内容所在页码或参见页码，数字后的字母 a、b 表示左、右栏。

4.“彩页”“专记”“大事记”及“附录”内容均未作索引，仅以标题标示。

5.为便于检索，标引词前的“2017 年”和“鼓楼区”均作省略，个别易产生歧义的除外。

A

B

C

D

E

F

G

H

J

M

N

P

Q

R

索引

T

U

W

X

Y

Z